韓國 漢字 訓音 研究 2

南基卓

도서출판 월인

南 基 卓
韓國語文敎育硏究會·韓國語文會·韓國漢字能力檢定會 理事
江原大學校 人文大學 國語國文學科 敎授
國語審議會 語文規範委員會 委員
江原大學校 新聞社 主幹·人文大學 學長 歷任
日本 天理大學 客員敎授 歷任
國語審議會 漢字分科委員會 委員 歷任

著書로는 『수수께끼의 언어』(共譯, 강원대학교 출판부, 1993), 『韓國漢字訓音硏究』(한국문화사, 2005), 『국어학 논총』(共著, 동인, 2006), 『漢字 敎授·學習 方法의 理論과 實際』(共著, 월인, 2007), 『漢字와 생활언어』(韓國語文敎育硏究會, 2008) 등 多數가 있다.

韓國 漢字 訓音 硏究(Ⅱ)

초판 1쇄 인쇄 2009년 11월 9일
초판 1쇄 발행 2009년 11월 14일
편저자 南 基 卓
펴낸이 朴 成 福
펴낸곳 도서출판 월인
등록번호 제6-0364호 등록일 1998. 5. 4.
주소 142-879 서울특별시 강북구 흰구름길 19-3
대표전화 (02) 912-5000 팩스 (02) 900-5036
e-mail_worinnet@hanmail.net homepage_http://www.worin.net

ISBN 978-89-8477-444-5 93810

값 8,000원

머리글

筆者가 『韓國漢字訓音研究』라는 이름으로 韓國語文教育研究會 選定 1級 配定漢字 代表訓音에 관한 내용을 세상에 내놓은 지 4년이 지났다. 20년이 훌쩍 넘는 기간 동안 漢字 訓에 관한 연구를 계속하여 왔던 까닭에 이 분야에 관하여 나름대로의 자신감도 있었고, 한편으로는 필자가 오랫동안 연구해 온 내용에 대한 의무감도 있었기에, 부끄러움을 무릅쓰고 주위의 권유에 따라 拙著를 세상에 선보였던 것이다. 하지만 돌이켜 보면 부족하고 미진한 점이 한두 군데가 아니어서 역시 면구스러움을 금할 수 없었다.

4년이 지난 지금 필자는 다시 세상에 또 얼굴을 내놓으려 한다. 지나간 시절의 쑥스러운 기억보다는, 그래도 지난 4년간 마음과 시간을 들여 노력해 온 성과를 평가받고 싶은 욕심이 조금 더 앞선 탓일 것이다. 독자 여러분의 넓은 아량으로 이해해 주시리라 기대한다.

本書는 『語文研究』 통권 133호~135호에 「韓國語文教育研究會 選定 特級Ⅱ 配定漢字 代表訓音에 대한 고찰(Ⅰ)~(Ⅲ)」로 실렸던 내용을 添削, 增補한 것이다. 내용 면에서 상당한 보완과 발전을 이루었어야 함에도 필자의 눈에는 여전히 허점만 보일 뿐이다. 이 책을 읽는 분들에게 적어도 反面教師로서의 역할이라도 다할 수 있기를 고대하며, 한편으로 부족한 부분과 잘못된 부분에 대해서는 독자 여러분의 아낌없는 叱正이 더해져 後學들의 공부와 발전에 보탬이 될 수 있기를 바라는 마음 가득하다.

이 책은 한자의 代表訓音을 확정하기 위한 노력의 일환이다. 그 동안 常用漢字에 대해서는 충분한 논의가 있었고, 또 상용한자에서 벗어난 準常用漢字나 非常用漢字 일부에 대해서는 지난 졸고에서의 논의를 통하여 이미 시도한 바가 있다. 본서에서는 電算用漢字로 알려져 있는, 이른바 完成型 漢字 4,888자 가운데 아직 代表訓音이 명확히 논의되어 있지 않은 1,149자를 대상으로 그 이름을 부여해 보려 한다. 물론 본서에서 이루어진 이러한 작업은 우리가 전통적으로 사용해 온 그 수많은 한자들을 고려한다면 이제 출발점에서 막 벗어난 단계일 뿐이다. 앞으로 많은 분들의 연구가 이어질 수 있는 계기가 되기를 진심으로 기대한다.

그 동안 이 책의 집필과 출판 과정에서 여러 분의 도움을 받았다. 이 분들에게 깊은 감사의 마음을 전한다.

2009년 5월

南基卓 삼가 씀

目次

Ⅰ. 緖言

1992年 12月에 처음 실시된 社團法人 韓國語文會 主管 韓國漢字能力檢定會 施行 全國漢字能力檢定試驗은 1級부터 8級에 이르기까지 총 11개 級數에서 檢定試驗을 실시해 왔다. 그간 수많은 應試者들이 본 시험을 거쳤으며, 특히 지난 2001年 敎育人的資源部로부터 國家公認資格을 취득한 이후로는 응시자 수가 年 100만 명을 웃돌 만큼 外形的으로도 크게 성장해 왔다.

韓國語文敎育硏究會에서는 全國漢字能力檢定試驗 1級~8級의 總 配定漢字인 3,500字에 대하여는 이미 漢字別로 代表訓音을 選定하여 발표함으로써, 本 試驗에 응시하는 이들에게 學習의 편의를 제공하고, 이를 全國漢字能力檢定試驗에 反映해 왔다. 더불어 1級 水準보다 上位의 難易度를 지닌 特級의 新習配定漢字에 대해서도 代表訓音 選定 작업을 지속적으로 벌여 왔으나, 여러 가지 어려움으로 인하여 지금까지 그 선정을 미루어 왔다. 하지만 1級 응시자 및 합격자 수가 갈수록 늘어나고, 또 이미 지난 2008年 2月의 제38회 檢定試驗부터 特級과 特級Ⅱ 試驗을 실시하고 있는 現時點에서는 이를 더 미룰 수 없기에 本書를 통하여 우선 特級Ⅱ 配定漢字의 代表訓音에 대하여 考察해 보기로 한다.

本書는 지난 2007年 3月과 6月, 9月에 발간된『語文硏究』제33권 제1호 및 제33권 제2호, 제33권 제3호(韓國語文敎育硏究會, 通卷 제133호, 제134호, 제135호)에 수록되었던「韓國語文敎育硏究會 選定 特級Ⅱ 配定漢字 代表訓音에 대한 고찰(Ⅰ), (Ⅱ), (Ⅲ)」을 묶어서 수정, 보완 정리한 것으로서, 이른바 電算用 完成型 漢字 4,888字 가운데 1級 이하의 配定漢字를 제외한 特級Ⅱ 新習漢字 1,388字의 代表訓音을 선정하기 위한 試案으로 작성한 글이다. 따라서 論文의 硏究目的이나 方法 및 代表訓音의 選定原則 등은 앞서 발표하였던 논문에 제시되어 있는 내용과 큰 차이 없이 계속 이어질 것임을 밝혀 둔다.[1)]

---

1) 아울러 特級Ⅱ 漢字라 함은, 特級水準에 다소 못 미치는 범위의 한자들에 대한 名稱으로 쓴 것이며, 本 特級Ⅱ 漢字의 代表訓音에 관한 연구에 이어, 特級 漢字에 대한 代表訓音의 문제도 계속 다룰 것임을 밝혀 둔다.

1. 研究目的

本書는 韓國語文敎育硏究會 선정 特級Ⅱ 配定漢字의 敎育的인 機能을 提高하고, 漢字에 대한 보다 깊은 理解增進에 기여함을 목적으로 한다.

國內의 漢字辭典이나 玉篇 등의 字典類에서 제시하고 있는 漢字의 訓이 저마다 다른 까닭에, 이를 이용하는 사람들로 하여금 많은 혼란을 겪게 하고 있는 현실에서 全國漢字能力檢定試驗에 응시하는 이들이나, 시험을 採點하는 이들 또한 이러한 혼란에서 벗어나기 어려움은 물론이다. 本書는 이러한 불편함을 改善하기 위하여 特級Ⅱ用 配定漢字의 代表訓音 選定案을 마련하여 여기에 제시하고자 한다.

이는 全國漢字能力檢定試驗에도 필요할 뿐만 아니라, 나아가 우리말을 익히고 쓰는 모든 이들에게도 도움이 될 것으로 기대한다.

2. 研究範圍 및 方法

韓國語文敎育硏究會에서 선정한 特級Ⅱ用 配定漢字의 數는 이른바 電算用 完成型 漢字로 알려져 있는 4,888字이다. 이 가운데 3,500字는 이미 기존의 1級 配定漢字로서 代表訓音이 정해져 있다. 그러므로 本書에서는 1급용 配定漢字 3,500字를 제외한 나머지 1,150字를 對象으로 삼아 選定案을 마련하고자 한다.[2)]

本書에서는 이 1,150字를 대상으로 하여 代表訓音 선정의 大原則과 細部原則을 먼저 세우고, 이들 선정원칙에 따라 『古今漢韓字典』(南廣祐 編, 仁荷大出版部)과 『韓國漢字語辭典』(檀國大 東洋學硏究所), 『漢韓大字典』(民衆書林), 『漢韓大辭典』(東亞出版社), 『大漢韓辭典』(敎學社) 및 北韓의 『새옥편』에 제시되어 있는 訓音들의 比較分析을 통하여 選定案을 마련하되, 相異한 경우 과거의 文獻資料들과 현대의 國語辭典 등을 典據로 삼아 代表訓音을 선정하였다.

2) 우리나라에서 사용하고 있는 이른바 완성형 한자의 수는 모두 4,888자이다. 여기에서 1級 配定漢字 3,500字를 제외하면 1,388字가 되는데, 이들 가운데 異體字나 一字多音字 등의 이유로 인해 1級 이하의 급수에 배정된 한자와 중복된 수를 제외하면, 결과적으로 남는 한자의 수는 1,150字가 된다. 따라서 本書에서는 이 1,150字의 한자에 대한 代表訓音을 검토, 정리해 보려 한다.

II. 代表訓音 選定原則

1. 大原則

特級用 配定漢字라 해도, 그 代表訓音을 선정하는 목적은 漢文이나 中國語를 理解하기 위한 手段으로서가 아닌, 國語使用의 측면에서 보다 깊고 넓은 이해의 幅을 增進하는 데 필요한 수단으로서의 文字를 익히게 하는 데 있다. 따라서 국어의 측면에서 보편적이고 합리적인 訓音을 선정하는 것을 大原則으로 하며, 細部原則 사항은 이 대원칙의 前提下에서 검토될 것이다.

2. 細部原則

세부원칙은 本書의 대원칙을 따르는 前提에서, 기존의 (社)韓國語文會・(社)傳統文化研究會 主管下에 制定된 教育漢字 代表訓音 選定에 나타난 選定原則을 기초로 하여 정하였음을 밝혀둔다. 아울러 필요에 따라 一部 細部項目을 추가하여 적용하였다.

(1) 代表訓音의 選定趣旨를 존중하여 一字一訓一音을 원칙으로 한다.

* 一字一訓一音 原則이 지켜지기 어려운 글자는 章을 달리하여 논의하겠다.

(2) 用言(動詞・形容詞)의 경우 基本形이 아닌 /-ㄹ, -할/ 形態의 冠形形으로 한다.

* 喝 꾸짖다 갈→꾸짖을 갈 瞰 굽어보다 감→굽어볼 감

(3) 訓音의 典據가 분명히 드러나 있는 『古今漢韓字典』(南廣祐 編, 仁荷大出版部)과 『韓國漢字語辭典』(檀國大 東洋學研究所)에 나타난 訓音을 代表訓音의 기준으로 삼는다.

(4) 訓音의 典據가 분명히 드러나 있더라도 현재 전혀 쓰이지 않는 뜻의 경우나, 典據가 분명하지 않을 경우에는 현재 폭넓게 쓰이고 있는 辭典的 意味를 제시한다. 이때 사전적 의미는 『標準國語大辭典』(國立國語研究院)의 定義를 기준으로 한다.

(5) 漢字音의 경우 典據가 분명히 드러나 있더라도 현재 전혀 쓰이지 않는 경우 代表音 設定에서 제외한다. 이때 현재 그 音의 사용 여부의 판단은 위의 『標準國語大辭典』 및 「大韓民國 戶籍法施行規則 第37條에 따른 大法院 選定 人名用 漢字表」를 기준으로 한다.

(6) 固有語를 존중한다.

* 嘉 가상할→아름다울 錮 금고할→막을

(7) 뜻 解釋에 오류가 없을 경우 句節形式보다는 單語形式을 존중한다.

* 轒 바퀴통 (O) 바퀴 테 (X)

(8) 訓 설정에 쓰는 단어는 현대국어의 표준어 범위 안에서 이루어지도록 한다.

(9) 北韓의 『새옥편』, 『漢韓大字典』(民衆書林), 『漢韓大辭典』(東亞出版社), 『大漢韓辭典』(教學社)의 訓音도 함께 참조하여 훈음을 제시한다.

(10) 複數 訓音이 필요하다고 판단되는 漢字는 章을 달리하여 제시한다.

(11) 字形은 康熙字典 및 新字典의 正字體를 기준으로 삼는다. 俗字와 正字 구분이 필요한 漢字는 章을 달리하여 제시한다.

Ⅲ. 漢字別 代表訓音

特級Ⅱ 新習 配定漢字 1,388字에서 異體字와 一字多音字 등을 제외한 1,150字 가운데 556字의 漢字들은 本書에서 참고한 『古今漢韓字典』, 『韓國漢字語辭典』, 『漢韓大字典』 및 北漢의 『새옥편』 등의 文獻에 나타나 있는 訓音이 모두 일치하거나 大同小異하였다. 따라서 本書에서는 이들을 제외한 593字에 대해 검토하였는 바, 여기에서는 이들 593字의 검토 결과만을 제시하기로 한다. 그 내용을 典據에 따른 訓音과 現在의 辭典的 意味에 따른 訓音으로 나누어 살펴보면 다음과 같다.

1. 典據에 따른 訓音

代表訓音을 설정할 때엔 典據를 따르는 것이 本書에서의 1次的 原則이나, 오늘날 쓰이는 訓音이 典據에서 벗어나 있는 漢字들의 경우나 現在의 用例가 그 數爻나 頻度 面에서 매우 한정되어 나타나는 漢字들의 경우도 상당수 있다. 또한 전거의 훈이 오늘날 쓰이지 않는 말일 경우도 있는데, 이러한 한자들은 典據의 訓音을 반영할 경우 현재의 쓰임과 매우 다르기에 그 學習의 效用價値가 떨어질 수밖에 없다. 따라서 이러한 경우에는 부득이하게 현재의 辭典的 意味에 따라 代表訓音을 설정하였다.

이에 해당하는 漢字들을 다음에 제시한다.[3)]

---

3) 漢字別로 旣存의 字典類들에서 제시한 訓을 함께 제시한다. 여기서 <古今>은 『古今漢韓字典』, <韓國>은 『韓國漢字語辭典』, <北韓>은 『새옥편』, <民衆>은 『漢韓大字典』, <東亞>는 『漢韓大辭典』, <教學>은 『大漢韓辭典』의 略號이며, 이 외의 문헌이 脚註에 인용될 경우 略號 「 」로 표기한다(參考文獻－2. 引用文獻 및 略號 참조).

順番	音	漢字	〈古今〉	〈韓國〉	〈北韓〉	〈民衆〉	〈東亞〉	〈教學〉
1	가	枷[4]	칼	칼	칼	도리깨	1.도리깨2.횃대	1.도리깨2.횃대
2	각	慤[5]	정성	정성	정성	성실할	삼갈	삼갈
3	간	柬[6]	분별할		분간할	가릴	가릴	가릴
4	간	磵[7]	시내		시내	산골물	산골물	도랑
5	갈	蝎[8]	전갈	전갈(갈/헐)	전갈(갈/헐)	나무굼벵이 할/수궁갈	전갈 갈(本音:헐)	나무좀 갈
6	감	嵌[9]	끼울		겯굴	산골짜기	끼워넣을/벌릴참	펼쳐진모양/꺼질/산모양잠
7	갑	胛[10]	어깨쭉지		어깨죽지	어깨뼈	어깨뼈	어깨뼈

4) 칼 가 : 「訓蒙比叡中:8」에 '갈 가', 「字類下:31」, 「釋要上:63」 등에 '칼 가'로 나타나 있고, 「字類下:31」에는 '도리깨 가'도 함께 쓰이는 것으로 나타나 있어 典據를 따르되, '枷鎖, 枷囚' 등의 語例에서 쓰이는 뜻을 고려할 때 그 쓰임이 좀 더 우세한 것으로 판단되는 '칼'을 代表訓으로 설정하였다.

5) 정성/삼갈 각 : 「類合下:34」에 '졍셩 각', 「釋要上:46」에 '삼갈 각', 「新字2:6」에 '졍셩 각, 삼갈 각'으로 나타나 있어 典據를 따르되, '慤士, 慤實, 謹慤, 誠慤' 등에서 쓰인 뜻을 고려하여 名詞와 動詞 각각의 쓰임을 반영한 複數訓을 설정하였다.

6) 가릴 간 : 「新字2:29」에 '分別'의 뜻으로서 '가를 · 분별할 간', '擇'의 뜻으로 '가릴 간'으로 나타나 있으며, 「字類上:61」에도 '揀', '分別'의 뜻으로 쓰임을 나타내고 있어 典據를 따르되, 固有語 尊重의 原則과 '가려 뽑다'의 뜻을 고려하여 '가릴 간'을 代表訓音으로 설정하였다.

7) 시내 간 : 「倭解上:9」에 '시내 간', 「新字3:19」에 '산골시내 간'으로 나타나 있어 典據에 따르되, '시내'와 '산골시내' 가운데 單語形인 '시내'를 代表訓으로 설정하였다.

8) 전갈 갈 : 「字類下:82」에 '나무벌네 할', 「釋要下:57」에 '뽕나무좀 할', 「新字3:61」에 '전갈 헐'로 나타나 있고, 「救簡1:1」에 따르면 '갈' 音으로도 나타나는 것으로 되어 있다. 이들 典據에 따르면 '蠍' 字와 통하여 쓰이는 것으로 나타나 있어 이를 適用하되, 現代國語에서는 주로 '蛇蝎'에 국한하여 '전갈'의 뜻을 지닌 '갈' 音으로만 쓰이는 것으로 판단하여 '전갈 갈'을 代表訓音으로 설정하였다. 참고로 '全蠍'에서는 '蠍' 字가 쓰이고 있다.

9) 끼울 감 : 「訓蒙比叡下:9」에 '뻬울 감', 「字類上:13」에 '구멍 감', 「新字1:43」에 '깁흔골 감' 등으로 나타나 있어 典據를 따르되, 現代國語의 '嵌入, 象嵌' 등에서 쓰이는 뜻을 고려하여 '끼울 감'을 代表訓音으로 설정하였다. 한편 <東亞>와 <教學>에서 제시하고 있는 '참' 音과 '잠' 音은 現代國語에서는 쓰임이 거의 없는 것으로 판단하였다.

10) 어깻죽지 갑 : 「訓蒙比叡上:13」에 '엇게 갑', 「字類上:42」에 '견갑 갑', 「新字3:43」에 '엇개죽지 갑'으로 나타나 있어 典據를 따르되, 이들 典據에서 제시하고 있는 '肩甲'의 뜻과, 現代國語의 '肩骨'에 쓰인 뜻을 고려하여 '어깻죽지'를 代表訓으로 설정하였다.

順番	音	漢字	〈古今〉	〈韓國〉	〈北韓〉	〈民衆〉	〈東亞〉	〈敎學〉
8	강	堈[11]	큰독		1.밭두둑2.독	독	언덕	언덕
9	개	愷[12]	편안할	즐거울	편안할/즐거울	즐거울	즐거울	즐길
10	거	踞[13]	걸터앉을	걸어앉을	얼어앉을	웅크릴	웅크릴	웅크릴
11	거	遽[14]	급할	빠를	빠를	역말	갑작스러울	1.황급할/빠르게2.거맥
12	거	鉅[15]	톱	클	톱(크다)	클	클	강철/갈고리
13	건	騫[16]	말배앓을, 이지러질		말배꺼져들어가는병, 이지러질	이지러질	이지러질	이지러질/말배우묵할/노마
14	검	瞼[17]	눈시울		눈시울	눈꺼풀	눈꺼풀	눈꺼풀

11) 독 강 : 「字類下:4」에 'ᄃᆡ독 강', 「新字3:5」에 '큰독 강', 「釋要上:22」, 「新字1:29」에 '독 강'으로 나타나 있어 典據를 따르되, 기본적인 單語인 '독'을 代表訓으로 설정하였다.

12) 즐거울 개 : 「字類下:39」에 '편안 개, 군악 개', 「釋要上:45」에 '승전악 개, 개제할 개', 「新字2:5」에 '편안할 개, 질거울 개, 익인풍류 개' 등으로 나타나 있어 典據를 따르되, 이들 典據에서 주로 '樂'의 뜻으로 제시하고 있음을 고려하여 '즐거울 개'를 代表訓音으로 설정하였다.

13) 걸어앉을 거 : 「訓蒙比叡下:12」에 '주구릴 거', 「倭解上:31」, 「字類上:43」, 「兒學下:4」, 「釋要下:78」 등에 '거러안즐 거'로 나타나 있어 典據를 따르되, 여러 곳에 제시되어 있는 '걸어앉을 거'를 代表訓音으로 설정하였다.

14) 급할 거 : 「類合下:27」에 '과ᄀᆞᄅᆞᆯ 거', 「字類上:70」에 '문득 거', 「釋要下:85」에 '급거할 거', 「新字4:20」에 '급할 거, 두려울 거' 등으로 나타나 있어 典據를 따르되, 대부분의 文獻에서 '急'의 뜻으로 제시하고 있음을 고려하여 '급할 거'를 代表訓音으로 설정하였다.

15) 톱/클 거 : 「類合上:28」, 「字類下:7」, 「兒學上:11」, 「釋要下:90」 등 대부분의 文獻에서 '톱/클 거'로 나타나 있어 典據에 따르되, '鋸刀, 鋸屑, 鋸齒' 등과 '鉅闕, 鉅鹿, 鉅萬' 등에서의 뜻을 함께 고려하여 複數訓을 설정하였다.

16) 이지러질 건 : 「字類下:69」에 '몰병 건' 「釋要下:106」에 '이즈러질 건, 조급할 건', 「新字4:43」에 '말배알을 건, 이저리질 건' 등으로 나타나 있어 典據를 따르되, 現代國語에서의 쓰임을 고려하여 '이지러질 건'을 代表訓音으로 설정하였다.

17) 눈시울 검 : 「訓蒙比叡上:13」, 「倭解上:16」에 '눈두에 검', 「字類上:37」에 '눈시울 검', 「釋要下:14」에 '눈시욹 검', 「新字3:15」에 '눈시욱 검' 등으로 나타나 있어 典據를 따르되, 現代國語에서 '다래끼'를 의학적으로 이르는 '眼瞼炎'이 "속눈썹의 뿌리에 균이 들어가 눈시울이 발갛게 붓고 곪아서 생기는 작은 부스럼"을 이르는 말이라는 점을 고려하여 '눈시울'을 代表訓으로 설정하였다.

順番	音	漢字	〈古今〉	〈韓國〉	〈北韓〉	〈民衆〉	〈東亞〉	〈敎學〉
15	검	鈐[18]	자물쇠(금/검)	자물쇠검	1.빗장2.자물쇠	비녀장검-창자루근	비녀장	자물쇠/제기이름
16	검	黔[19]	검을(금/검)	검을	검을검-귀신이름금	검을검-귀신이름금	검을검-귀신이름금	검을(검/금)
17	겁	迲[20]	자내	자래거	자래		자래(가/겁)	1.음, 뜻미상2.자래거
18	겸	箝[21]	재갈	재갈	재갈먹일	끼울	재갈먹일	끼울
19	겸	鉗[22]	목사슬	항쇄	1.쇠사슬2.집게	칼	칼	항쇄(項鎖)

18) 자물쇠 검 : 「類合下:25」에 '밀쇠 금', 「釋要下:89」에 '박회비자장 검, 잠을쇠 검, 별일홈 검', 「新字4:25」에 '굴대비녀장 검, 잠을쇠 검' 등으로 나타나 있어 典據를 따르되, 現代國語에서의 쓰임을 고려하여 '자물쇠 검'을 代表訓音으로 설정하였다. 한편 '금' 音에 대해서는 現代國語에서 그 쓰임이 거의 없는 것으로 판단하였다.

19) 검을 검 : 「類合下:22」에 '거물 검', 「字類下:44」에 '검을 검', 「釋要下:117」에 '검을 검, 검은빗 금'으로 나타나 있어 典據에 따라 '검을 검'을 代表訓音으로 설정하였다. '금' 音에 대해서는, '黔首, 黔炭' 등 대개 '검' 音으로 나타나는 점을 고려하여 代表訓音에서는 제외하였다.

20) 자래[單位] 겁 : 「新字4:56」에 '官司以鐵索量柴曰'이라 설명하며 '자내 겁'으로 나타나 있기는 하나, 현재 이러한 뜻으로서의 '자내'라는 말은 찾아볼 수 없는데, 이는 「新字典」에서 참고한 것으로 보이는 19세기 중엽 李圭景의 「五洲衍文長箋散稿」에 설명되어 있는 '迲音怯 俗訓子乃. 官司以鐵索量柴曰迲 …… 輿地勝覽 杆城別號迲城'이라는 글의 '俗訓子乃'에서 기인한 것으로 판단된다. 한편 19세기 초 鄭東愈의 「晝永編」에서는 '我國多字書所無之字 …… 東薪稱迲 자래 有字無音 故陰竹有迲寸處'으로 설명되어 있는데, 여기에서 '東薪'의 뜻을 지닌 것으로 나타나 있는 '자래'는 現代國語에서도 심마니들의 用語로도 그 形態가 존재하고 있음을 고려하여, '자래 겁'을 代表訓音으로 설정하였다. 다만 單位를 나타내는 뜻으로 주로 쓰이는 점을 감안하여 漢字를 附記하였다.

21) 재갈 겸 : 「釋要下:24」에 '족집게 겸', 「新字3:27」에 '재갈 겸, 목잠글 겸' 등으로 나타나 있어 典據를 따르되, 現代國語의 '箝口, 箝語, 箝制' 등에서의 뜻을 고려하여 '재갈'을 代表訓으로 설정하였다.

22) 집게 겸 : 「訓蒙比叡中:8」, 「倭解下:16」에 '집게 겸', 「字類上:31」에 '항쇄 겸' 「釋要下:89」에 '발잠을쇠 겸', 「新字4:25」에 '목사실 겸' 등으로 나타나 있어 典據를 따르되, 現代國語에서 '鉗子, 鉗制' 등에 限定하여 쓰이는 뜻을 고려하여 '집게'를 代表訓으로 설정하였다.

順番	音	漢字	〈古今〉	〈韓國〉	〈北韓〉	〈民衆〉	〈東亞〉	〈敎學〉
20	겸	慊[23)	앙심먹을		한스럽다겸, 족하다협, 의심스럽다혐	앙심먹을겸, 족할협, 혐의혐	찐덥지않을겸, 족할협, 의심할혐	앙심품을겸, 넉넉할협, 혐의혐
21	경	絅[24)	당길	홑옷	1.채칠2.홑옷	바짝죌	1.끌어죌2.홑옷	1.급히잡아당길2.홑옷
22	경	逕[25)	동안뜰	길	길	좁은길	소로	길
23	계	稽[26)	상고할	상고할	상고할	상고할	1.머무를2.조아릴	1.머무를/막을2.조아릴
24	고	蠱[27)	독/미혹할	뱃속벌레	좀	뱃속벌레	독	기생충고/기르는독충고

23) 앙심먹을 겸/족할 협 : 「字類上:48」에 '겸연 겸', 「釋要上:45」에 '한탄할 겸, 자족할 겸, 씃에마즐 겸, 씃에차지아늘 겸, 족할 협', 「新字2:5」에 '앙심먹을 겸, 찐덥지안을 겸, 실일 겸, 족할 협' 등 여러 가지 訓과 音으로 나타나 있는 바, 典據에 따르되 現代國語에서는 주로 '慊然'에 限定하여 쓰이는 뜻을 고려하여 '앙심먹을 겸'을 설정하였다. 한편 '협' 音에 대해서는 現代國語에서 그 쓰임이 거의 없기는 하나, 典據가 분명히 드러나 있을 뿐만 아니라 대부분의 字典들에서도 이들을 제시하고 있는 점도 함께 고려하여 複數訓音을 설정하였다. '혐' 音에 대해서는, 典據를 찾아보기 어려운데다가 그 쓰임이 거의 없는 것으로 판단하여 설정하지 않았다.

24) 당길/홑옷 경 : 「釋要下:29」에 '급히당길 경, 고기잡을 경', 「新字3:31」에 '낙글 경, 채칠 경, 홋옷 경' 등으로 나타나 있어 典據를 따르되, 기본적이고 공통적인 뜻과 여러 字典에서 공통적으로 제시하고 있는 점을 고려하여 複數訓音을 설정하였다.

25) 길 경 : 「新字4:19」에 '동안뜰 경, 길 경, 이를 경, 고들 경, 갓가을 경' 등으로 나타나 있어 典據를 따르되, 現代國語의 '石逕, 小逕, 正逕' 등에 쓰이는 뜻을 고려하여 '길'을 代表訓으로 설정하였다.

26) 머무를 계 : 「類合下:15」에 '샹고 계', 「字類上:43」에 '머리죠을 계', 「釋要下:20」에 '상고할 계, 머믈 계, 지체할 계, 돈수할 계' 등으로 나타나 있어 典據를 따르되, 固有語 尊重의 원칙과, 現代國語의 '稽留, 稽古, 稽考, 稽首, 稽滯' 등에서 공통적으로 쓰이는 뜻을 고려하여 '머무를 계'를 代表訓音으로 설정하였다.

27) 독벌레/고혹할 고 : 「類合下:16」에 '좀 고', 「字類下:17」에 '버레 고', 「釋要下:60」, 「新字3:63」에 '놀 고, 고혹할 고, 일 고' 등으로 나타나 있어 典據를 따르되, 이들 文獻에서 '毒'의 뜻으로 설명하고 있는 점과, 現代國語의 '蠱毒(뱀, 지네, 두꺼비 따위의 독. 또는 이 독이 들어 있는 음식을 먹고 생긴 병.), 蠱脹(기생충 때문에 배가 불러 오면서 아픈 증상.)' 등에 두루 쓰이는 뜻을 함께 고려하여 '독벌레'를 代表訓으로 설정하였다. 또한 '巫蠱(巫術로써 남을 저주함.), 蠱惑(아름다움이나 매력 같은 것에 홀려서 정신을 못 차림.)' 등에서의 뜻도 함께 고려하여 複數訓을 설정하였다.

順番	音	漢字	〈古今〉	〈韓國〉	〈北韓〉	〈民衆〉	〈東亞〉	〈敎學〉
25	고	沽[28)]	살	살	팔대[賣]/사다[買]	팔	1.팔2.술장수	1.팔2.술장수
26	고	藁[29)]	짚	짚	나무가마르다	짚	나무마를	마를
27	고	誥[30)]	깨우칠	타이를	글로타이를	고할	고할	고할
28	고	槁[31)]	마른나무	마른나무	나무마를	마를	마를	마를/나무이름-위로할호
29	곤	滾[32)]	물꿈틀꿈틀흐를	물넘실넘실흐를	큰물이흐르는모양	흐를	흐를	큰물흐르는모양
30	곤	鯤[33)]	곤어(鯤魚)		고기	곤어	곤이	물고기의새끼
31	공	控[34)]	당길	당길공-칠강	당길공-칠강	당길공-칠강	당길공-칠강	1.당길공2.뺄공3.칠강
32	공	蚣[35)]	지네		지네공/메뚜기송	지네공/베짱이송	지네공-여치송	오공공-종사송

28) 살/팔 고 : 「字類下:15」에 '홍정 고', 「釋要上:77」, 「新字2:46」에 '살 고'로 나타나 있어 典據에 따라 '살 고'를 설정하였다. 한편 現代國語의 '沽聖, 沽酒, 沽販' 등에서 '팔다'의 뜻으로도 쓰이는 점을 고려하여 複數訓을 설정하였다.

29) 짚 고 : 「類合下:25」에 '글초 고, 딥 고', 「字類上:62」에 '쵸잡울 고', 「新字3:56」에 '집 고, 거적 고, 글초잡을 고' 등으로 나타나 있어 典據를 따르되, 現代國語의 '藁葬, 藁草, 麥藁' 등에 쓰이는 뜻을 고려하여 '짚'을 代表訓으로 설정하였다.

30) 깨우칠 고 : 「類合下:19」에 '알욀 고', 「釋要下:68」에 '글노효유할 고' 「新字4:4」에 '깨우쳐고할 고, 가라칠 고' 등으로 나타나 있어 典據를 따르되, '誥命, 官誥, 制誥' 등에 두루 쓰이는 뜻을 고려하여 單語形인 '깨우칠 고'를 代表訓音으로 설정하였다.

31) 마를 고 : 「兒學下:10」에 '나무마를 고', 「釋要上:68」에 '마를 고', 「新字2:35」에 '마른나무 고, 싸일 고' 등으로 나타나 있어 典據를 따르되, '枯槁, 槁木' 등에서 두루 쓰이는 뜻을 고려하여 '마를 고'를 代表訓音으로 설정하였다.

32) 넘쳐흐를 곤 : 「訓蒙比叡下:5」에 '글흘 곤', 「釋要上:82」에 '굼틀굼틀흐를 곤, 끌는물 곤', 「新字2:53」에 '물굼틀굼틀흐를 곤' 등으로 나타나 있어 典據를 따르되, 現代國語의 '滾滾, 滾汨, 滾沸' 등에 쓰이는 뜻을 고려하여 '넘쳐흐를 곤'을 代表訓音으로 설정하였다.

33) 곤어 곤 : 「字類上:76」, 「釋要下:111」, 「新字4:47」 등에 '곤어 곤'으로 나타나 있어 典據에 따라 설정하였다.

34) 당길 공 : 「類合下:25」, 「字類上:72」에 '당길 공', 「釋要上:51」, 「新字2:12」에 '당길 공, 고할 공, 더질 공' 등으로 나타나 있어 典據를 따르되, '控訴, 控制, 控除' 등에 쓰이는 뜻을 고려하여 '당길 공'을 代表訓音으로 설정하였다. 한편 '강' 音에 대해서는 現代國語에서 그 쓰임이 거의 없는 것으로 판단하였다.

35) 지네 공 : 「字類下:81」에 '딘에 공', 「釋要下:55」, 「新字3:59」 등에 '지네 공'으로 나타나 있어 典據에 따라 설정하였다. 한편 '송' 音에 대해서는 現代國語에서 그 쓰임이 거의 없는 것으로 판단하였다.

順番	音	漢字	〈古今〉	〈韓國〉	〈北韓〉	〈民衆〉	〈東亞〉	〈教學〉
33	관	관[36]	주전자		물동이	두레박	두레박	그릇이름
34	관	菅[37]	왕골관		골/왕골관-띠간	솔새간(관)/거적관	골풀관(간)/땅이름관	땅이름관/사초간
35	괄	恝[38]	괄시할괄	괄시할괄	괄시할괄	근심없을개	여유없을괄, 갈	근심없는모양괄(개)
36	광	洸[39]	물솟을광		물허옇게솟아오를	굳셀광/깊을황	물용솟을광/황홀할황	물결번쩍이는모양광/황홀할황
37	굉	紘[40]	벼리		클굉(횡)	끈	갓끈	끈
38	교	嶠[41]	산길	산길	산길	뾰족하고높을	뾰족하게높을	높은산
39	교	翹[42]	들	들	들, 뛰어날	꼬리	꼬리긴깃털	1.꽁지깃2.치켜세울

36) 물동이 관 : 「訓蒙比叡中:7」에 '단디 관', 「倭解下:14」에 '단지 관', 「字類下:4」에 '급슈긔 관', 「釋要下:34」에 '물깃는그릇 관', 「新字3:37」에 '물동이 관'으로 나타나 있어 典據를 따르되, '水罐, 茶罐, 澡罐' 등에서의 뜻과 固有語 형식인 점을 고려하여 '물동이'를 代表訓으로 설정하였다.

37) 왕골 관 : 「訓蒙比叡上:5」에 '골 관', 「新字3:52」에 '골 관, 왕골 관'으로 나타나 있어 典據를 따르되, '菅屨, 菅履' 등에 쓰이는 뜻을 고려하여 '왕골'을 代表訓으로 설정하였다.

38) 괄시할 괄 : 「字類上:64」에 '괄시 갈/괄', 「釋要上:43」에 '근심업슬 개', 「新字2:2」에 '걱정업슬 개' 등으로 나타나 있어 典據를 따르되, 名詞보다는 動詞로서의 쓰임이 우세한 것으로 판단하여 '괄시할 괄'을 代表訓音으로 설정하였다. '갈' 音과 '개' 音에 대해서는 現代國語에서의 쓰임이 거의 없는 것으로 보았다.

39) 물솟을 광 : 「字類上:19」에 '물쇼슬 광', 「釋要上:78」에 '물소슬 광, 성낼 광, 위엄스러울 광', 「新字2:48」에 '물허여케솟을 광, 성낼 광' 등으로 나타나 있어 典據에 따르되, 固有語로 이루어진 '물솟을 광'을 代表訓音으로 설정하였다.

40) 벼리 굉 : 「釋要下:29」에 '넓을 굉, 금관끈 굉', 「新字3:31」에 '클 굉, 끈 굉, 벼리 굉' 등으로 나타나 있어 典據를 따르되, '帝紘, 八紘' 등에서 '帝紘'은 '제왕이 천하를 다스리는 도리'를 뜻하고, '八紘'이 '여덟 방위의 멀고 너른 범위라는 뜻으로, 온 세상을 이르는 말'을 뜻한다는 점에서 이들 語例에서 두루 쓰이는 뜻을 고려하여 '벼리'를 代表訓音으로 설정하였다.

41) 산길 교 : 「釋要上:34」에 '산ㅅ길 교', 「新字1:43」에 '산쑈볏할 교, 산길 교'로 나타나 있어 典據에 따라 '산길'을 代表訓으로 설정하였다. 여기에는 '鳥嶺 남쪽'이라는 뜻에서, 경상남북도를 이르는 말인 '嶺南'을 달리 이르는 말을 '嶠南'이라 하는 점도 함께 고려하였다.

42) 들 교 : 「字類上:46」에 '들 교', 「釋要下:36」, 「新字3:39」에 '들 교, 웃둑할 교' 등으로 나타나 있어 典據를 따르되, 現代國語의 '翹首(간절히 바라거나 기다림), 翹秀(재능이 뛰어나게 우수함), 翹楚(여럿 가운데에서 뛰어남. 또는 그런 사람)' 등에서 두루 쓰이는 뜻을 고려하여 '들 교'를 代表訓音으로 설정하였다.

順番	音	漢字	〈古今〉	〈韓國〉	〈北韓〉	〈民衆〉	〈東亞〉	〈敎學〉
40	구	毬43)	제기	공	죽방울(제기)	공	공	공
41	구	瞿44)	가슴두근거릴	눈휘둥그럴	놀라다	놀랄	볼	놀라서보는모양/창
42	구	耉45)	늙은이					
43	궤	饋46)	먹일	먹일	먹일	보낼	먹일	보낼/올릴
44	귀	晷47)	*해그림자구		해의그림자구(궤/귀)	*햇빛구	*그림자구	*해그림자구
45	균	筠48)	대껍질균	대껍질균(윤)	대의푸른껍질균(윤)	대균	대나무균	대균
46	균	鈞49)	무거울	서른근	무거울	서른근	서른근	서른근/녹로

43) 제기 구 : 「倭解下:20」, 「字類上:74」에 '죽방울 구', 「兒學上:10」에 '뎌기 구', 「釋要上:75」, 「新字2:44」 등에 '제기 구'로 나타나 있어 典據를 따르되, '球'와의 혼동을 고려하여 '제기'를 代表訓으로 설정하였다. 하지만 여러 文獻에서 '毬'를 '球'와 同字로 설명하고 있는 점을 고려한다면 複數訓을 설정하는 것도 고려할 만하다.

44) 놀랄 구 : 「字類上:38」에 '눌나볼 구', 「釋要下:14」에 '놀나볼 구, 매볼 구', 「新字3:15」에 '눈휘둥그럴 구, 가슴두근거릴 구' 등으로 나타나 있어 典據를 따르되, 單一語 형식으로 이루어진 '놀랄 구'를 代表訓音으로 설정하였다.

45) 늙을 구 : 「類合下:9」, 「字類上:30」, 「釋要下:37」 등에 '늙을 구', 「新字3:40」에 '늙은이 구'로 나타나 있어 典據에 따라 '늙을 구'를 代表訓音으로 설정하였다.

46) 먹일 궤 : 「字類上:80」, 「兒學下:6」, 「新字4:41」 등에 '먹일 궤'로 나타나 있어 典據에 따르되, '供饋, 饋恤, 主饋, 餉饋' 등에서 두루 쓰이는 뜻을 고려하여 '먹일 궤'를 代表訓音으로 설정하였다.

47) 해그림자 귀 : 「釋要上:60」에 '날ㅅ그림자 귀', 「新字2:24」에 '해그림자 귀'로 나타나 있어 典據에 따라 '해그림자'를 代表訓으로 설정하였다. '구' 音에 대해서는, 現代國語에서 '短晷'를 제외하고는, 그 쓰임이 거의 없는 것으로 판단하였다.

48) 대껍질 균 : 「訓蒙比叡下:3」, 「釋要下:24」에 '대껍질 균', 「新字3:26」에 '속밴대 균/윤'으로 나타나 있어 典據에 따라 '대껍질'을 代表訓으로 설정하였다. '윤' 音에 대해서는 現代國語에서 그 쓰임이 거의 없는 것으로 판단하였다.

49) 무거울 균 : 「石千」, 「註千」에 '무거울 균', 「類合下:23」에 '셜흔근 균', 「釋要下:89」에 '삼십근 균', 「新字4:24」에 '서른근 균' 등으로 나타나 있어 典據를 따르되, '國鈞, 陶鈞, 千鈞' 등 現代國語에서의 쓰임을 고려하여 '무거울 균'을 代表訓音으로 설정하였다. 본래 이 '鈞'은 예전에 쓰던 무게의 단위로 1鈞은 30斤을 나타내는 말이었으나, 현재에는 그 쓰임이 거의 없는 것으로 판단하였다.

順番	音	漢字	〈古今〉	〈韓國〉	〈北韓〉	〈民衆〉	〈東亞〉	〈教學〉
47	근	堇[50]	씀바귀	씀바귀/겨우	씀바귀, 약이름근	제비꽃	제비꽃근/바꽃긴	1.제비꽃2.오두
48	금	妗[51]	외숙모금		외숙모금, 기쁜모양함	외숙모금, 계집방정스러울함	외숙모금, 방정맞을함	외숙모금, 양전하게웃는모양혐
49	급	伋[52]	생각할급		생각하다급	생각할급	속일급	사람이름급
50	기	夔[53]	조심할		외발짐승기	짐승이름/도깨비	조심할	짐승이름/산괴(山怪)
51	기	磯[54]	여울돌	여울돌	물속에있는돌	물가	물가	서덜
52	기	祁[55]	성할	클	성하다/크다	성할	성할기/땅이름지	클
53	기	祺[56]	길할		1.길하다상서롭다2.복	복	복	복
54	기	錡[57]	세발가마기		가마기	가마솥기/쇠뇌틀의	1.솥기2.톱의	솥기/쇠뇌걸이의

50) 씀바귀 근 :「字類下:52」에 '씀박위 근', 「釋要上:22」에 '진흙 근'으로 나타나 있어 典據에 따르되, 現代國語의 '毛堇' 등에 쓰이는 뜻을 고려하여 '씀바귀'를 代表訓으로 설정하였다.

51) 외숙모 금 :「字類上:30」, 「釋要上:26」 등에 '외숙모 금'으로 나타나 있어 典據에 따라 '외숙모'를 代表訓으로 설정하였다.

52) 생각할 급 :「字類上:59」에 '싱각 급', 「釋要上:3」, 「新字1:5」 등에 '생각할 급'으로 나타나 있어 典據에 따르되, '伋伋, 伋然' 등에서와 같이 주로 動詞로 쓰이는 점을 고려하여 '생각할 급'을 代表訓音으로 설정하였다.

53) 조심할 기 :「釋要上:24」에 '외발즘생 기, 조심할 기', 「新字1:32」에 '조심할 기'로 나타나 있어 典據에 따라 설정하였다.

54) 여울돌 기 :「字類上:9」에 '물돌 긔', 「新字3:18」에 '여울돌 긔'로 나타나 있어 典據에 따라 '여울돌 기'를 代表訓音으로 설정하였다.

55) 클 기 :「字類下:43」에 '셩흘 긔', 「釋要下:18」에 '클 긔, 만을 긔', 「新字3:19」에 '셩할 긔, 클 긔, 만을 긔' 등으로 나타나 있어 典據를 따르되, '祁寒'에 쓰이는 뜻을 고려하여 '클 기'를 代表訓音으로 설정하였다.

56) 길할 기 :「釋要下:18」, 「新字3:20」 등에 '길할 긔'로 나타나 있어 典據에 따라 설정하였다.

57) 세발가마 기 :「字類下:3」에 '불가마 긔', 「新字4:26」에 '세발가마 긔'로 나타나 있어 典據를 따르되, 現代國語에서도 '錡'는 '다리가 세 개 달린 솥'(標準國語大辭典)으로 쓰이는 점을 고려하여 '세발가마 기'를 代表訓音으로 설정하였다.

順番	音	漢字	〈古今〉	〈韓國〉	〈北韓〉	〈民衆〉	〈東亞〉	〈敎學〉
55	기	饑[58]	굶주릴	주릴	주릴	흉년들/흉년	주릴	흉년들
56	기	祇[59]	땅귀신기	지신기	토지의신, 크다, 다만지	땅귀신기, 마침지/다만지	토지의신기, 조사지	지신기, 다만지/병지
57	남	湳[60]	물이름		물이름남	물이름	강이름	남수(湳水)
58	내	柰[61]	사과내/어찌내	어찌내/능금내	벗내(나)	능금나무내/어찌나	능금나무내/어찌나	과수이름내
59	념	拈[62]	집을점	집을점(념)	집다점(념)	집을념-집을점	집을념(점)	딸념-달점
60	노	瑙[63]	옥돌		마노(瑪瑙)	마노	마노	마노(瑪瑙)
61	단	亶[64]	진실로단		진실로단	미쁨단-날선	믿을단/오로지할선	진실로단/산이름선

58) 주릴 기 : 「字類上:8」에 '줄일 긔', 「釋要下:104」에 '흉년들 긔, 허긔질 긔', 「新字4:41」에 '흉년들 긔, 주릴 긔' 등으로 나타나 있어 典據를 따르되, 固有語로 이루어진 점과 '饑饉, 饑死, 饑餓' 등에서 두루 쓰이는 뜻을 고려하여 '주릴 기'를 代表訓音으로 설정하였다.

59) 지신 기 : 「字類下:21」, 「釋要下:18」, 「新字3:19」 등에 '지신 기, 짜맛흔귀신 기, 편안할 기, 공경할 지, 다만 지'들이 나타나 있어 典據를 따르되, '山祇, 神祇, 地祇' 등 現代國語에서의 쓰임을 고려하여 '지신 기'를 代表訓音으로 설정하였다. '지' 音에 대해서는, '祇支'를 제외하고는 現代國語에서 그 쓰임이 거의 없는 것으로 판단하였다.

60) 물이름 남 : 「釋要上:81」에 '물일홈 남'으로 나타나 있어 典據에 따라 설정하였다.

61) 사과/어찌 내 : 「字類下:58」, 「兒學上:6」에 '사과 내', 「釋要上:63」, 「新字2:29」에 '사과 내, 엇지 내' 등으로 나타나 있어 典據에 따를 뿐만 아니라, 여러 字典들에서 공통적으로 제시하고 있는 점을 고려하여 複數訓을 설정하였다. 다만 '나' 音에 대해서는 現代國語에서 그 쓰임이 거의 없는 것으로 판단하였다.

62) 집을 념/점 : 「類合下:4」에 '지블 렴', 「釋要上:50」에 '집을 점', 「新字2:10」에 '집을 념, 쌀 념' 등으로 나타나 있어 典據를 따르되, '拈古, 拈來, 拈語, 拈華微笑' 등에서의 쓰임과, '拈鍼'에서는 '점' 音으로도 쓰이는 점을 고려하여 複數音으로 설정하였다. 다만 앞의 '념' 音으로 읽히는 現代國語의 語例들에서 알 수 있듯이, 주로 첫 音節에서 쓰이는 까닭에 실제로는 '염' 音으로만 나타나는데, 이는 頭音法則에 基因한 것으로 보아 '염' 音을 별도로 설정하지는 않았다.

63) 마노 노 : 「飜朴上:68」, 「字類下:13」, 「釋要下:2」 등에 '마노 노', 「新字3:2」에 '옥돌 노'로 나타나 있어 典據를 따르되, 現代國語에서는 '瑪瑙, 瑪瑙色, 水瑪瑙, 苔瑪瑙' 등 '瑪瑙'에 限定하여 쓰이는 뜻을 고려하여 '마노'를 代表訓으로 설정하였다.

64) 진실로 단 : 「字類上:52」, 「新字1:3」 등에 '진실로 단'으로 나타나 있어 典據에 따라 설정하였다.

順番	音	漢字	〈古今〉	〈韓國〉	〈北韓〉	〈民衆〉	〈東亞〉	〈敎學〉
62	단	袒[65]	옷벗어멜단, 혼솔터질탄	옷벗어멜단	옷멜단, 옷이터질탄	웃통벗을단, 솔기터질탄	웃통벗을단, 옷솔터질탄	윗통벗을단, 옷솔기터질탄
63	담	啖[66]	씹을	씹을	씹을담	먹을	먹을담/속일담	먹을/먹일
64	담	覃[67]	깊을담	미칠담	미칠담	벋을담/퍼질담/날설염	미칠담-날카로울염	벋을담-날카로울염
65	담	坍[68]	물이언덕을칠단	침식할담/단단	무너지다		무너질담	무너뜨릴담/단단
66	담	湛[69]	즐거울담/잠길침	즐길담/빠질침	즐길담/빠지다침(잠)	즐길담/잠길침/괼잠	즐길담/가득찰잠	즐길담/가라앚힐침/맑을잠
67	당	幢[70]	기당	깃발당(장)	기'발당	기당	기당/드리워진모양동	깃발/장막

65) 옷벗어멜 단 : 「倭解上:46」에 '멜 단', 「字類下:19」에 '옷멜 단', 「釋要下:61」, 「新字3:65」에 '옷벗어 멜 단' 등으로 나타나 있어 典據를 따르되, '袒裼, 袒肩, 肉袒' 등에 쓰이는 뜻을 고려하여 '옷벗어 멜 단'을 代表訓音으로 설정하였다. '탄' 音에 대해서는 現代國語에서 그 쓰임이 거의 없는 것으로 판단하였다.

66) 씹을 담 : 「新字1:23」에 '씹힐 담, 통이삼킬 담'으로 나타나 있어 典據를 따르되, '健啖(잘 먹음), 茶啖(손님을 대접하기 위해 차리는 다과 따위), 寢啖(寢食을 높이어 이르는 말) 등에서 쓰이는 뜻과, 단순한 語形으로 이루어진 '씹을 담'을 代表訓音으로 설정하였다.

67) 깊을 담 : 「釋要下:64」, 「新字3:68」 등에 '미칠 담, 뻐칠 담, 퍼질 담, 길 담, 웅심깁흘 담' 등으로 나타나 있어 典據를 따르되, '覃恩, 寶覃, 腸覃' 등에서 쓰이는 뜻을 고려하여 '깊을 담'을 설정하였다.

68) 무너질 담 : 「訓蒙比叡下:8」에 '믈어딜 단', 「釋要上:21」에 '물이언덕을칠 담'으로 나타나 있어 典據를 따르되, '坍倒'에 쓰이는 뜻을 고려하여 '무너질 담'을 代表訓音으로 설정하였다. '단' 音에 대해서는 現代國語에서 그 쓰임이 거의 없는 것으로 판단하였다.

69) 즐길 담/잠길 잠 : 「字類上:10」에 '즐길 담', 「釋要上:26」에 '즐거울 담', 「釋要上:80」에 '싸질 잠', 「新字2:51」에 '잠길 잠' 등으로 나타나 있어 典據를 따르되, 現代國語에서는 '담-湛樂, 湛水 / 잠-湛碧, 湛然' 등과 같이 '담' 音과 '잠' 音이 함께 쓰이는 것으로 판단하였으며, 그 각각의 뜻을 고려하여 複數訓音을 설정하였다. 한편 '침' 音에 대해서는 現代國語에서 그 쓰임이 거의 없는 것으로 판단하였다.

70) 기(旗) 당 : 「訓蒙比叡中:7」에 '볃 당', 「釋要下:30」에 '긔휘장 당', 「釋要上:36」에 '긔 당'으로 나타나 있어 典據를 따르되, '幢竿, 幢戟, 幢號' 등에서 쓰이는 뜻을 고려하여 '기(旗)'를 代表訓으로 설정하였다. 幢은 朝鮮時代 때 임금의 鹵簿에 쓰던 儀仗의 하나를 뜻하기도 하고, 新羅 때 軍制의 單位를 이룬 軍隊의 單位를 뜻하기도 하나, 그 본래의 뜻이 旗에서 비롯하였음을 중시한 것이다.

順番	音	漢字	〈古今〉	〈韓國〉	〈北韓〉	〈民衆〉	〈東亞〉	〈教學〉
68	대	黛[71)	눈썹그릴		눈'섭그릴대	눈썹먹	눈썹먹대	눈썹그리는먹
69	도	棹[72)	노도	노도/나무이름작	노(楫)도	노도-책상탁	노도/책상탁	노도/책상탁
70	도	韜[73)	감출		감출도	활집	감출도/팔찌도	1.포용할/덮어가릴2.팔찌
71	독	纛[74)	둑독	기둑(독)	둑독	기도/기독	둑독(도)	임금수레장식둑(도)
72	돈	暾[75)	해돋을		해가떠오르는모양	먼동틀/아침해	아침해돈	돋는해
73	동	潼[76)	물이름	내이름	높은모양	물이름	강이름동/무너뜨릴충	동수(潼水)
74	두	竇[77)	구멍두		구멍두	움두-도랑독	구멍두/도랑독	구멍두/움두-개천독

71) 눈썹그릴 대 : 「釋要下:117」, 「新字4:53」 등에 '눈섭거릴 대'로 나타나 있어 典據에 따르되, '黛黑, 粉黛, 翠黛' 등에서 두루 쓰이는 뜻인 점을 고려하여 '눈썹그릴 대'를 代表訓音으로 설정하였다.

72) 노 도/책상 탁 : 「釋要上:66」, 「新字2:32」 등에 '노 도'로 나타나 있어 典據에 따라 설정하되, '櫓棹, 回棹, 棹歌, 棹唱' 등의 語例에서 쓰이는 뜻과 人名에 흔히 쓰이는 점 및 여러 字典들에서도 함께 제시하고 있는 점을 고려하여 複數訓音을 설정하였다. 다만 '작' 音에 대해서는 現代國語에서 그 쓰임이 거의 없는 것으로 판단하였다.

73) 감출 도 : 「字類下:38」, 「釋要下:100」, 「新字4:37」 등에 '감촐 도'로 나타나 있어 典據에 따라 설정하되, '韜光, 韜藉, 韜晦, 六韜' 등의 語例에서 두루 쓰이는 뜻을 고려하였다.

74) 둑(儀仗旗) 독 : 「倭解上:41」, 「字類下:30」, 「兒學上:12」 등에서 '둑 독'으로 설명하고 있어 典據에 따라 설정하되, 現代國語에서 '임금의 행차나 군대의 행렬 앞에 세우는 둑을 경칩과 상강 때 제사 지내던 사당'을 이르는 '둑신묘'와, '임금의 행차나 군대의 행렬 앞에 세우는 둑에 지내던 제사'를 이르는 '둑제'의 原語인 '纛神廟, 纛祭'에서의 音을 고려하였다.

75) 해돋을 돈 : 「釋要上:60」에 '날돗을 돈', 「新字2:25」에 '해도들 돈'으로 나타나 있어 典據를 따르되, '朝暾' 등에서 쓰이는 뜻과, '날(日)'은 '해'를 가리키는 말임을 고려하여 '해돋을 돈'을 설정하였다.

76) 물이름 동 : 「釋要上:83」에 '물일홈 동', 「新字2:54」에 '동슈 동'으로 나타나 있어 典據를 따르되, '潼水'란 中國의 江을 나타내는 固有名詞라는 점을 고려하여 '물이름'을 代表訓으로 설정하였다.

77) 구멍 두 : 「字類上:13」, 「釋要下:22」, 「新字3:25」 등에 '구멍 두'로 설명하고 있어 典據에 따르되, '嵌竇, 閨竇, 上顎竇, 利竇' 등에서 두루 쓰이는 뜻인 '구멍'을 代表訓으로 설정하였다.

順番	音	漢字	〈古今〉	〈韓國〉	〈北韓〉	〈民衆〉	〈東亞〉	〈教學〉
75	두	荳[78]	팥	콩	콩묘와 통합	荳(豆의 俗字) 콩	콩두	荳(豆의 俗字) 콩
76	두	枓[79]	주두(柱枓)두		구기주/짜올린구조두	구기주/두공두	구기주/두공두	구기주/대접받침두
77	둔	遯[80]	달아날돈	숨을둔(돈)	숨다둔(돈)	달아날둔	달아날둔	달아날둔
78	라	蘿[81]	무	겨우살이	라륵(늑)향초(香草)	쑥	소나무겨우살이라	여라(女蘿)
79	락	珞[82]	구슬		돌이굳은모양	구슬목걸이	구슬목걸이락	영락(瓔珞)
80	람	嵐[83]	아지랑이	큰바람	람기, 이내람	남기	남기람	이내
81	랑	琅[84]	낭간/옥소리	옥소리	랑간옥돌	옥돌	옥이름랑/방자할랑	낭간/방종할
82	려	儷[85]	짝려	아우를려	짝/아우르다	나란히할려	짝려	나란히할려/우거진모양리

78) 팥 두 : 「訓蒙比叡上:7」, 「類合上:10」, 「兒學上:6」 등에 '퐃 두', 「新字3:51」에 '콩 두'로 나타나 있어 典據를 따르되, '豆'와의 구분을 고려하여 '팥'을 代表訓으로 설정하였다.

79) 주두 두 : 「釋要上:62」, 「新字2:28」 등에 '쥬두 두, 구기 주'로 나타나 있어 典據에 따르되, '柱枓'의 쓰임이 유지되고 있는 점을 고려하여 '주두 두'를 代表訓音으로 설정하였다. 現代國語에서는 '주' 音으로 쓰이는 語例가 거의 없다고 판단하였다.

80) 도망할 돈/둔 : 「類合下:42」에 '도핏 돈', 「字類下:26」에 '도망 둔', 「新字4:20」에 '숨을 둔, 도망할 둔' 등으로 나타나 있어 典據를 따르되, 訓에서는 '遁'과의 혼동을 피하고, 音에서는 現代國語의 '遁世, 遯隱, 遯逸' 등의 단어들에 쓰이는 '遯'이 '돈' 音과 '둔' 音으로도 발음이 이루어지는 점을 고려하여 複數音을 설정하였다.

81) 담쟁이 라 : 「字類下:56」에 '담장이 라' 「新字3:58」에 '담장이넌출 라', 「釋要下:54」에 '무우 라' 등으로 나타나 있어 典據를 따르되, '綠蘿, 藤蘿, 青蘿'에서 쓰이는 뜻을 고려하여 '담쟁이'를 代表訓으로 설정하였다.

82) 구슬 락 : 「訓蒙比叡中:15」에 '구슬 락', 「字類上:89」에 '영락 락'으로 나타나 있어 典據를 따르되, 固有語인 '구슬'을 代表訓으로 설정하였다.

83) 아지랑이 람 : 「倭解上:9」, 「字類上:3」, 「釋要上:33」에 '람긔 람', 「新字1:43」에 '람긔 람, 아지랑이 람'으로 나타나 있어 典據를 따르되, '嵐氣, 瘴嵐, 春嵐, 晴嵐, 溪嵐' 등에서의 뜻과, 固有語인 점을 고려하여 '아지랑이'를 代表訓으로 설정하였다.

84) 옥소리 랑 : 「字類下:13」에 '옥쇼리 랑', 「釋要下:1」, 「新字3:2」에 '랑간(옥) 랑, 옥소리 랑' 등으로 나타나 있어 典據를 따르되, '琅琅, 琅玕. 琅然, 琅函' 등에서의 뜻과, '琅玕'이 '玉의 일종'인 점을 고려하여 '옥소리'를 代表訓으로 설정하였다.

85) 짝 려 : 「字類上:30」, 「釋要上:8」에 '짝 려', 「新字1:11」에 '아오를 려, 짝 려' 등으로 나타나 있어 典據를 따르되, 現代國語의 '失儷, 魚儷, 伉儷' 등에서 쓰이는 뜻을 고려하여 '짝'을 代表訓으로 설정하였다.

順番	音	漢字	〈古今〉	〈韓國〉	〈北韓〉	〈民衆〉	〈東亞〉	〈敎學〉
83	려	蠣[86)	굴	굴조개	[牡礪]모려굴	굴조개	굴	모려(牡蠣)(굴조개)
84	려	驢[87)	나귀	나귀	나귀	당나귀	나귀	당나귀
85	력	靂[88)	벼락		벽력(霹靂)	천둥/벼락	벼락	벽력(霹靂)(벼락)
86	련	攣[89)	손발병신		매다/손발오그라들다	걸릴	걸릴련/오그라질련	매일/경련일어날
87	련	璉[90)	호련		(호련)종묘제기의하나	호련(瑚璉)	호련/이을	제기이름/잇달
88	렬	洌[91)	강추위렬	찰렬	몹씨차다	찰렬-맑을례	찰렬	차가울렬
89	령	伶[92)	영리할	영리할	심부름군	악공	영리할령	악관(樂官)
90	로	櫓[93)	노	노	방패/망루	방패	방패로	방패

86) 굴 려 :「字類下:49」, 「釋要下:59」, 「新字3:63」 등에서 '굴 려'로 나타나 있어 典據에 따르되, '牡蠣, 雕蠣' 등에서 쓰이는 뜻을 고려하여 '굴'을 代表訓으로 설정하였다.

87) 나귀 려 :「倭解下:23」, 「兒學上:7」, 「釋要下:107」 등에서 '나귀 려'로 설명하고 있어 典據에 따르되, '海驢, 騎驢覓驢, 靑驢' 등에서의 뜻을 고려하여 '나귀'를 代表訓으로 설정하였다.

88) 벼락 력 :「訓蒙比叡中:1」, 「類合上:4」, 「新字4:35」 등에 '벼락 력', 「釋要下:98」에 '벽력 력' 등으로 나타나 있어 典據를 따르되, 固有語인 '벼락'을 代表訓으로 설정하였다.

89) 손발굽을 련 :「釋要上:56」에 '손발굽을 련', 「新字2:18」에 '손발병신 련'으로 나타나 있어 典據를 따르되, '痙攣, 攣躄, 攣踠' 등에 쓰이는 뜻을 고려하여 '손발굽을 련'을 설정하였다.

90) 호련 련 :「字類下:3」, 「新字3:3」 등에 '호련 련', 「釋要下:3」에 '종묘제긔 련' 등으로 나타나 있어 典據를 따르되, 單語形이라는 점과 現代國語에서 '瑚璉' 외에는 쓰이는 語例가 거의 없다는 점을 고려하여 '호련'을 설정하였다.

91) 찰 렬 :「類合下:50」에 '출 렬' 「新字1:13」에 '맴게찰 렬'으로 나타나 있어 典據를 따르되, '洌川, 洌洌, 洌泉, 淸洌' 등에서의 뜻을 고려하여 '찰 렬'을 代表訓音으로 설정하였다.

92) 악공/영리할 령 :「訓蒙比叡中:2」에 '노롯바치 령', 「字類上:36」에 '악공 령', 「釋要上:3」, 「新字1:5」에 '악공 령, 령리할 령' 등으로 나타나 있어 典據를 따르되, 現代國語에서도 '伶樂, 伶人, 伶長' 및 '伶俐' 등에서처럼 두 訓의 쓰임이 함께 나타난다는 점을 고려하여 複數訓을 설정하였다.

93) 노/방패 로 :「訓蒙比叡中:13」, 「字類下:11」에 '방패 로', 「倭解下:18」에 '노 로', 「釋要上:70」, 「新字2:38」에 '방패 로, 노 로' 등으로 나타나 있어 典據를 따르되, 現代國語에서 '櫓'는 대부분의 語例에서 '배를 나아가게 하는 기구'(標準國語大辭典)로 쓰이는 점을 고려하여 '노'를 代表訓으로 설정하되, '干櫓' 등에서의 뜻을 고려하여 複數訓으로 설정하였다.

順番	音	漢字	〈古今〉	〈韓國〉	〈北韓〉	〈民衆〉	〈東亞〉	〈敎學〉
91	로	鹵[94]	개펄	짠땅	짤	염밭	소금	소금/함지/아궁이
92	롱	瀧[95]	젖을롱		젓다롱/여울상	비올롱/여울랑	젖을롱/여울랑	비오는모양롱/여울랑
93	료	鬧[96]	*지껄일뇨	*시끄러울뇨	지걸일뇨	*시끄러울뇨/들렐뇨	*시끄러울뇨	*시끄러울뇨
94	루	瘻[97]	종기		부스럼, 종기루	부스럼	부스럼루/곱사등이루	나력/곱사
95	루	縷[98]	실오리	실오리	실오리	실/올	실루/누더기루	실/가늘고길
96	루	婁[99]	끌루	빌루-자주삭	별루	끌루	별이름/끌/자주	공허할/맬/끌/자주루

94) 개펄 로 : 「字類上:79」에 '간슈 로', 「釋要下:115」에 '거칠 로', 「新字4:51」에 '염벗(밧) 로, 개펄 로' 등으로 나타나 있어 典據를 따르되, '鹵田, 沙鹵, 斥鹵' 등에서의 뜻을 고려하여 '개펄'을 代表訓으로 설정하였다.

95) 젖을 롱 : 「釋要上:85」에 '적실 롱', 「新字2:56」에 '저즐 롱, 비부슬부슬올 롱, 여을 상' 등으로 나타나 있어 典據를 따르되, 本源的인 뜻인 점과 單語形인 점을 고려하여 '젖을 롱'을 代表訓音으로 설정하였다. '상' 音에 대해서는 現代國語에서 그 쓰임이 거의 없는 것으로 판단하였다.

96) 지껄일 뇨 : 「訓蒙比叡下:7」에 '짓글힐 뇨', 「字類下:37」에 '들 뇨'로 나타나 있어 典據에 따라 '지껄일 뇨'를 代表訓音으로 설정하였다. 다만 이 '鬧' 字는 文獻에 '뇨' 音으로 올라 있는데, 電算用 完成型 漢字에서는 '료' 音으로만 나타난다. 하지만 이는 母音 사이에서 'ㄴ' 音이 'ㄹ' 音으로 변화한 滑音調 현상의 특수한 예로 보이며, 現代國語에서 이 字가 '료' 音으로 나타나는 단어는 '惹鬧'가 거의 유일할 뿐, 대부분 '起鬧(소란을 일으킴.), 煩鬧(번잡하고 시끄러움.), 紛鬧(번거롭고 바쁨. 또는 번화하고 사람이 북적대어 시끄러움.), 熱鬧(여러 사람이 모여 떠들썩함.), 喧鬧(여러 사람이 왁자하게 떠듦.)' 등에서 알 수 있듯이 '뇨' 音으로 나타나고 있는 점을 고려하여 '뇨' 音만을 설정하였다.

97) 부스럼 루 : 「釋要下:8」, 「新字4:9」에 '부스럼 루, 오랜종긔 루, 곱사등이 루' 등으로 나타나 있어 典據를 따르되, '瘡瘻(잔 구멍이 생기고 고름이 나는 부스럼.), 鼠瘻(목에 결핵성 림프선염이 생겨 곪아 뚫린 구멍에서 늘 고름이 나는 병.)' 등에서의 뜻과, '腫氣'는 '큰 부스럼'을 뜻한다는 점 및 固有語인 점을 고려하여 '부스럼'을 代表訓으로 설정하였다. '곱사등이'로서의 뜻은 代表訓으로 설정할 만큼 그 쓰임이 크지 않은 것으로 판단하였다.

98) 실오리 루 : 「訓蒙比叡中:12」에 '뵛오리 루', 「類合上:28」에 '올 루', 「字類上:83」, 「釋要下:32」에 '실 루' 「新字3:34」에 '실, 실마듸 루' 등으로 나타나 있어 典據를 따르되, '絲縷(실의 가닥.), 線縷(실의 가닥), 一縷(한 오리의 실이라는 뜻으로, 몹시 미약하거나 불확실하게 유지되는 상태를 이르는 말.)' 등에서 두루 쓰이는 뜻을 고려하여 '실오리'를 代表訓으로 설정하였다.

99) 끌 루 : 「字類上:2」에 '읻슬 루', 「釋要上:27」에 '뷜 루, ᄭᅳ을 루', 「新字1:35」에 '셜 루, 빌 루' 등으로 나타나 있어 典據를 따르되, '空'의 뜻으로 쓰이는 例가 흔치 않다는 점을 고려하여 '끌 루'를 代表訓音으로 설정하였다.

順番	音	漢字	〈古今〉	〈韓國〉	〈北韓〉	〈民衆〉	〈東亞〉	〈教學〉
97	루	蔞[100]	풀쑥루	물쑥루	루호물쑥	산쑥루	쑥루/상여장식류	누호루/우루루/널장식류
98	류	旒[101]	깃발		기'발의술		깃발	깃술
99	류	榴[102]	석류		석류	석류나무	석류나무	석류나무
100	리	狸[103]	살쾡이	삵	삵리	너구리	삵리-묻을매	살쾡이
101	리	羸[104]	파리할리	파리할리	파리할리	파리할리/현이름련	여윌리/현이름련	야윌리/연루련
102	만	巒[105]	멧부리만		메'부리만	메만	메만(本音:란)	산만
103	만	曼[106]	길	길	만만/길이멀다	길	끌만/뻗을만/오랑캐만	끌/길[長]
104	망	輞[107]	덧바퀴		수레바퀴의테	바퀴테	바퀴테	바퀴테

100) 물쑥 루 : 「字類下:51」, 「釋要下:50」, 「新字3:54」 등에 '물쑥 루'로 나타나 있어 典據에 따라 설정하였다.

101) 깃발 류 : 「訓蒙比叡下:7」, 「釋要上:58」에 '긔ㅅ발 류', 「新字2:22」에 '긔술 류', 「字類上:88」에 '면류 류' 등으로 나타나 있어 典據를 따르되, '旗旒(중요한 旗의 위에 달던 좁고 긴 띠.), 長旒(폭이 넓고 긴 깃발.)' 등에서의 뜻을 고려하여 '깃발'을 代表訓으로 설정하였다.

102) 석류 류 : 「類合上:9」, 「兒學上:6」, 「字類下:58」, 「釋要上:68」 등에서 한결같이 '석류 류'로 나타나 있어 典據에 따라 설정하였다.

103) 삵 리 : 「兒學上:7」, 「釋要下:74」, 「新字4:9」 등에 '삵 리'로 나타나 있어 典據에 따르되, '白狸, 巖狸, 狐狸' 등에서의 뜻을 고려하여 '삵'을 代表訓으로 설정하였다.

104) 야윌 리 : 「類合下:17」에 '여윌 리', 「字類上:46」에 '야윌 리', 「釋要下:35」, 「新字3:38」 등에 '파리할 리'로 나타나 있어 典據를 따르되, 固有語인 점과 '羸瘦, 疲羸' 등에서의 뜻을 고려하여 '야윌 리'를 代表訓音으로 설정하였다. '련' 音에 대해서는 現代國語에서 그 쓰임이 거의 없는 것으로 판단하였다.

105) 멧부리 만 : 「類合上:5」에 '묏봉 만', 「兒學上:3」, 「新字1:44」에 '메부리 만', 「釋要上:35」에 '산ㅅ봉오리 만'으로 나타나 있어 典據를 따르되, '岡巒(언덕과 산을 아울러 이르는 말.), 奇巒(아주 이상한 산봉우리.), 峰巒(꼭대기가 뾰족뾰족하게 솟은 산봉우리.), 重巒(첩첩이 쌓인 산.), 衆巒(많은 산봉우리.)' 등에서의 뜻과, 固有語로 이루어진 점을 고려하여 '멧부리'를 代表訓으로 설정하였다.

106) 길[長] 만 : 「兒學下:30」, 「字類上:21」에 '길 만', 「釋要上:61」에 '길 만, 길멀 만, 슷업슬 만, 슷 만', 「新字2:26」에 '멀 만, 슷 만, 아름다을 만' 등으로 나타나 있어 典據를 따르되, '曼壽' 등에 쓰인 뜻을 고려하여 '길[長] 만'을 代表訓音으로 설정하였다.

107) 바퀴테 망 : 「訓蒙比叡中:13」에 '바회 망', 「字類下:9」에 '박휘테 망', 「釋要下:81」에 '박희두리 망', 「新字4:16」에 '덧박휘 망'으로 나타나 있어 典據를 따르되, 각 文獻들마다 '車輪外圍'라고 설명한 점을 고려하여 '바퀴테'를 代表訓으로 설정하였다.

順番	音	漢字	〈古今〉	〈韓國〉	〈北韓〉	〈民衆〉	〈東亞〉	〈教學〉
105	망	邙[108)	북망산		메망	산이름	산이름	고을이름
106	망	莽[109)	풀망	여뀌풀망	묵은풀모/풀망(무)	풀망	우거질망(무)	풀망/풀무/풀모
107	맥	陌[110)	밭두둑길맥	밭두둑맥/일백백	언덕맥	길맥/일백백	두렁맥	밭두둑길맥/길맥
108	맥	驀[111)	뛰어넘을	말탈	말을타다맥	넘을	말탈	말탈
109	모	姆[112)	보모모		보모모	유모모	여스승모-어미무	여자스승모
110	모	摹[113)	모뜰	모뜰	모뜰	본뜰	베낄모	꾀할/본받을
111	목	鶩[114)	집오리목	따오기목	따오기목	집오리목	집오리목	가압(家鴨)목(무)

108) 북망산 망 : 「註千」에 '뫼 망', 「字類上:12」에 '망산 망', 「釋要下:85」에 '산일홈 망', 「新字4:21」에 '북망산 망'으로 나타나 있어 典據를 따르되, 國語에서는 '北邙山'에 局限하여 쓰이는 점을 고려하여 '북망산'을 설정하였다.

109) 풀 망 : 「石千:32」에 '플 망', 「字類上:35」에 '풀 망/모/무' 「釋要下:48」에 '풀욱어질 망, 추솔할 무, 묵은풀 모' 등으로 나타나 있어 典據를 따르되, '莽草, 榛莽, 草莽' 등에 쓰이는 뜻을 고려하여 '풀'을 代表訓으로 설정하였다.

110) 밭두둑길 맥 : 「字類上:28」, 「兒學上:4」에 '밧길 믹', 「釋要下:95」에 '밧사이ㅅ길 맥', 「新字4:31」에 '밧둔덕길 맥, 저자거리 맥' 등으로 나타나 있어 典據를 따르되, '陌'은 흔히 '밭두둑 사이로 난 길'의 뜻으로 쓰이는 점을 고려하여 '밭두둑길'을 代表訓으로 설정하였다. '일백 백'으로서의 쓰임은 거의 없는 것으로 판단하였다.

111) 뛰어넘을 맥 : 「字類下:69」에 '쇼스올을 믹', 「釋要下:106」에 '초월말 맥', 「新字4:44」에 '뛰여넘을 맥'으로 나타나 있어 典據를 따르되, 固有語인 점을 고려하여 '뛰어넘을 맥'을 설정하였다.

112) 여스승 모 : 「訓蒙比叡上:17」에 '졋어미 모', 「兒學上:1」, 「釋要上:26」, 「新字1:34」 등에 '녀스승 무(모)' 등으로 나타나 있어 典據를 따르되, 여러 文獻에서 공통적으로 제시되어 있는 점과, '保姆'에 쓰인 뜻을 함께 고려하여 '여스승'을 代表訓으로 설정하였다. 한편 '무' 音에 대해서는 '보모의 가르침'이라는 뜻을 지닌 '姆敎'(標準國語大辭典)에서만 나타나며, 이 단어의 使用頻度가 그리 흔치 않은 점을 고려하여 本 試案의 代表音에서는 제외하였으나, 이에 대해서는 재검토할 만하다.

113) 모뜰 모 : 「字類上:62」에 '모뜰 모', 「新字2:15」에 '모뜰 모, 본뜰 모, 닮을 모' 등으로 나타나 있어 典據를 따르되, 각 文獻들마다 '模'의 通字 혹은 仝字라 설명해 두고 있는 점과, '模'와의 구분을 고려하여 '모뜰 모'를 代表訓音으로 설정하였다.

114) 집오리 목 : 「類合下:20」에 '다와기 목', 「字類下:63」에 '오리 목', 「兒學上:7」, 「釋要下:114」에 '집오리 목' 등으로 나타나 있어 典據를 따르되, '鷄鶩'은 '닭과 집오리'의 뜻으로 쓰이는 점을 고려하여 '집오리'를 代表訓으로 설정하였다.

順番	音	漢字	〈古今〉	〈韓國〉	〈北韓〉	〈民衆〉	〈東亞〉	〈敎學〉
112	무	楙[115)	모과나무		모과나무	우거질	무성할	무성할
113	무	繆[116)	어그러질류		실천올무/어그러질목	얽을무/사당차례목	삼열단무/잘못할무	얽을무/어긋날류
114	미	楣[117)	인중방(引中枋)		문우의도리	문미	문미	중인방
115	미	黴[118)	기미낄			곰팡이	곰팡이미/곰팡이매	곰팡이
116	민	愍[119)	슬퍼할	슬플	슬플민	근심할	근심할민/힘쓸민	근심할/힘쓸
117	민	泯[120)	빠질민		없어지다/다하다	멸할민/다할민	망할민/뒤섞일면	멸망할민/섞을면

115) 모과나무 무 : 「釋要上:67」에 '모과 무', 「新字2:34」에 '모과나무 무, 성할 무' 등으로 나타나 있어 典據를 따르되, 現代國語에서 '성(盛)하다'의 뜻으로 쓰이는 예가 거의 없음을 고려하여 '모과나무'를 설정하였다.

116) 얽을 무/어그러질 류 : 「類合下:35」에 '그를 류', 「字類下:85」에 '얽을 무', 「釋要下:32」, 「新字3:35」에 '천올 무, 얽을 무, 어그러질 류' 등으로 나타나 있어 典據를 따르되, '繆篆, 綢繆' 등과 '糾繆'에 쓰이는 뜻과 音을 함께 고려하여 複數訓音을 설정하였다.

117) 인중방 미 : 「字類上:92」에 '문얼굴 미', 「兒學上:9」에 '문골 미', 「釋要上:66」에 '문임방 미', 「新字2:33」에 '인중방 미'로 나타나 있어 典據를 따르되, 각 文獻들마다 '門上橫梁'이라 설명한 점과, '引中枋'이 '上引枋과 中引枋을 통틀어 이르는 말'로 쓰이는 점을 고려하여 '인중방'을 代表訓으로 설정하였다.

118) 기미낄 미 : 「釋要下:118」에 '검을 미, 낫헤때씨일 미', 「新字4:53」에 '지미씰(기미씰) 미, 곰팡 미' 등으로 나타나 있어 典據에 따르되, '낯에 끼는 검은 얼룩점'을 '기미'라(標準國語大辭典) 하는 점을 고려하여 '기미낄 미'를 代表訓音으로 설정하였다.

119) 슬퍼할 민 : 「類合下:23」에 '에엿블 빈', 「字類上:49」에 '슬플 민', 「釋要上:45」에 '슬허할 민', 「新字2:4」에 '슬플 민, 불상할 민, 설어워할 민' 등으로 나타나 있어 典據를 따르되, '惜愍(아끼고 슬퍼함.), 深愍(몹시 불쌍히 여김), 哀愍(가엾고 불쌍히 여김), 憐愍(불쌍하고 딱하게 여김.)' 등에서 쓰이는 뜻을 고려하여 '슬퍼할 민'을 代表訓音으로 설정하였다. '슬플 민'이나 '불쌍할 민'으로 설정하는 것도 검토해 보았으나, 앞서 언급한 語例들을 볼 때 形容詞보다는 動詞로의 쓰임이 우세한 것으로 판단하였다.

120) 빠질 민 : 「類合下:55」에 '싀며딜 민', 「字類上:19」에 '민몰 민', 「釋要上:77」에 '민멸할 민' 「新字2:47」에 '빠질 민, 써질 민, 다할 민' 등으로 나타나 있어 典據를 따르되, '泯滅, 泯沒, 泯默, 泯然' 등에 두루 쓰이는 뜻을 고려하여 '빠질 민'을 代表訓音으로 설정하였다. '면' 音에 대해서는 現代國語에서 그 쓰임이 거의 없는 것으로 판단하였다.

順番	音	漢字	〈古今〉	〈韓國〉	〈北韓〉	〈民衆〉	〈東亞〉	〈教學〉
118	민	緡[121]	입힐민	돈꿰미민	돈꿰미/낙시'줄	낚싯줄민/연이을면	낚싯줄민/성할민	낚싯줄민/새우는소리면
119	박	璞[122]	옥덩어리		다듬지않은옥	옥덩이	옥돌	가공하지않은옥돌
120	박	雹[123]	우박	우박	무리	누리	누리	우박
121	반	泮[124]	얼음풀릴반	반수반	얼음이풀리다	반수반-나누일판	학교반	반궁반/녹을반
122	방	滂[125]	비퍼부을방		큰비가내리는모양	죽죽퍼부을방	비퍼부을방	비퍼붓는모양방
123	방	蚌[126]	금조개방	대합방	조개방	씹조개방	방합(蚌蛤)방	방합(蚌蛤)방/벌봉
124	배	焙[127]	불쬘	불에말릴	불에쬐어말리다	쬘	불에쬘	볶을

121) 돈꿰미 민 : 「釋要下:31」에 '돈꾀미 민, 낙시ㅅ줄 민', 「新字3:33」에 '입힐 민, 낙시줄 민, 돈쎄미 민' 등으로 나타나 있어 典據를 따르되, 現代國語에서 '緡'은 '꿰미'의 同義語로 처리하고, '緡錢'을 '꿰미에 꿴 돈'으로 설명하는(標準國語大辭典) 점을 고려하여 '돈꿰미'를 代表訓으로 설정하였다. '면' 音에 대해서는 그 쓰임이 거의 없는 것으로 판단하였다.

122) 옥덩어리 박 : 「類合下:32」, 「字類下:12」에 '박옥 박', 「釋要下:3」에 '옥덩이 박', 「新字3:3」에 '옥덩어리 박'으로 나타나 있어 典據를 따르되, '璞玉'이 '천연 그대로의 옥 덩어리'의 뜻으로 쓰이고 있는 점을 고려하여 '옥덩어리'를 代表訓으로 설정하였다.

123) 우박 박 : 「類合上:4」, 「倭解上:2」, 「字類上:3」에 '무리 박', 「釋要下:97」에 '우박 박', 「新字4:34」에 '무리 박, 우박 박'으로 나타나 있어 典據를 따르되, '雹異(우박이 내려 사람이나 가축에 해를 끼치는 일.), 雹災(우박으로 인한 재해.), 霜雹(서리와 우박을 아울러 이르는 말.)' 등에서의 뜻을 고려하여 '우박'을 설정하였다. 한편 『標準國語大辭典』에서 '무리'를 '우박'의 북한어로 처리하고 있는 점도 참고하였다.

124) 얼음풀릴/학교 반 : 「類合下:52」에 '어름노글 반', 「新字2:47」에 '얼음풀릴 반'으로 나타나 있어 典據를 따르되, 여러 文獻에서 설명으로 제시하고 있는 '氷釋, 氷解'의 뜻을 고려하여 설정하였다. 한편 '泮宮, 泮蛙, 泮人' 등에서처럼 '成均館'과 관련된 뜻으로 많이 쓰이는 점도 함께 고려하여 複數訓을 설정하였다.

125) 비퍼부을 방 : 「類合下:53」에 '믈러비갈 방', 「釋要上:81」, 「新字2:52」에 '비퍼부을 방'으로 나타나 있어 典據에 따르되, '滂沱'(비가 세차게 좍좍 쏟아짐. 또는 눈물이 뚝뚝 떨어짐.) 등에서의 뜻을 고려하여 '비퍼부을 방'을 代表訓音으로 설정하였다.

126) 조개 방 : 「類合上:14」에 '싱복 방', 「字類下:14」, 「新字3:59」에 '조개 방', 「釋要下:55」에 '금조개 방'으로 나타나 있어 典據를 따르되, '蚌珠, 蚌鷸' 등에서의 뜻을 고려하여 '조개'를 代表訓으로 설정하였다.

127) 불쬘 배 : 「訓蒙比叡下:6」에 '불쬘 비', 「釋要上:87」에 '불에말닐 배', 「新字2:59」에 '불에쏘야말릴 배' 등으로 나타나 있어 典據를 따르되, '焙乾, 焙籠, 焙燒' 등에 쓰이는 뜻을 고려하여 '불쬘 배'를 설정하였다.

順番	音	漢字	〈古今〉	〈韓國〉	〈北韓〉	〈民衆〉	〈東亞〉	〈敎學〉
125	배	褙128)	배자	배자	배자	배자	속적삼	배접(褙接)할
126	백	栢129)	측백백	잣백	잣백	나무이름백/닥칠박	나무이름백	측백나무백
127	번	樊130)	울	울타리	조롱/새장/울타리	울	울번/산이름반	울타리/번동
128	번	燔131)	구울	구울	구울번	사를	구울	불사를
129	벽	蘗132)	황경나무벽	황경피나무벽	황경피나무	황경나무벽	황경나무벽	황벽나무벽
130	병	輧133)	수레병		가벼운수레병(변)	수레병/수레변	수레병/부인용수레변	수레병/수레변
131	병	駢134)	두말이한멍에멜병	땅이름병	말두필에멍에메우다, 쌍마메울변	땅이름병	나란히할변(병), 나란히할변	두말을한수레에멍에메울병(변)

128) 등거리 배 : 「釋要下:63」에 '등거리 배, 배접할 배', 「新字3:66」에 '배자 배' 등으로 나타나 있어 典據를 따르되, 漢字語인 '褙子(추울 때에 저고리 위에 덧입는 옷.)'와 固有語인 '등거리(등만 덮을 만하게 걸쳐 입는 홑옷.)' 사이에 뜻 차이가 별로 없는 점을 고려하여 固有語인 '등거리'를 代表訓으로 설정하였다.

129) 측백 백 : 대부분의 문헌들에서 '栢'은 '柏'의 俗字로 설명되어 있는데, '柏'은 「字類下:59」, 「兒學上:5」 등에서 '측백 백'으로 나타나 있어 典據에 따라 설정하였다.

130) 울 번 : 「釋要上:68」에 '산울 번, 새장 번', 「新字2:35」에 '롱 번, 울 번' 등으로 나타나 있어 典據를 따르되, '樊籬'가 '울타리'를 뜻한다는 점을 고려하여 '울'을 代表訓으로 설정하였다.

131) 구울 번 : 「訓蒙比叡下:6」에 '구을 번', 「字類上:11」에 '술울 번', 「釋要上:88」, 「新字2:60」에 '구울 번, 사를 번' 등으로 나타나 있어 典據를 따르되, '燔肉(구운 고기.), 燔灼(불에 구움.), 燔造(질그릇, 사기그릇 따위를 구워 만들어 내는 일.)' 등에서의 뜻을 고려하여 '구울 번'을 代表訓音으로 설정하였다.

132) 황경나무 벽 : 「字類下:59」, 「釋要上:70」에 '황경피나무 벽', 「兒學上:6」에 '황벽피 벽', 「新字3:58」에 '황경나무 벽' 등으로 나타나 있어 典據를 따르되, 『標準國語大辭典』에서 '황경피나무'는 '황벽나무'의 誤用 혹은 北韓語로 설명하고 있는 점과, '황벽피'는 非標準語로 처리하고 있는 점을 고려하여 '황경나무'를 代表訓으로 설정하였다.

133) 수레 병 : 「訓蒙比叡中:13」에 '술위 병', 「釋要下:81」에 '부인타는차 변, 가부여은차 병', 「新字4:16」에 '가벼운수레 병' 등으로 나타나 있어 典據를 따르되, 單語形인 점을 고려하여 '수레'를 代表訓으로 설정하였다. '변' 音에 대해서는 現代國語에서 그 쓰임이 거의 없는 것으로 판단하였다.

134) 나란히할 병/쌍말 변 : 「字類下:69」에 '쌍뭘 변/병', 「新字4:43」에 '두말한멍에멜 변'으로 나타나 있어 典據에 따라 두 音을 함께 수용하되, 現代國語에서 '駢指, 駢趾' 등과 '駢儷, 駢文, 駢列' 등에서 쓰이는 뜻을 고려하여 複數訓音을 설정하였다.

順番	音	漢字	〈古今〉	〈韓國〉	〈北韓〉	〈民衆〉	〈東亞〉	〈教學〉
132	복	輹[135]	바퀴통		수레굴대받침 댄가죽	당토(當兎)	복토복	복토(伏兎)
133	봉	峰[136]	멧부리	봉우리	봉우리	산봉우리	봉우리	봉우리
134	봉	琫[137]	장식옥		칼집웃부분의 꾸미개	칼집장식	칼집장식봉	칼집손잡이부분의장식
135	부	溥[138]	넓을부	클부(보)	크다, 넓다, 펴다	넓을부	넓을보/펼부/내이름박	넓을보/펼부/물모양박
136	부	莩[139]	갈청부, 굶어죽을표		갈청부, 굶어죽은시체표	독말풀부, 굶어죽을표	풀이름부, 굶어죽을표	갈대껍질부, 주려죽을표
137	부	趺	가부좌할	받침	책상다리하고 앉다	받침	책상다리할부	책상다리할/발등
137	부	趺[140]	가부좌할	받침	책상다리하고 앉다	받침	책상다리할부	책상다리할/발등
138	부	鳧[141]	물오리	오리	오리부	물오리	오리부	야압(野鴨)(물오리)

135) 바퀴통 복 : 「釋要下:82」에 '차바탕쌀애 복', 「新字4:17」에 '박휘통 복, 박휘테 복' 등으로 나타나 있어 典據를 따르되, 現代國語에서도 단어로서의 쓰임이 유지되는 '바퀴통'을 代表訓으로 설정하였다.

136) 멧부리 봉 : 「倭解上:7」에 '뫼봉으리 봉', 「類合上:5」에 '뫼봉 봉', 「字類上:12」, 「兒學上:3」 등에 '뫼부리 봉', 「釋要上:33」에 '산ㅅ봉오리 봉' 등으로 나타나 있어 典據를 따르되, 固有語인 점을 고려하여 '멧부리'를 代表訓으로 설정하였다.

137) 칼장식 봉 : 「字類下:34」에 '칼꾸밈이 봉', 「釋要下:2」에 '칼치장 봉', 「新字3:2」에 '칼장식옥 봉'으로 나타나 있어 典據를 따르되, 공통적인 뜻을 고려하여 '칼장식'을 代表訓으로 설정하였다.

138) 넓을 부 : 「類合下:20」에 '너불 부', 「字類下:29」에 '클 보', 「釋要上:81」에 '클 부, 물일홈 박', 「新字2:51」에 '클 부, 두루할 부, 너를 부, 펄 부' 등으로 나타나 있어 典據를 따르되, 文獻들에서 뜻으로 제시되어 있는 '大, 徧, 廣, 布'들의 意味를 아우를 수 있는 '넓을 부'를 代表訓音으로 설정하였다. 한편 '보'와 '박' 音에 대해서는 現代國語에서 그 쓰임이 거의 없는 것으로 판단하였다.

139) 갈청 부/굶어죽을 표 : 「訓蒙比叡下:3」, 「字類下:57」, 「釋要下:47」에 '갈청 부', 「新字3:51」에 '갈청 부, 굶어죽을 표' 등으로 나타나 있어 典據를 따르되, '葭莩(가부), 餓莩(아표)' 등에서처럼 두 가지 뜻과 音이 함께 쓰이는 점을 고려하여 複數訓音을 설정하였다.

140) 가부좌할 부 : 「字類上:43」에 '되술일 부', 「釋要下:77」에 '가부좌할 부', 「新字4:12」에 '가려안질 부' 등으로 나타나 있어 典據를 따르되, 현재까지 그 단어의 쓰임이 유지되는 '가부좌할 부'를 代表訓音으로 설정하였다.

141) 물오리 부 : 「訓蒙比叡上:9」, 「新字4:49」에 '물오리 부', 「字類下:63」, 「釋要下:112」에 '오리 부'로 나타나 있어 典據를 따르되, 「字類下」, 「釋要下」에서도 뜻을 설명할 때엔 '水鳥' 또는 '野鴨'이라 하여 '鴨'과 구분하고 있는 점을 참고하되, '鳧藻(물오리가 藻類를 보면 기뻐한다는 뜻으로, 몹시 기뻐서 떠듦을 이르는 말.), 鳧樽(질흙으로 만든, 물오리 모양의 술잔.)' 등에서의 뜻을 고려하여 '물오리'를 代表訓으로 설정하였다.

順番	音	漢字	〈古今〉	〈韓國〉	〈北韓〉	〈民衆〉	〈東亞〉	〈教學〉
139	분	賁142)	클분	꾸밀비	클분/꾸미다비	꾸밀비/꾸밀분	꾸밀비/클분	꾸밀비/클분
140	비	斐143)	아롱질		문채나는모양	문채날	아름다울비	문채있는모양/성
141	비	菲144)	엷을	엷을	순무	채소이름	엷을/채소이름/풀이름	채소이름/짚신/초목향기가깁을
142	사	砂145)	왕모래	모래	모래사	砂(沙의 俗字)/모래	모래	모래
143	사	莎146)	사초(莎草)사	향부자사	잔디사	사초사/비빌수	향부자사/비빌사	사초(莎草)사/사계사
144	사	肆147)	방자할사	베풀사	베풀사	방자할사	방자할사/방자할실	방자할사/나머지이/뼈발라낼척

142) 클 분/꾸밀 비 : 「字類下:29」, 「釋要下:75」, 「新字4:10」 등에 '클 분, 꾸밀 비'로 나타나 있어 典據를 따르되, 現代國語에서도 '분-賁臨/虎賁, 비-賁飾/賁然' 등과 같이 '분' 音과 '비' 音이 함께 쓰이고 있는 점을 고려하여 複數訓音을 설정하였다.

143) 아롱질 비 : 「字類下:29」에 '문치 비', 「釋要上:57」에 '문채날 비', 「新字2:21」 등으로 나타나 있어 典據를 따르되, '斐斐(꾸밈새가 있어 아름다운 모양.)' 등에서의 뜻과, 固有語인 점을 고려하여 '아롱질 비'를 代表訓音으로 설정하였다.

144) 엷을 비 : 「字類下:51」에 '향긔 비', 「釋要下:48」, 「新字3:52」에 '순무 비, 향긔러울 비, 풀욱어질 비, 엷을 비' 등으로 나타나 있어 典據를 따르되, '菲德(덕이 박함. 또는 그런 사람.), 菲禮(변변하지 못한 예물.), 菲薄(얼마 되지 않아 변변치 못함.), 菲才(재주가 없음. 또는 변변치 못한 재능이라는 뜻으로, 자기 재능을 겸손하게 이르는 말.)' 등에서의 뜻을 고려하여 '엷을 비'를 代表訓音으로 설정하였다.

145) 모래 사 : 「字類下:13」, 「釋要下:15」, 「新字3:17」 등에 '주사(硃砂) 사'로 나타나 있어 典據를 따르되, 다만 이들 문헌에서 한결같이 '沙'와 통하는 것으로 설명되어 있고, 또 現代國語에서도 '江沙/江砂, 給沙/給砂, 明沙/明砂, 沙丘/砂丘' 등 여러 단어들에서 '沙(모래 사)'와 混用되어 쓰이는 점을 고려하여 '모래 사'로 설정하였다.

146) 사초 사 : 「倭解下:31」, 「兒學上:5」에 '쐬 사', 「字類下:53」, 「釋要下:49」, 「新字3:51」 등에 '향부자 사'로 나타나 있어 典據를 따르되, 現代國語에서 '香附子'를 '사초과의 여러해살이풀'로 설명하고(國立國語硏究院, 『標準國語大辭典』) 있는 점을 고려하여 '사초'를 代表訓으로 설정하였다. 한편 '수' 音에 대해서는 현대국어에서 그 쓰임이 거의 없는 것으로 판단하였다.

147) 방자할/저자 사 : 「類合上:13」, 「釋要下:39」, 「新字3:41」 등에 '방자할 사, 베풀 사, 저자 사' 등으로 나타나 있어 典據를 따르되, 現代國語의 '驕肆, 放肆, 肆縱' 및 '開肆, 肆廛, 冊肆' 등에 쓰이는 뜻을 고려하여 複數訓을 설정하였다.

順番	音	漢字	〈古今〉	〈韓國〉	〈北韓〉	〈民衆〉	〈東亞〉	〈教學〉
145	삼	滲[148]	스밀삼					
146	상	廂[149]	행랑/곁채	행랑	"익랑, 곁채 상"	곁채/곁방	행랑	곁채
147	상	橡[150]	도토리	상수리	도토리상	상수리나무	상수리나무상	상수리
148	상	湘[151]	물이름	강이름	삶다상	삶을/끓일	강이름상	상수(湘水)
149	생	笙[152]	생황(笙簧)	피리	피리생	생황(笙簧)	생황생/땅이름신	악기이름(笙簧)
150	서	栖[153]	栖깃들일	栖깃들	깃들일(棲와 同字)	(棲와同字)깃들일/살	깃들일서/보금자리서	(棲와同字)깃들일/살/바쁜모양
151	서	絮[154]	헌솜서	솜서	솜서/성(姓)여	솜서/간맞출처	솜서/간맞출처	솜서/간맞출처/성녀/성여

148) 스밀 삼 :「兒學下:10」,「釋要上:82」 등에 '슴읠 삼',「字類上:19」에 '실 슴',「新字2:52」에 '물심어 흐를 삼' 등으로 나타나 있어 典據를 따르되, '滲入, 滲出, 滲透' 등에 쓰이는 뜻을 고려하여 '스밀 삼'을 代表訓音으로 설정하였다.

149) 곁채 상 :「釋要上:38」에 '워랑 상',「字類上:91」,「新字1:48」 등에 '겻채 상'으로 나타나 있어 典據를 따르되, '廂軍, 西廂' 등에 쓰이는 뜻을 고려하여 '곁채'를 代表訓으로 설정하였다.

150) 상수리 상 :「倭解下:28」,「字類下:61」에 '도토리 상',「釋要上:69」에 '상싊 상',「新字2:37」에 '상수리/도토리 상' 등으로 나타나 있어 典據를 따르되, 現代國語의 '橡木, 橡實' 등에서 쓰이는 뜻을 고려하여 '상수리'를 代表訓으로 설정하였다.

151) 물이름 상 :「字類上:15」에 '샹강 샹',「釋要上:80」,「新字2:51」에 '물일홈 상, 삶을 상' 등으로 나타나 있어 典據를 따르되, '湘江'은 본래 中國의 洞庭湖로 흐르는 江의 이름을 나타내는 固有名詞라는 점을 고려하여 '물이름'을 代表訓으로 설정하였다.

152) 생황 생 :「類合上:24」에 '뎌 싱',「倭解上:43」,「字類下:41」,「釋要下:23」 등에 '생황 생'으로 나타나 있어 典據를 따르되, 現代國語에서 '笙'은 '笙簧'을 대표하는 뜻으로 설명되고 있는(『標準國語大辭典』) 점을 고려하여 '생황'을 代表訓으로 설정하였다.

153) 깃들일 서 :「釋要上:64」에 '새깃드릴/편치아늘/새집 서',「新字2:30」에 '깃들일/어성댈 서' 등으로 나타나 있어 典據를 따르되, 이들 文獻에서도 '棲'와 同字 혹은 通字로 설명하고 있는 점을 고려하여 '깃들일 서'를 代表訓音으로 설정하였다.

154) 솜 서/성(姓) 여 :「類合下:28」에 '소옴 셔',「字類上:82」에 '낡은솜 셔',「釋要下:30」에 '헌솜 서, 국간맞출 처, 성(姓) 여' 등으로 나타나 있어 典據를 따르되, 現代國語의 '絲絮(사서:실과 솜을 아울러 이르는 말.), 絮縷(서루:솜과 실을 아울러 이르는 말.)' 등에 쓰이는 뜻과, 姓으로는 '여' 音도 쓰이는 점을 함께 고려하여 複數訓音을 설정하였다. 한편 '처' 音에 대해서는 현대국어에서 그 쓰임이 거의 없는 것으로 판단하였다.

順番	音	漢字	〈古今〉	〈韓國〉	〈北韓〉	〈民衆〉	〈東亞〉	〈敎學〉
152	석	汐155)	썰물		"썰물, 석수"	석수	조수석	조수[晩潮]
153	선	僊156)	춤훨훨출	신선	신선선	신선	춤출선	신선
154	선	癬157)	버짐		버짐선	옴	옴	버짐
155	선	詵158)	말전할선		말을하다선	많을선/많을 신	많을선(신)	이러니저러니 말할선
156	선	鐥159)	대야	복자	술그릇선	복자	복자	낫
157	설	褻160)	설만할	무람없을	속옷설	속옷	더러울설	속옷
158	설	齧161)	씹을설	씹을설(얼)	"씹다, 깨물다"	깨물설	물설	물설

155) 썰물 석 : 「字類上:18」, 「兒學上:4」에 '셕슈 셕', 「釋要上:96」에 '저녁조수 석', 「新字2:45」에 '썰물/날물/셕슈 셕' 등으로 나타나 있어 典據를 따르되, 現代國語에서는 그 쓰임이 '潮汐'으로 대표되는 점을 고려하여 固有語인 '썰물'을 代表訓으로 설정하였다.

156) 춤훨훨출 선 : 「新字1:9」에 '춤훨훨출 선'으로 나타나 있어 典據에 따라 설정하였다. 한편 이 「新字1:9」와 「字類上:64」, 「釋要上:7」에서는 '仙'과 同字라고 나타나 있기도 한데, 이를 따른다면 '신선 선'으로 설정하는 것도 가능하겠으나, 한자의 形聲을 고려하여 '춤훨훨출 선'으로 판단하였다.

157) 버짐 선 : 「倭解上:51」, 「兒學下:5」, 「釋要下:9」에 '버즘 선', 「字類下:17」에 '마른버즘 선', 「新字:30」에 '마른옴 선' 등으로 나타나 있어 典據를 따르되, '乾癬, 白癬, 癬瘡' 등에 쓰이는 뜻을 고려하여 '버짐'을 代表訓으로 설정하였다.

158) 말전할/많을 선 : 「釋要下:68」에 '만을 선', 「新字4:4」에 '말전할/만흘 선'으로 나타나 있어 典據를 따라 複數訓을 설정하였다. 國語에서는 '道詵, 智詵' 등 일부 固有名詞와 人·地名用 한자에서 그 쓰임을 찾아볼 수 있다.

159) 대야 선 : 「倭解下:14」에 '다야 선', 「釋要下:92」에 '목자 선', 「新字4:57」에 '복자 선' 등으로 나타나 있어 典據를 따르되, '목자, 복자'로 제시되어 있는 문헌에서도 '그릇'으로 설명하고 있는 점을 고려하여 '대야'를 代表訓으로 설정하였다.

160) 무람없을 설 : 「類合下:27」에 '셜만홀 셜', 「字類上:86」에 'ᄉᆞ복/셜만 셜', 「新字3:67」에 '상에입는옷/무람업슬 셜' 등으로 나타나 있어 典據를 따르되, 固有語인 점과 '煩褻, 褻慢, 猥褻' 등에 쓰이는 뜻을 고려하여 '무람없을 설'을 代表訓音으로 설정하였다.

161) 깨물 설 : 「字類上:39」에 '너흘 셜/얼', 「釋要下:120」에 '씹을 설', 「新字4:55」에 '느를/ᄭᅢ물 셜'로 나타나 있어 典據를 따르되, '齧舌(혀를 깨물어서 피가 나오는 증상.), 齧鐵(전설에서, 쇠를 먹고 惡夢과 邪氣를 쫓는다는 상상의 동물.), 蹄齧(말이 발로 차고 이로 물어뜯음.)' 등에서 쓰인 뜻을 고려하여 '깨물 설'을 代表訓音으로 설정하였다. 한편 '얼' 音에 대해서는 당시의 俗音으로 읽히던 것으로, 현대국어에서는 그 쓰임이 거의 없는 것으로 판단하였다.

順番	音	漢字	〈古今〉	〈韓國〉	〈北韓〉	〈民衆〉	〈東亞〉	〈敎學〉
159	소	溯162)	溯거스릴소		거스릴소	거슬러올라갈소	거슬러올라갈소	거슬러올라갈소
160	소	瀟163)	물이름	물깊을	물이맑다소	물이름	강이름	물맑고깊을
161	소	韶164)	소악(韶樂)	풍류	풍류소	풍류이름	풍류이름소	음악이름
162	손	巽165)	부드러울	손방/부드러울	손방손	부드러울	손괘손	괘이름
163	손	蓀166)	향풀[香草]	창포	향초	향초	향풀이름손	향초이름
164	손	飡167)	밥손/먹을찬		밥찬/저녁밥손	저녁밥손	저녁밥손	저녁밥손/먹을찬
165	쇠	釗168)	쇠[金]쇠	힘쓸소(조)/쇠쇠	힘쓰다소/쇠쇠	볼소/사람이름교/쇠쇠	힘쓸소/쇠쇠	힘쓸소/사람이름쇠

162) 거슬러올라갈 소 : 「字類上:18」, 「釋要上:81」, 「新字2:46」 등에서 '泝'와 同字라 하여 '거슬일/물거사릴/거슬러올나갈 소'로 나타나 있어 典據를 따르되, '遡及, 溯源, 溯河' 등에서 쓰인 뜻을 고려하여 代表訓音을 설정하였다.

163) 물이름 소 : 「字類上:15」에 '쇼강 쇼', 「釋要上:85」에 '물일홈/빗소래 소', 「新字2:56」에 '물맑알 쇼' 등으로 나타나 있어 典據를 따르되, 본래 '瀟江'이란 중국 湖南省에서 發源하여 湘水로 흘러가는 강 이름이었던 점을 고려하여 '물이름'을 代表訓으로 설정하였다.

164) 풍류/아름다울 소 : 「字類下:39」에 '쇼악 쇼', 「釋要下:100」에 '아름다울 소', 「新字4:37」에 '순의 풍류/봄(春) 소' 등으로 나타나 있어 典據를 따르되, '角韶(임금이나 조정의 신하에게 들려주던 가락의 이름.), 九韶(아홉 곡으로 이루어진, 중국 고대 순임금 때의 음악.)' 및 '韶景(화창한 봄 경치.), 韶光(봄철의 볕. 또는 봄철의 경치.), 韶華(아름답고 부드러움.)' 등에서 쓰인 뜻을 고려하여 複數訓을 설정하였다.

165) 낮출/손괘 손 : 「字類上:22」에 '손순 손', 「釋要上:35」에 '유순할/나촐 손', 「新字1:45」에 '부드러울/나즌체할/사양할 손' 등으로 나타나 있어 典據를 따르되, 여러 문헌에서 '遜'과 뜻이 통하며, 한편으로는 '卦名'으로 설명하고 있는 점 및 '謙巽(남을 존중하고 자기를 내세우지 않는 태도가 있음.), 巽劣(낮고 못생김)' 등과 '巽卦, 巽方' 등에서 쓰이는 뜻을 고려하여 複數訓을 설정하였다.

166) 향풀 손 : 「字類下:54」, 「釋要下:50」에 '향풀 손', 「新字3:54」에 '란초 손' 등으로 나타나 있어 典據를 따르되, '난초'라는 특정한 꽃 이름보다는 여러 식물에 두루 쓰일 수 있는 뜻인 점을 고려하여 '향풀'을 代表訓으로 설정하였다.

167) 저녁밥 손/벼슬이름 찬 : 「釋要下:103」에 '밥먹을/반찬 찬', 「新字2:50」에 '밥 손, 먹을 찬' 등으로 나타나 있어 典據를 따르되, '손' 音으로는 여러 문헌에서 '飧'의 俗字로 설명하고 있는 점과, '찬' 音은 역사적으로 新羅 때의 '阿飡, 伊飡, 波珍飡' 등 벼슬 이름으로 많이 나타나는 점을 고려하여 '저녁밥 손/벼슬이름 찬'의 複數訓音을 설정하였다.

168) 쇠 쇠 : 「新字4:56」 등에 '쇠 쇠'로 나타나 있어 典據에 따라 설정하였다. '소' 音과 '교' 音 및 '조' 音에 대해서는 현대국어에서 그 쓰임이 거의 없는 것으로 판단하였다.

順番	音	漢字	〈古今〉	〈韓國〉	〈北韓〉	〈民衆〉	〈東亞〉	〈敎學〉
166	수	嗽[169)]	기침할수	양치할수	양치할수	기침수/빨삭	기침할수/마실삭	기침수/빨삭
167	수	岫[170)]	산굴(山窟)	멧부리	메'부리수	산굴	산굴	산굴
168	수	燧[171)]	봉화	봉화	봉화수	부싯돌	부싯돌수	불을얻는기재/봉화(烽火)
169	수	藪[172)]	숲덤불수	숲수	휘(量)수[슈]	수풀수	늪수/또아리수	늪수/굴대를끼우는구멍추
170	수	銹[173)]	쇠녹날		녹.동록수	녹/녹슬	녹슬수	녹
171	수	隧[174)]	무덤길수	길수	길수	굴수/떨어질추	길수/떨어질추	굴수/길수/떨어질추

---

169) 기침할 수 : 「字類上:38」, 「兒學下:4」에 '기침 수', 「釋要上:19」에 '빨 삭', 「新字1:25」에 '기침할 수, 마실/빨 삭' 등으로 나타나 있어 典據를 따르되, '乾嗽, 痰嗽, 咳嗽' 등에서 쓰인 뜻을 고려하여 '기침할 수'를 代表訓音으로 설정하였다. '삭' 音에 대해서는 현대국어에서 그 쓰임이 거의 없는 것으로 판단하였다.

170) 산굴 수 : 「字類上:13」, 「兒學上:3」에 '뫼구멍 슈', 「釋要上:33」에 '산구멍 수', 「新字1:42」에 '바위 구멍 슈' 등 '山穴'의 뜻으로 나타나 있어 典據를 따르되, '巖岫(바위에 뚫린 굴.), 雲岫(구름이 떠오르는 산에 있는 굴.)' 등에서 쓰인 뜻을 고려하여 代表訓音을 설정하였다.

171) 봉화 수 : 「字類上:10」에 '불 슈', 「釋要上:88」에 '봉화/석냥 수', 「新字2:60」에 '봉화/불 슈' 등으로 나타나 있어 典據를 따르되, '燔燧, 烽燧, 燧煙' 등에서 쓰인 뜻을 고려하여 代表訓音을 설정하였다.

172) 숲 수 : 「類合上:6」에 '숩 수', 「倭解下:29」에 '덤블 수', 「新字3:57」에 '덤불/숩/큰늡 수' 등으로 나타나 있어 典據를 따르되, '淵藪(못에 물고기가 모여들고 숲에 새와 짐승이 모여드는 것처럼 여러 사물이나 사람이 모이는 곳을 비유적으로 이르는 말.), 林藪(나무가 우거져 있는 것. 또는 사물이 많이 모이는 곳.)' 등에서 쓰인 뜻을 고려하여 代表訓音을 설정하였다.

173) 쇳녹날 수 : 「釋要下:90」에 '쇠ㅅ녹날 수', 「字類下:15」, 「新字4:26」에 '동록 수' 등으로 나타나 있어 典據를 따르되, '防銹, 轉銹, 鐵銹' 등에서 쓰인 뜻을 고려하여 固有語로 이루어진 '쇳녹날 수'를 代表訓音으로 설정하였다.

174) 길 수 : 「釋要下:96」, 「新字4:32」 등에 '묘도(墓道)/무덤길/길 수'로 나타나 있어 典據를 따르되, '經隧(경락이 통하는 길.), 墓隧(무덤으로 통하는 길.), 隧道(평지나 산, 바다, 강 따위의 밑바닥을 뚫어서 굴로 만든 철도나 도로.)' 등에 두루 쓰이는 뜻을 고려하여 '길 수'를 代表訓音으로 설정하였다. 한편 '추' 音에 대해서는 현대국어에서 그 쓰임이 거의 없는 것으로 판단하였다.

順番	音	漢字	〈古今〉	〈韓國〉	〈北韓〉	〈民衆〉	〈東亞〉	〈敎學〉
172	수	綏[175)]	편안할수	편안수/기드림유	기'발느림유/편안할수	끈수/드리울타	편안할수/기드림유	편안할수/기장식유/내릴타
173	수	脩[176)]	길수	길수	길수[슈]	포수	포수/옻칠할통유	포수/마를수/술잔유
174	순	徇[177)]	부릴/빠를	조리돌릴	조리돌리다/부리다	경영할	주창할순/두루순	1.조리돌릴/빼앗을2.부릴
175	순	恂[178)]	믿을순		미덥다순/무섭다준	미쁠순/갑자기준	정성순/갑자기순	1.믿을순2.깜박일순
176	순	蓴[179)]	순나물	순채	순채	순채	순채순/풀더부룩할단	순채(純菜)
177	순	諄[180)]	자상할순	거듭이를/순(준)	순순/거듭타이르다	도울순	타이를순/미워할준	타이를순
178	숭	崧[181)]	산높을	산높을	산이우뚝솟다	우뚝솟을	우뚝솟을숭	산이높고큰모양

175) 편안할 수/기드리울 유 : 「釋要下:30」에 '편안할 수', 「新字3:32」에 '긔드림 유, 편안할 슈' 등으로 나타나 있어 典據를 따르되, 現代國語에서도 '수' 音으로 읽히는 '綏撫(수무:편안하게 하고 어루만져 달램), 綏安(수안:다스려 평안하게 함.), 靖綏(정수:편안함. 또는 그렇게 함.)' 및 '유' 音으로 읽히는 '寵綏(총유:조선 세조 때의 定大業之樂 열한 곡 가운데 여덟째 곡.)' 등의 語例를 고려하여 複數訓音을 설정하였다. 한편 '드리다'는 現代國語에서 '드리우다'가 標準語이므로 이에 맞게 수정하였다.

176) 길[長]/포(脯) 수 : 「字類上:46」, 「釋要下:40」, 「新字3:43」에 '길(長)/닥글/마를/포(脯) 수' 등으로 나타나 있어 典據를 따르되, '脩短, 脩竹' 및 '束脩, 棗脩, 脯脩' 등에서 쓰인 뜻을 고려하여 複數訓을 설정하였다.

177) 부릴/조리돌릴 순 : 「字類下:29」에 '돌울 슌', 「釋要上:41」, 「新字1:51」에 '부릴/조리돌릴/싸를 슌' 등으로 나타나 있어 典據를 따르되, '徇地, 徇軍府' 등에서 쓰인 뜻과 여러 字典들에서 제시하고 있는 내용을 고려하여 複數訓을 설정하였다.

178) 미쁠/무서울 순 : 「字類上:52」, 「釋要上:43」, 「新字2:2」에 '밋블/진실할/무서울 슌' 등으로 나타나 있어 典據를 따르되, '恂恂(믿음직하고 거짓이 없음.), 恂慄(몹시 무섭거나 두려워 몸이 벌벌 떨림.)' 등에서 쓰인 뜻을 고려하여 複數訓을 설정하였다. 한편 '준' 音에 대해서는 현대국어에서 그 쓰임이 거의 없는 것으로 판단하였다.

179) 순채 순 : 「釋要下:50」에 '순채 순', 「新字3:54」에 '슌나물 슌'으로 나타나 있어 典據를 따르되, 固有語로 이루어진 '순나물'을 代表訓으로 설정하는 것을 고려하였으나, 現代國語의 '塊蓴, 絲蓴, 蓴菜' 등에서 두루 쓰이는 뜻을 감안하여 '순채'를 代表訓으로 설정하였다.

180) 자상할 순 : 「字類下:29」에 '즈샹홀 슌', 「釋要下:69」, 「新字4:4」에 '거듭일을/지극할 슌' 등으로 나타나 있어 典據를 따르되, '諄諄, 諄諭' 등에서 쓰인 뜻을 고려하여 代表訓音을 설정하였다. 한편 '준' 音에 대해서는 현대국어에서 그 쓰임이 거의 없는 것으로 판단하였다.

181) 산높을 숭 : 「釋要上:33」에 '산놉흘 숭', 「新字1:42」에 '산불쓴솟을/산웅장할 슝' 등으로 나타나 있어 典據를 따르되, '崧高, 崧陽' 등에 쓰이는 뜻을 고려하여 '산높을 숭'을 代表訓音으로 설정하였다.

順番	音	漢字	〈古今〉	〈韓國〉	〈北韓〉	〈民衆〉	〈東亞〉	〈敎學〉
179	습	褶[182]	슬갑습/겹옷첩	사마치습/주름접	말옷습/덧옷,겹옷첩	겹옷첩/사마치습	주름습/겹옷첩	옷구김살습/겹옷첩
180	시	嘶[183]	말울		울	울	울	말울
181	시	蓍[184]	빵때쑥		시초	톱풀	시초시	시초(蓍草)(가새풀)
182	시	柹[185]	감시					
183	신	莘[186]	약이름	세신	기름하다(長)신	족두리풀	긴모양	세신(細辛)(족두리풀)
184	심	諶[187]	믿을		믿다/헤아리다/침(심)	참	참심	미더울
185	아	莪[188]	새발쑥		다북쑥	쑥	지칭개	아호(莪蒿)

---

182) 사마치・주름 습/겹옷 첩 : 「釋要下:63」, 「新字3:67」에 '슬갑/사마치 습, 겹옷/덧옷 첩' 등으로 나타나 있어 典據를 따르되, '袴褶(고습:예전에, 융복을 입고 말을 탈 때에 두 다리를 가리던 아랫도리옷.), 褶曲(습곡:지층이 물결 모양으로 주름이 지는 현상.)' 등에서 쓰인 뜻과, 『標準國語大辭典』에서 '袴褶'을 '사마치'의 同義語로 제시하고 있는 점을 고려하여 複數訓을 설정하였다. 또한 '겹옷'을 뜻하는 '褶衣(첩의)'에서 보는 바와 같이 '첩' 音으로 읽히는 語例도 존재하고 있는 점을 고려하여 複數訓音을 설정하였다.

183) 말울/목쉴 시 : 「字類下:76」, 「釋要上:19」에 '말울 싀', 「新字1:25」에 '말울/목쉴 시' 등으로 나타나 있어 典據를 따르되, '嘶馬(말이 욺.), 聲嘶(목이 쉼.)' 등에서 쓰인 뜻을 고려하여 複數訓音을 설정하였다.

184) 시초(가새풀) 시 : 「字類上:60」, 「釋要下:49」에 '시초 시', 「新字3:54」에 '쨍대쑥/시초 시' 등으로 나타나 있어 典據를 따르되, '短蓍, 蓍龜, 蓍草' 등에서 두루 쓰인 뜻을 고려하여 代表訓音을 설정하였다.

185) 감 시 : 「類合上:9」, 「倭解下:6」, 「字類下:58」, 「兒學下:6」 등에서 '감 시'로 제시하면서, '柹'의 俗字로 설명하고 있는 점을 고려하여 典據에 따라 '감 시'를 代表訓音으로 설정하였다.

186) 세신 신 : 「字類下:52」에 '셰신 신', 「釋要下:47」에 '나라일홈 신', 「新字3:51」에 '셰신/기름할/만홀/신나라(國名) 신' 등으로 나타나 있어 典據를 따르되, 現代國語에서는 주로 '細莘'에 局限하여 쓰이는 점을 고려하여 '세신'을 代表訓으로 설정하였다.

187) 믿을 심 : 「字類上:52」, 「釋要下:67」에 '밋을 심', 「釋要下:70」에 '측량할 심', 「新字4:5」에 '미들/헤아릴 심' 등으로 나타나 있어 典據를 따르되, 現代國語에서는 人・地名用 한자를 제외하고는 그 쓰임이 거의 없다는 점과, 한자의 形聲을 고려하여 '믿을 심'을 代表訓音으로 설정하였다.

188) 다북쑥 아 : 「釋要下:47」에 '다북쑥 아', 「新字3:51」에 '새발쑥 아' 등으로 나타나 있어 典據를 따르되, 現代國語에서도 標準語로 쓰이고 있는 '다북쑥'을 代表訓으로 설정하였다.

順番	音	漢字	〈古今〉	〈韓國〉	〈北韓〉	〈民衆〉	〈東亞〉	〈教學〉
186	아	鴉[189]	갈가마귀	까마귀	까마귀아	큰부리까마귀	갈가마귀	큰부리까마귀
187	악	渥[190]	비젖을악	비젖을악	젖다악/윤택하다악	짙을악	두터울악/담글우	젖을악/담글우/가릴옥
188	악	齷[191]	악착할		악착할	작을/잔달	악착할악	악착(齷齪)할
189	암	菴[192]	암자암	암자암	암자암(庵과 同字)	우거질암	나무우거진모양암	암자/나무우거진모양/암자엄
190	압	狎[193]	친압할압	친압할압(합)	누를압	익을압	익숙할압	친압(親狎)할압
191	액	掖[194]	낄	겨드랑이	겨드랑이액	겨드랑이	겨드랑	낄
192	앵	罌[195]	병[甁總名]/뒤웅		병앵	항아리	양병앵(本音:영)	단지

189) 갈까마귀 아 : 「字類下:64」, 「釋要下:112」, 「新字4:49」 등에 '갈가마귀 아'로 나타나 있어 典據에 따라 代表訓音을 설정하였다.

190) 비젖을/두터울 악 : 「字類下:27」에 '불을 악', 「釋要上:80」에 '저즐/윤택할 악', 「新字2:51」에 '비저즐/흡족할/윤택할 악' 등으로 나타나 있어 典據를 따르되, 한자의 形聲과 '渥恩(두터운 은혜.), 渥澤(두터운 은혜나 혜택.), 優渥(은혜가 매우 넓고 두터움.)' 등에서 쓰인 뜻을 고려하여 複數訓을 설정하였다.

191) 악착할 악 : 「字類上:39」에 '악착 악', 「釋要下:120」, 「新字4:55」에 '악착할 악' 등으로 나타나 있어 典據를 따르되, 名詞보다는 여러 字典들에서 제시하고 있는 形容詞 형태를 代表訓으로 설정하였다.

192) 암자 암 : 「字類上:91」, 「釋要下:48」, 「新字3:52」 등에 '암자/진쥬봉/가리울 암'으로 나타나 있어 典據를 따르되, 이들 문헌에서 '庵'과 同字임을 설명하고 있는 점과, 또 '小菴, 菴堂, 菴閭' 등에서 쓰이는 뜻을 고려하여 代表訓音으로 설정하였다.

193) 친압할 압 : 「字類下:30」에 '슈결/이름둘 압', 「釋要上:92」에 '친압할/닉힐 압', 「新字2:64」에 '친압할/익을/가비엽게역일 압' 등으로 나타나 있어 典據를 따르되, '狎昵, 愛狎, 親狎' 등에서 두루 쓰이는 뜻을 고려하여 '친압할 압'을 代表訓音으로 설정하였다.

194) 낄/겨드랑이 액 : 「字類上:42」에 '낄 액', 「兒學上:2」에 '겨드랑이 익', 「釋要上:52」에 '부액할 액', 「新字2:13」에 '낄/겻들/부액할/겨드랑이/큰소매옷 액' 등으로 나타나 있어 典據를 따르되, 이들 가운데 '誘掖(이끌어서 도와줌.), 提掖(도와서 인도함.)' 등에서 쓰이는 뜻을 고려하여 複數訓을 설정하였다.

195) 양병 앵 : 「全玉下:21」, 「釋要下:34」, 「新字3:26」 등에 '양병 앵'이라 하며 '甁의 總名'으로 나타나 있어 典據를 따라 설정하였다.

順番	音	漢字	〈古今〉	〈韓國〉	〈北韓〉	〈民衆〉	〈東亞〉	〈教學〉
193	약	蒻[196]	구약나물		죽순/대껍질(竹皮)	구약나물	부들약/콩냑	어린부들
194	양	佯[197]	거짓	거짓	거짓양	속일	거짓	속일
195	양	烊[198]	녹을		1.화하다2.녹이다	땜	쬘양/쇠녹일양	1.불쬘2.녹을
196	양	禳[199]	빌	물리칠	"빌다, 기도하다"	물리칠	제사이름/푸닥거리할	양제
197	양	穰[200]	볏줄기양	벼여물양	벼'줄기/풍년이들다	짚양	볏대양	1.대양2.많을양3.잘게썬짚영
198	어	齬[201]	이어긋날어		이가어긋나다	맞지않을어	어긋날어	이고르지않을어/산세험준할오
199	억	檍[202]	참죽나무		참죽나무	감탕나무	감탕나무	감탕나무
200	얼	蘖[203]	싹얼	움얼	싹얼	그루터기얼	그루터기얼	움얼/황벽(黃蘖)벽

196) 부들 약 : 「釋要下:50」에 '부들밋등휠 약', 「新字3:54」에 '부들속 약' 등으로 나타나 있어 典據를 따르되, '萑蒻, 蒟蒻, 蒻席' 등에서 두루 쓰이는 뜻을 고려하여 代表訓音으로 설정하였다.

197) 거짓 양 : 「字類上:52」, 「釋要上:4」, 「新字1:6」 등에 '거짓 양'으로 나타나 있어 典據를 따르되, '佯狂, 佯病, 佯言' 등에서 쓰이는 뜻을 고려하여 代表訓音으로 설정하였다.

198) 녹일 양 : 「字類上:30」에 '불쬘 양', 「釋要上:87」, 「新字2:59」에 '녹을/녹일/구어말릴/불활활붓흘 양' 등으로 나타나 있어 典據를 따르되, 人·地名用 한자를 제외하고는 그 쓰임이 흔치 않은 까닭에 한자의 形聲을 고려하여 '녹일 양'을 代表訓音으로 설정하였다.

199) 빌 양 : 「釋要下:19」에 '긔도할 양', 「新字3:21」에 '빌 양' 등으로 나타나 있어 典據를 따르되, '祈禳, 祓禳, 禳災' 등에서 쓰이는 뜻과, 固有語로 이루어진 점을 고려하여 '빌 양'을 代表訓音으로 설정하였다.

200) 볏줄기 양 : 「字類上:8」에 '풍년 양', 「釋要下:21」, 「新字3:23」에 '벼줄기/벼여물들/만을/번성할 양' 등으로 나타나 있어 典據를 따르되, '飢穰, 穰穰, 旱穰, 豊穰' 등에서 쓰이는 뜻을 고려하여 代表訓音으로 설정하였다.

201) 이어긋날 어 : 「字類上:39」에 '니맛쟌일 어', 「釋要下:12」에 '이아니마즐 어', 「新字4:4」에 '니어긋날 어' 등으로 나타나 있어 典據를 따르되, '齟齬(서어), 齟齬(저어)' 등에서 쓰이는 뜻을 고려하여 '이어긋날 어'를 代表訓音으로 설정하였다.

202) 참죽나무 억 : 「釋要上:17」에 '참죽나무/박달나무 어', 「新字2:38」에 '참죽나무 어' 등으로 나타나 있어 典據를 따르되, 이들 문헌에서 주로 '杶'의 뜻으로 설명하고 있는 점을 고려하여 '참죽나무'를 代表訓으로 설정하였다.

203) 싹 얼 : 「字類下:49」에 '움날 얼', 「釋要上:71」에 '나무싹날 얼', 「新字2:39」에 '싹/움 얼' 등으로 나타나 있어 典據를 따르되, '麴蘖, 麥蘖, 分蘖' 등에서의 뜻과 일상생활에서 두루 쓰이는 점을 고려하여 '싹'을 代表訓으로 설정하였다.

順番	音	漢字	〈古今〉	〈韓國〉	〈北韓〉	〈民衆〉	〈東亞〉	〈教學〉
201	엄	掩[204]	덮을/가리울	가릴	덮을	가릴	가릴	가릴/숨길
202	업	嶪[205]	산웅장할		산이높은모양	험준할	높고험할	높이솟은모양
203	여	茹[206]	띠뿌리	먹을	풀뿌리가얽히다/나물	연할	먹을	1.먹을2.채소
204	여	轝[207]	수레바탕		수레여(輿와 同字)	수레	가마여	가마
205	연	堧[208]	노는땅		성밑밭/빈땅	성하전(城下田)	빈터연	빈땅
206	연	涓[209]	졸졸흐를연	가릴연(견)	물의작은흐름	물방울연	시내/물흐르는모양	시내연/흐를연
207	영	嶸[210]	산가파를		산높고가파른모양	가파를	가파를	높고험한모양

204) 가릴 엄 : 「類合下:26」에 '더플 엄', 「倭解下:38」, 「字類下:28」, 「兒學下:3」에 '가리울 엄', 「釋要上:51」, 「新字2:13」에 '거들/갈일/막을/다들 엄' 등으로 나타나 있어 典據를 따르되, '掩蓋, 掩卷, 掩匿, '掩身, 掩映, 掩泣' 등에서 두루 쓰이는 뜻을 고려하여 '가릴 엄'을 代表訓音으로 설정하였다.

205) 산높을 업 : 「釋要上:34」에 '산놉을 업', 「新字1:44」에 '산웅장할 업' 등으로 나타나 있어 典據를 따르되, '岌嶪' 등에서 쓰이는 뜻을 고려하여 '산높을 업'을 代表訓音으로 설정하였다.

206) 꼭두서니 여 : 「類合下:40」에 'ᄂᆞ물머글 여', 「釋要下:46」, 「新字3:50」에 '띄뿌리/바듸/헤알일/부드러울/꼭두선이/마실/먹을 여' 등 여러 가지 뜻으로 나타나 있어 典據를 따르되, '茹藘' 등에서 쓰이는 뜻을 고려하여 '꼭두서니'를 代表訓으로 설정하였다.

207) 수레 여 : 「全玉下:50」, 「釋要下:82」, 「新字4:17」 등에 '輿'와 同字로 나타나 있어 典據를 따르되, 한자의 形聲과 '輦轝, 彩轝' 등에서 쓰이는 뜻을 고려하여 代表訓音을 설정하였다.

208) 빈땅 연 : 「字類上:94」에 '담 연', 「新字1:29」에 '노는짜/빈짜 연' 등으로 나타나 있어 典據를 따르되, 人·地名用 한자를 제외하고는 그 쓰임이 흔치 않은 까닭에 한자의 形聲을 고려하여 '빈땅 연'을 代表訓音으로 설정하였다.

209) 졸졸흐를 연 : 「類合下:50」에 '쟈ᄀᆞᆫ믈 연', 「字類上:18」에 '간은물 연', 「釋要上:78」에 '졸졸흐를/물점/갈일 연', 「新字2:48」에 '물방울떨어질/조촐할/가릴/졸졸흐를 연' 등으로 나타나 있어 典據를 따르되, '涓露, 涓流, 涓涓' 등에서 쓰이는 뜻을 고려하여 '졸졸흐를 연'을 代表訓音으로 설정하였다. 한편 이들 문헌에서 '涓'의 本音을 '견'으로 제시한 경우도 있는데, 現代國語에서 '견' 音은 쓰임이 거의 없는 것으로 판단하였다.

210) 산가파를 영 : 「類合下:51」에 '뫼노풀 영', 「釋要上:34」에 '산놉흘 영', 「新字1:44」에 '산가파를 영' 등으로 나타나 있어 典據를 따르되, '崢嶸, 增嶸' 등에서 쓰이는 뜻을 고려하여 '산가파를 영'을 代表訓音으로 설정하였다.

順番	音	漢字	〈古今〉	〈韓國〉	〈北韓〉	〈民衆〉	〈東亞〉	〈敎學〉
208	영	瓔211)	구슬		옥돌	옥돌	구슬목걸이	영락(瓔珞)
209	예	倪212)	어릴	어릴	1.돕다2.어린이	어린아이	어린이예	1.어린아이2.흘겨볼
210	예	刈213)	풀벨	풀벨	벨애(예)	벨	벨	풀벨
211	예	霓214)	암무지개예	무지개예	무지개예	무지개예	무지개예(역)	암무지개예/암무지개역
212	오	塢215)	산언덕		언덕	마을	둑	성채
213	오	晤216)	밝을	밝을	깨우치다/만나다	밝을	밝을	만날
214	오	獒217)	사나운개	개	1.큰개2.사나운개	개[猛犬]	개	개

211) 옥돌 영 : 「字類上:89」에 '영락 영', 「釋要下:3」에 '옥돌 영', 「新字3:4」에 '옥돌/구슬목거리 영' 등으로 나타나 있어 典據를 따르되, '落瓔, 瓔珞, 鈿瓔' 등에서 쓰이는 뜻을 고려하여 '옥돌 영'을 代表訓音으로 설정하였다.

212) 어릴/끝 예 : 「字類上:30」에 '약홀 예', 「釋要上:5」에 '씃 예', 「新字1:7」에 '도을/어릴/씃 예' 등으로 나타나 있어 典據를 따르되, '旄倪, 端倪' 등에서 쓰이는 뜻을 고려하여 複數訓으로 설정하였다.

213) 풀벨 예 : 「類合下:7」, 「倭解下:3」에 '뷜 애', 「字類上:76」에 '뷜 예', 「釋要上:10」에 '풀버일 예', 「新字1:14」에 '풀벨 예' 등으로 나타나 있어 典據를 따르되, '剷刈, 刈取, 揃刈' 등에서 두루 쓰이는 뜻을 고려하여 '풀벨 예'를 代表訓音으로 설정하였다.

214) 암무지개 예 : 「類合上:4」, 「字類上:3」에 '무지기 예', 「兒學上:3」, 「釋要下:97」, 「新字4:34」에 '암무지개 예' 등으로 나타나 있어 典據를 따르되, 여러 문헌에서 '雌虹'으로 설명하고 있는 점과, '望霓, 霓裳, 雲霓' 등에서 쓰이는 뜻을 고려하여 '암무지개'를 代表訓으로 설정하였다.

215) 산언덕 오 : 「釋要下:96」에 '산언덕/낮은성 오', 「新字1:30」에 '산언덕/말(村) 오' 등으로 나타나 있어 典據를 따르되, 現代國語에서는 人·地名用 한자를 제외하고는 그 쓰임이 흔치 않은 탓에, 여러 字典들에서 공통적으로 제시하고 있는 訓音 및 한자의 形聲을 고려하여 '산언덕 오'를 代表訓音으로 설정하였다.

216) 밝을/만날 오 : 「釋要上:60」, 「新字2:24」에 '밝을/만날 오', '깨우쳐줄/견역볏 오' 등으로 나타나 있어 典據를 따르되, '面晤, 拜晤, 晤語, 會晤' 등에서 쓰이는 뜻을 고려하여 複數訓을 설정하였다.

217) 사나운개 오 : 「字類下:72」, 「釋要上:93」에 '호박개 오', 「新字2:66」에 '사오나온개 오' 등으로 나타나 있어 典據를 따르되, 現代國語에서는 그 쓰임이 흔치 않은 탓에, 여러 字典들에서 공통적으로 제시하고 있는 訓音 및 한자의 形聲을 고려하여 '사나운개'를 代表訓으로 설정하였다.

順番	音	漢字	〈古今〉	〈韓國〉	〈北韓〉	〈民衆〉	〈東亞〉	〈敎學〉
215	오	澳[218]	물굽이오		깊다오/물'굽이욱	깊을오/후미욱/굽이욱	깊을오/후미욱	항구오/물가욱
216	온	縕[219]	묵은솜	묵은솜	"묵솜, 헌솜"	삼부스러기	헌솜온/주홍빛온	1.솜2.적황색(赤黃色)
217	옹	癰[220]	종기[疽]	등창	부스럼	악창	악창	종양(腫瘍)
218	와	窪[221]	도랑/웅덩이		1.도랑2.깊다	구덩이	웅덩이	깊을
219	완	椀[222]	주발	사발	사발	주발	주발	주발
220	완	翫[223]	구경할	구경	구경완	갖고놀/마음껏익힐	가지고놀	깔볼/희롱할
221	완	脘[224]	중완[胃府]		위[胃腔]완(관)	밥통	밥통완/살한/뼈기름환	밥통

218) 물굽이 오 : 「釋要上:83」에 '물굽의 오', 「新字2:55」에 '깁흘 오, 벼루/벼랑 욱' 등으로 나타나 있어 典據를 따르되, '澳門, 三都澳' 등 地名으로 쓰이는 경우를 제외하고는 그 쓰임이 흔치 않은 까닭에, 여러 字典에서 제시하고 있는 訓音을 고려하여 '물굽이'를 代表訓으로 설정하였다. 한편 '욱' 音에 대해서는 現代國語에서 쓰임이 거의 없는 것으로 판단하였다.

219) 묵은솜 온 : 「字類上:82」에 '묵은솜 온', 「釋要下:32」에 '오랜솜 온', 「新字3:34」에 '모시/묵솜' 등으로 나타나 있어 典據를 따르되, '縕袍' 등에서 쓰인 뜻을 고려하여 '묵은솜'을 代表訓으로 설정하였다.

220) 종기 옹 : 「字類下:17」, 「兒學下:5」, 「釋要下:9」에 '종긔 옹', 「新字3:10」에 '등창 옹' 등으로 나타나 있어 典據를 따르되, '肝癰, 內癰, 腎癰, 癰疽' 등에서 두루 쓰인 뜻을 고려하여 '종기'를 代表訓으로 설정하였다.

221) 웅덩이 와 : 「字類上:20」에 '구렁 와', 「釋要下:22」에 '깁흘 와', 「新字3:24」에 '도랑/웅덩이/깁흘 와' 등으로 나타나 있어 典據를 따르되, '窪隆(우묵하게 들어간 곳과 높이 솟은 곳.), 窪地(움푹 패어 웅덩이가 된 땅.)' 등에서 두루 쓰인 뜻을 고려하여 '웅덩이'를 代表訓으로 설정하였다.

222) 주발 완 : 「類合上:27」, 「兒學上:10」에 'ᄉᆞ발 완', 「釋要上:66」에 '중발 완', 「新字1:32」에 '주발/바리 완' 등으로 나타나 있어 典據를 따르되, '玉椀(옥으로 만든 주발.), 椀器(주발이나 공기 같은 작은 食器.)' 등에서 두루 쓰인 뜻을 고려하여 '주발'을 代表訓으로 설정하였다.

223) 구경할 완 : 「字類下:28」에 '볼 완', 「釋要下:36」에 '구경할/닉숙할 완', 「新字3:39」에 '실을/익숙할/구경/탐할 완' 등으로 나타나 있어 典據를 따르되, '褻翫(가까이 두고 즐겨 구경함.), 展翫(펼쳐서 보고 즐김.), 傳翫(사랑하여 대대로 전해 가며 가까이 두고 다루거나 보며 즐김.)' 등에서 두루 쓰인 뜻을 고려하여 '구경할 완'을 代表訓音으로 설정하였다.

224) 중완[胃腑] 완 : 「釋要下:40」, 「新字3:43」 등에 한결같이 '중완 완'으로 나타나 있어 典據를 따라 '중완 완'을 代表訓音으로 설정하였다. 다만 '上脘, 胃脘, 中脘, 下脘' 등에서 알 수 있듯이, '脘'이 '中脘'으로서의 뜻으로만 쓰이는 것이 아니라는 점을 중시한다면 이들 語例에서 두루 쓰인 뜻을 고려하여 '밥통'을 代表訓으로 설정하는 것도 고려할 만하다. 한편 이들 문헌 가운데 本音을 '관'으로 제시한 경우도 있는데, '관' 音에 대해서는 현대국어에서 그 쓰임이 거의 없는 것으로 판단하였다.

順番	音	漢字	〈古今〉	〈韓國〉	〈北韓〉	〈民衆〉	〈東亞〉	〈教學〉
222	요	橈[225)	돛대요		노요/굽은나무뇨	노요/휠뇨	굽을뇨/노요	굽을뇨/노요
223	요	燿[226)	비칠요		비치다요	비칠요/빛날요/녹일삭	빛날요/녹일삭	비출요/뾰족할초/녹일삭
224	요	瑤[227)	아름다운	아름다운옥	아름다운옥	옥돌	아름다운옥요	아름다운옥
225	요	繇[228)	역사요		성하다요/점사주	우거질요/말미암을유	역사요/말미암을유	풀무성한모양요/요역(繇役)요
226	요	繞[229)	얽힐	두를	두를	얽힐/감길	두를요/감길요	1.감길2.휠
227	욕	縟[230)	화문놓을	꽃무늬놓을	화려한채색/꽃무늬	채색/채식(采飾)	화문놓을(繁采飾)	채식(采飾)
228	용	冗[231)	한산할/일없을		번거할용(한산하다)	한가로울	쓸데없을용	쓸데없을/한가할

225) 뇨/꺾어질 요 : 「字類下:11」에 '로써 요', 「釋要上:69」, 「新字2:37」에 '로 요' 및 '흔들릴/굽힐/꺽거질 뇨' 등으로 나타나 있어 典據를 따르되, '橈狀(배를 젓는 노와 같은 모양.), 橈曲(지각 운동으로 지각의 넓은 부분이 위쪽이나 아래쪽으로 휘면서 변형되는 현상.)' 등에서 쓰인 뜻을 고려하여 複數訓을 설정하였다. 한편 '뇨' 音에 대해서는 현대국어에서 그 쓰임이 거의 없는 것으로 판단하였다.

226) 비칠/빛날 요 : 「釋要上:89」에 '비촐 요', 「新字2:61」에 '빗칠/빛날 요' 등으로 나타나 있어 典據를 따르되, '燿燿, 煜燿' 및 '炳燿, 閃燿, 焜燿' 등에서 쓰인 뜻을 고려하여 複數訓을 설정하였다.

227) 아름다운옥 요 : 「字類上:2」에 '옥 요', 「釋要下:2」, 「新字3:3」에 '아름다운옥/북두자루 요' 등으로 나타나 있어 典據를 따르되, '瓊瑤, 瑤玉, 瑤草' 등에서 두루 쓰인 뜻을 고려하여 '아름다운옥'을 代表訓으로 설정하였다.

228) 역사(役事) 요 : 「釋要下:32」에 '점사 주, 달려갈/부드러을 유', 「新字3:25」에 '짜를/셩할/역사 요, 조츨/다닐/부들어올 유, 졈괘 쥬' 등으로 나타나 있어 典據를 따르되, '繇俗, 繇役' 등에서 쓰인 뜻을 고려하여 '역사'를 代表訓으로 설정하였다. 한편 '유' 音과 '주' 音에 대해서는 현대국어에서 그 쓰임이 거의 없다고 판단하여 代表訓音에서는 제외하였다.

229) 두를 요 : 「字類上:21」에 '둘울 요', 「釋要下:33」에 '얽힐 요', 「新字3:35」에 '동일/둘릴 요' 등으로 나타나 있어 典據를 따르되, '盤繞, 繞帶, 纏繞, 環繞' 등에서 두루 쓰인 뜻을 고려하여 '두를 요'를 代表訓音으로 설정하였다.

230) 화문놓을 욕 : 「釋要下:31」에 '번화한채색/가늘 욕', 「新字3:34」에 '화문놀/가늘 욕' 등으로 나타나 있어 典據를 따르되, '繁文縟禮' 등에서 쓰인 뜻을 고려하여 '화문놓을 욕'을 代表訓音으로 설정하였다.

231) 한산할/번잡할 용 : 「釋要上:30」에 '번잡스러을/밧블 용', 「新字1:38」에 '한산할/일업슬/밧블/번잡할 용' 등으로 나타나 있어 典據를 따르되, '閑冗' 및 '煩冗, 長冗' 등에서 쓰인 뜻을 고려하여 複數訓을 설정하였다.

順番	音	漢字	〈古今〉	〈韓國〉	〈北韓〉	〈民衆〉	〈東亞〉	〈教學〉
229	용	湧[232)]	湧물솟을	湧솟을	솟을(涌과同字)	(涌과同字)솟아날	샘솟을용	(涌과同字)물솟을
230	우	盂[233)]	밥그릇	바리	"바리, 식기"	사발	바리	그릇[飯器]
231	우	紆[234)]	얽힐	얽힐	1.둘리다2.얽다3.굽다	굽을/굽힐	굽을우	1.굽을2.양우(陽紆)
232	운	暈[235)]	해・달무리운		무리훈(운)	무리훈	무리훈(本音:운)	무리훈
233	운	蕓[236)]	운풀[香草]		향초, 나물이름	평지	평지	운대(蕓臺)
234	원	阮[237)]	성완/나라이름원	나라이름/완(원)	나라이름완(원)	나라이름완	관이름완(원)	나라이름완/관이름완
235	원	洹[238)]	물이름원		물이름원	물이름원/흐를환	강이름원/흐를환	강이름원/물많은모양환

232) 물솟을 용 : 「類合下:51」, 「字類上:19」, 「釋要上:80」에 '물소슬 용', 「倭解上:10」에 '소술 용', 「新字2:48」에 '날칠/물넘칠 용' 등으로 나타나 있어 典據를 따르되, '噴湧, 湧水, 湧出' 등에서 두루 쓰인 뜻을 고려하여 '물솟을 용'을 代表訓音으로 설정하였다.

233) 바리 우 : 「字類下:3」, 「釋要下:10」에 '밥그릇 우', 「新字3:12」에 '바리 우' 등으로 나타나 있어 典據를 따르되, '飯盂, 熟盂, 腎盂' 등에서 두루 쓰인 뜻을 고려하여 '바리'를 代表訓으로 설정하였다.

234) 얽힐/굽을 우 : 「字類上:21」, 「釋要下:29」에 '얽힐 우', 「新字3:31」에 '얽힐/얽을/굽을 우' 등으로 나타나 있어 典據를 따르되, '縈紆, 紆曲, 盤紆, 紆餘' 등에서 쓰인 뜻을 고려하여 複數訓을 설정하였다.

235) 무리 운/훈 : 「字類上:7」에 '일월훈 운', 「兒學上:3」에 '히무리 운', 「釋要上:60」에 '해달무리 운', 「新字2:24」에 '무리 운' 등으로 나타나 있어 典據를 따르되, '兒暈, 暈色, 月暈, 醉暈' 등에서 두루 쓰인 뜻을 고려하여 代表訓을 설정하였다. 또한 이들 단어들에 쓰인 '暈'이 저마다 '훈' 音으로도 발음되는 점을 감안하여 複數音을 설정하였다.

236) 평지 운 : 「字類下:52」에 '운딕 운', 「釋要下:51」에 '평지 운', 「新字3:55」에 '운풀/평지 운' 등으로 나타나 있어 典據를 따르되, '蕓薹'와 '평지'가 모두 十字花科에 속하는 두해살이풀인 '油菜'의 同義語인 점을 고려하여 固有語 '평지'를 代表訓으로 설정하였다.

237) 성(姓) 완/나라이름 원 : 「字類上:26」에 '완짜 완', 「釋要下:94」에 '성 완', 「新字4:31」에 '원나라 원' 등으로 나타나 있어 典據를 따르되, 대부분의 문헌들에서 '姓名, 國名'으로 설명하고 있는 점과, '阮瑀, 阮元, 阮咸' 등에서의 '완' 音 및 '阮王朝'에서의 '원' 音을 고려하여 複數訓音을 설정하였다.

238) 물이름 원 : 「釋要上:78」에 '물일홈 원', 「字類上:16」, 「新字2:48」에 '원슈 원' 등으로 나타나 있어 典據를 따르되, '洹水'는 본래 中國의 殷虛 북쪽을 흐르는 江을 이르는 말이었던 점을 고려하여 '물이름'을 代表訓으로 설정하였다. 한편 '환' 音에 대해서는 現代國語에서 그 쓰임이 거의 없는 것으로 판단하였다.

順番	音	漢字	〈古今〉	〈韓國〉	〈北韓〉	〈民衆〉	〈東亞〉	〈敎學〉
236	원	湲[239)	물소리원		잔(원), 잔(환)	흐를원/흐를완	물흐를원	물흐르는모양원(환)
237	위	暐[240)	빛날		해'빛	환할	햇빛위	햇빛
238	위	褘[241)	휘장위		휘장, 아름답다위	폐슬휘/아름다울위	폐슬휘/아름다울위	왕후제복휘/아름다울위
239	유	侑[242)	짝	짝	"돕다, 권하다"	도울	권할	권할/도울
240	유	攸[243)	아득할	바	바	바	바유/위태할유	바
241	유	洧[244)	물이름		물이름	물이름	강이름	유수(洧水)

239) 물소리 원 : 「字類上:19」에 '잔원 원', 「釋要上:80」, 「新字2:51」에 '물소리/물졸졸흐를 원' 등으로 나타나 있어 典據를 따르되, '潺湲'이 '물이나 눈물 따위의 흐름이 잔잔하고 조용함'의 뜻인 점을 고려하여 '물소리 원'을 代表訓音으로 설정하였다.

240) 빛날 위 : 「字類上:1」에 '날빋 위', 「釋要上:60」에 '빗날 위', 「新字2:24」에 '해빗/빗환할 위' 등으로 나타나 있어 典據를 따르되, 現代國語에서는 人·地名用 한자를 제외하고는 그 쓰임이 흔치 않은 까닭에, 여러 字典에서 제시한 訓音 및 한자의 形聲을 고려하여 '빛날 위'를 代表訓音으로 설정하였다.

241) 휘장 위 : 「釋要下:62」에 '폐슬/황후의제복 휘', 「新字3:66」에 '휘장/아름다울 위' 등으로 나타나 있어 典據를 따르되, 現代國語에서는 그 쓰임이 흔치 않은 점과, 여러 字典에서 제시한 訓音 및 한자의 形聲을 고려하여 '휘장 위'를 代表訓音으로 설정하였다. 한편 '휘' 音에 대해서는 현대국어에서 그 쓰임이 거의 없는 것으로 판단하였다.

242) 짝/권할 유 : 「釋要上:4」에 '짝/권하야먹일 유', 「新字1:6」에 '도울/권할/짝/너그러울 유' 등으로 나타나 있어 典據를 따르되, '四侑(공자묘에 함께 모신 네 賢人.), 侑食(祭主가 잔에 술을 따른 후 젯밥에 숟가락을 꽂고 젓가락을 대접 위에 올려놓은 다음에, 제관들이 문밖에 나와 문을 닫고 잠시 기다리는 제사 절차. 또는 임금과 함께 음식을 먹으면서 임금에게 음식을 권하던 일.)' 등에서 쓰인 뜻을 고려하여 複數訓을 설정하였다.

243) 바/아득할 유 : 「字類上:68」에 '바(所) 유', 「釋要上:56」에 '바/자득할/대롱거릴 유', 「新字2:19」에 '곳/휘다라날/아득할/대롱거릴 유' 등으로 나타나 있어 典據를 따르되, '攸司(그 관청.), 攸好德(덕을 좋아하여 즐겨 행하는, 五福의 하나.)' 및 '攸然(아득하고 조용함.)' 등에서 쓰인 뜻을 고려하여 複數訓으로 설정하였다.

244) 물이름 유 : 「釋要上:77」에 '물일홈 유', 「字類上:15」, 「新字2:47」에 '유슈 유' 등으로 나타나 있어 典據를 따르되, '洧水'는 중국의 河南省에서 發源하는 江의 이름으로 쓰였던 점을 고려하여 '물이름'을 代表訓으로 설정하였다.

順番	音	漢字	〈古今〉	〈韓國〉	〈北韓〉	〈民衆〉	〈東亞〉	〈敎學〉
242	유	濡[245]	적실유	젖을유	젖을유	젖을유	젖을유/머리감을난	젖을유/난수(濡水)난
243	육	堉[246]	걸찬땅		비옥한땅	기름진땅	기름진땅	기름진땅
244	율	聿[247]	오직		붓	붓	붓	붓
245	은	慇[248]	은근할		은근할	근심할	괴로워할은	은근할
246	의	薏[249]	율무의/연밥속억	율무의	련'밥의/련'밥알억	연밥알억/율무의	율무의(억)	연밥심의/연밥심억
247	이	苡[250]	율무		[薏苡]율무이	질경이	질경이이	부이(?苡)(질경이)

245) 젖을/막힐 유 :「類合下:52」에 '믈저즐 유', 「字類上:9」, 「釋要上:84」에 '저즐/지체할 유', 「新字2:55」에 '적실/막힐/참을/저즐 유' 등으로 나타나 있어 典據를 따르되, '濡袂(눈물에 젖은 옷소매.), 濡染(젖어서 물이 듦.), 澍濡(단비에 젖는다는 뜻으로, 임금의 은총이 골고루 미침을 비유적으로 이르는 말.)' 및 '濡脈(약하고 가늘게 느껴지는 맥.), 濡滯(막히고 걸림.)' 등에서 두루 쓰인 뜻을 고려하여 複數訓을 설정하였다.

246) 기름진땅 육 :「釋要下:22」에 '살진짜 육', 「新字1:29」에 '걸찬짜/기름진짜 육' 등으로 나타나 있어 典據를 따르되, '金堉, 金在堉' 등 人·地名用 한자를 제외하고는 그 쓰임이 흔치 않은 점과, 여러 字典에서 제시한 訓音 및 한자의 形聲을 고려하여 '기름진땅'을 代表訓으로 설정하였다.

247) 붓/오직 율 :「字類上:67」에 '어조ᄌᆞ 율', 「釋要下:38」에 '마침내/오직/스사로/붓 율', 「新字3:41」에 '듸딀/지을/스스로/오직/조츨 율' 등으로 나타나 있어 典據를 따르되, 『標準國語大辭典』에서도 한자의 部首 가운데 '붓-율'과 더불어 '오직-율'을 標題語로 함께 登載하고 있음을 고려하여 複數訓을 설정하였다.

248) 은근할 은 :「字類上:51」에 '은근 은', 「釋要上:45」에 '은근할 은', 「新字2:5」에 '은근할/곡진할/슬플 은' 등으로 나타나 있어 典據를 따르되, 現代國語에서는 '慇懃' 또는 '은근-' 형태에 한정되어 쓰이면서도, 名詞보다는 形容詞的 用法이 우세한 점을 고려하여 '은근할 은'을 代表訓音으로 설정하였다.

249) 율무 의/연밥속 억 :「字類下:52」에 '률모 의', 「釋要下:52」에 '율무 의, 련ㅅ밥속 억', 「新字3:56」에 '률무 의, 련밥알 억' 등으로 나타나 있어 典據를 따르되, '苦薏, 蓮薏, 薏苡' 등에서 쓰인 뜻과 音을 고려하여 複數訓音을 설정하였다. 다만 『標準國語大辭典』에서는 이들 語例들 모두에서 '의' 音만으로 제시하고 있는데, 여러 字典들에서 한결같이 '억' 音을 함께 제시하고 있는 점과 관련하여서는 더 깊은 논의가 이루어져야 할 것으로 본다.

250) 율무/질경이 이 :「釋要下:45」에 '율무/질경이 이', 「字類下:52」, 「新字3:49」에 '율무 이' 등으로 나타나 있어 典據를 따르되, 『標準國語大辭典』에서 '薏苡'를 '율무'의 同義語로, '芣苡'를 '질경이'의 同義語로 제시하고 있는 점을 고려하여 複數訓을 설정하였다.

順番	音	漢字	〈古今〉	〈韓國〉	〈北韓〉	〈民衆〉	〈東亞〉	〈敎學〉
248	이	荑[251]	흰비름이/띠싹제		베다이/갓돋은띠제	띠싹제/벨이/깎을이	삘기제/흰비름이	싹제/흰비름[巫荑]이
249	익	謚[252]	빙그레할익		웃는모양익/시호시	웃을익/시호시	웃을익	시호시
250	인	絪[253]	수삼		“삼, 자리”	자리	기운	인온(絪縕)
251	인	茵[254]	지직	자리	수레에까는겹'요	깔개	자리인	수레깔개
252	임	稔[255]	여물임	영글임	영글염(임)	여물임	곡식익을임	곡식익을념
253	자	咨[256]	차탄할	물을	일을 의논하다	물을	물을자	물을
254	자	茨[257]	남가새	집이을	남가새. 질려	일	가시나무	지붕일

---

251) 흰비름 이/띠싹 제 : 「字類下:55」에 ‘쒸슌 뎨’, 「釋要下:46」에 ‘흰비름 이, 띄처음날 제’, 「新字3:50」에 ‘힌비름/버일 이, 띄싹 뎨’ 등으로 나타나 있어 典據를 따르되, ‘蕪荑, 莁荑’ 및 ‘柔荑花序’ 등에서의 뜻과 音을 고려하여 複數訓音을 설정하였다.

252) 빙그레할 익/시호 시 : 「釋要下:70」, 「新字4:6」 등에 ‘빙그레할 익’으로 나타나 있는데다가, 現代國語에서는 人·地名用 한자를 제외하고는 그 쓰임이 거의 없는 까닭에, 典據에 따라 代表訓音으로 삼되, 한편 이들 문헌에서 ‘諡’로도 通用된다고 설명되어 있는 점도 함께 고려하여 複數訓音을 설정하였다.

253) 기운 인 : 「字類上:84」에 ‘인온 인’, 「釋要下:30」에 ‘삼 인’, 「新字3:32」에 ‘수삼/긔운덩이/자리 인’ 등으로 나타나 있어 典據를 따르되, 이들 文獻에서 ‘氤’과 同字로도 설명하고 있는 점을 고려하여 ‘기운’을 代表訓으로 설정하였다. 하지만 이들 문헌에서 ‘麻枲’나 ‘茵’의 뜻으로도 설명하고 있는 점을 감안한다면 複數訓도 고려할 만하다.

254) 자리/사철쑥 인 : 「類合上:24」에 ‘지즑 인’, 「倭解下:30」에 ‘부들 인’, 「字類下:54」, 「釋要下:46」에 ‘더위자기 인’, 「新字3:5」에 ‘사철쑥/요 인’ 등으로 나타나 있어 典據를 따르되, ‘茵席(왕골이나 부들로 만든 돗자리.), 茵褥(왕골이나 부들 따위로 짠 자리.)’ 및 ‘茵蔯(사철쑥. 또는 말린 사철쑥.)’ 등에서 쓰이는 뜻을 고려하여 複數訓을 설정하였다.

255) 익을 임/념 : 「字類上:76」에 ‘익을 임’, 「釋要下:20」, 「新字3:22」에 ‘풍년들/해(年)/오랠 임’ 등으로 나타나 있어 典據를 따르되, ‘임’ 音으로 읽히는 ‘不稔, 稔性, 一稔’ 및 ‘념’ 音으로 읽히는 ‘實稔, 稔熟, 豊稔’ 등에서의 뜻과 音을 고려하여 複數訓을 설정하였다.

256) 차탄할/물을 자 : 「釋要上:16」에 ‘차탄할 자’, 「新字1:22」에 ‘꾀할 자, 원망할 자’ 등으로 나타나 있어 典據를 따르되, ‘咨嗟, 咨歎’ 등에서 쓰인 뜻과, 이들 文獻에서 ‘諮’와 通字로 설명하고 있는 점을 고려하여 複數訓을 설정하였다.

257) 남가새 자 : 「釋要下:46」에 ‘집니을 자’, 「新字3:50」에 ‘남가새/새이엉/싸흘 자’ 등으로 나타나 있어 典據를 따르되, 이들 문헌에서 ‘蒺藜’의 뜻으로 설명하고 있는 점과, ‘蒺藜’는 곧 ‘남가새’를 지칭하고 있는 점을 고려하여 ‘남가새’를 代表訓으로 설정하였다.

順番	音	漢字	〈古今〉	〈韓國〉	〈北韓〉	〈民衆〉	〈東亞〉	〈教學〉
255	작	斫[258]	쪼갤	찍을	쪼개다. 찍다	찍을/칠	벨	도끼날
256	잔	孱[259]	잔약할	허약할	허약하다	잔약할	잔약할/나쁠산	좁을/약할/군색할
257	잔	潺[260]	물졸졸흐를	물졸졸흐를	물'소리	졸졸흐를	물흐르는소리	물소리
258	잠	岑[261]	멧부리잠	멧부리잠	메'부리잠	봉우리잠	봉우리잠/벼랑음	작으면서도높은산잠
259	장	樟[262]	여장나무		나무이름	녹나무	녹나무	녹나무
260	재	齎[263]	가질재	쌀재(자)	쌀재(제)	가져갈재/재물자	가져올재/휴대물자보낼제/휴대할제	
261	저	杵[264]	절구공이	방앗공이	방아'공이	공이	공이	공이

258) 쪼갤 작 :「字類下:1」에 '쪽글 쟉', 「釋要上:58」에 '찍을 작', 「新字2:21」에 '쏘길/쏘갤/쏘을 작' 등으로 나타나 있어 典據를 따르되, '亂斫(잘게 쪼갬. 또는 쇠 연장으로 함부로 찍음.), 斫破(찍어서 쪼개거나 쪼개어 깨뜨림.), 長斫(통나무를 길쭉하게 잘라서 쪼갠 땔나무.)' 등에서 쓰인 뜻을 고려하여 '쪼갤 작'을 代表訓音으로 설정하였다.

259) 잔약할 잔 :「類合下:38」에 '잔약 잔', 「釋要上:29」, 「新字1:38」에 '잔약할/잔렬할 잔' 등으로 나타나 있어 典據를 따르되, '孱骨(약한 골격.), 孱孱(기질이 몹시 나약함.), 孱子(가냘프고 연약하며 의지할 데가 없음.)' 등에서 쓰인 뜻을 고려하여 '잔약할 잔'을 代表訓音으로 설정하였다.

260) 물졸졸흐를 잔 :「字類上:19」에 '잔원 잔', 「釋要上:83」에 '물졸졸흐를 잔', 「新字2:54」에 '물졸졸흐를/눈물줄줄흐릴 잔' 등으로 나타나 있어 典據를 따르되, '潺湲, 潺潺, 潺風' 등에서 두루 쓰인 뜻을 고려하여 '물졸졸흐를 잔'을 代表訓音으로 설정하였다.

261) 산높을 잠 :「釋要上:32」에 '산놉흘 잠', 「新字1:41」에 '뫼부리 잠' 등으로 나타나 있어 典據를 따르되, '岑樓, 岑翳, 岑崟' 등에서 두루 쓰인 뜻을 고려하여 '산높을 잠'을 代表訓音으로 설정하였다.

262) 녹나무 장 :「字類下:60」에 '쟝목 쟝', 「釋要上:68」에 '노나무 장', 「新字2:36」에 '여장나무 쟝' 등으로 나타나 있어 典據를 따르되, 『標準國語大辭典』에서 '樟木'과 '여장나무'를 '녹나무'의 同義語로 설명하고 있는 점을 고려하여 '녹나무'를 代表訓으로 설정하였다.

263) 가질 재/제 :「釋要下:120」, 「新字4:55」에 '가질/쌀/줄/탄식할 재' 등으로 나타나 있어 典據를 따르되, '齎來, 齎糧, 齎鬱' 등에서 두루 쓰인 뜻을 고려하여 '가질 재'를 설정하였다. 한편 「新字4:55」에서는 '齊'와 同義로 쓰이기도 한다고 설명되어 있는 점과, 현대국어의 '金齎玉膾(금제옥회)'에서처럼 '제' 音으로 쓰이는 단어가 있는 점을 고려하여 複數音을 설정하였다. '자' 音에 대해서는 현대국어에서 그 쓰임이 거의 없는 것으로 판단하였다.

264) 공이 저 :「類合上:24」에 '방핫고 져', 「倭解下:3」, 「字類下:5」에 '공이 져', 「釋要上:62」에 '절구ㅅ공이/방망이 저', 「新字2:28」에 '공이/방치/방망이 져' 등으로 나타나 있어 典據를 따르되, '臼杵, 銅杵, 舂杵' 등에서 두루 쓰인 뜻을 고려하여 '공이'를 代表訓으로 설정하였다.

順番	音	漢字	〈古今〉	〈韓國〉	〈北韓〉	〈民衆〉	〈東亞〉	〈教學〉
262	저	疽[265)	종기		종기	악창	등창/가려운병	묵은종기
263	저	姐[266)	맏누이저		맏누이(저)	누이저	누나/교만할	누이저/교만할저
264	저	藷[267)	감자저	감자저	저서마. 산약	마저	사탕수수저	사탕수수저(감자)
265	전	詮[268)	갖출	갖출	갖추다	설명할	설명할전	자세히설명할
266	절	浙[269)	물이름	강이름	강이름/땅이름	물이름	강이름	절강(浙江)
267	점	岾[270)	절이름점	재재/고개점	절이름절/고개재	고개재/땅이름점	재[峴]재/절점	고개점
268	접	摺[271)	접을접	접을섭(접)	패하다섭(접)	접을접/꺾을랍	접을접/꺾을랍	꺾을랍/접을접
269	정	檉[272)	수양버들		개'버들	위성류	위성류	버드나무

265) 종기 저 : 「訓蒙比叡中:16」에 '브스름 져', 「字類下:17」, 「釋要下:7」에 '종긔 저', 「新字3:8」에 '등창 져' 등으로 나타나 있어 典據를 따르되, '骨疽, 石疽, 癰疽' 등에서 두루 쓰인 뜻을 고려하여 '종기'를 代表訓으로 설정하였다.

266) 맏누이 저 : 「訓蒙比叡上:16」에 '몬누의 져', 「字類上:29」에 '녀형 져', 「釋要上:26」에 '어미 저', 「新字1:34」에 '맛누의/교만할 져' 등으로 나타나 있어 典據를 따르되, '小姐, 姐姐' 등에서 쓰인 뜻을 고려하여 '맛누이 저'를 代表訓音으로 설정하였다.

267) 감자 저 : 「字類下:50」에 '감져 져', 「釋要下:53」에 '감저 서', 「新字3:57」에 '마/감자 져' 등으로 나타나 있어 典據를 따르되, '甘藷, 藷類' 등에서 쓰인 뜻을 고려하여 '감자 저'를 代表訓音으로 설정하였다. '서' 音에 대해서는 현대국어에서 그 쓰임이 거의 없는 것으로 판단하였다.

268) 갖출 전 : 「字類下:18」에 '의논 젼', 「釋要下:68」, 「新字4:4」에 '갓출/평론할 젼' 등으로 나타나 있어 典據를 따르되, '詮考, 詮道, 詮議' 등에서 두루 쓰인 뜻을 고려하여 '갖출 전'을 代表訓音으로 설정하였다.

269) 물이름 절 : 「字類上:15」에 '졀강 졀', 「釋要上:78」에 '물이홈 졀', 「新字2:49」에 '졀슈 졀' 등으로 나타나 있는데, 그 쓰임이 흔치 않은 점과, '浙江, 浙水'란 中國의 '浙江省'을 거쳐 '杭州灣'으로 흐르는 江의 이름을 나타내는 固有名詞라는 점을 고려하여 '강이름'을 代表訓으로 설정하였다.

270) 고개 재/절이름 점 : 「新字4:56」에서 '고개 재'로 제시하면서, '楡岾寺'를 例로 들며 地名으로도 쓰인다고도 설명하고 있는 점을 고려하여 典據에 따라 複數訓音을 설정하였다.

271) 접을 접/섭 : 「釋要上:54」에 '접을/패할 섭', 「新字2:16」에 '썩글/부지를 랍', 「新字2:16」에 '접을/개킬/패할 졉/셥' 등으로 나타나 있어 典據를 따르되, '摺燈, 摺紙, 摺冊, 摺帖' 등에서 두루 쓰인 뜻과 '摺合(섭합), 白摺扇(백섭선)' 등에 쓰인 音을 함께 고려하여 複數音을 설정하였다. '랍' 音에 대해서는 현대국어에서 쓰임이 거의 없는 것으로 판단하였다.

272) 능수버들 정 : 「訓蒙比叡上:5」에 '갯버들 뎡', 「釋要上:70」에 '능수버들 정', 「新字2:37」에 '능슈버들/슈양 졍' 등으로 나타나 있어 典據를 따르되, 『標準國語大辭典』에서는 '檉柳'를 '능수버들'의 同義語로 설명하고 있는 점을 고려하여 '능수버들'을 代表訓으로 설정하였다.

順番	音	漢字	〈古今〉	〈韓國〉	〈北韓〉	〈民衆〉	〈東亞〉	〈敎學〉
270	정	霆[273]	벼락정		우뢰정	천둥소리정	천둥소리정	벽력정(벼락)
271	제	醍[274]	제호제	제호제	붉은술	맑은술제	맑은술제	제호제
272	조	雕[275]	조각할	조각할/수리	독수리/옥다듬다	수리	독수리	수리/새길
273	종	鐘[276]	쇠북	쇠북/모을	쇠북종	종/쇠북/술병	종종	종(쇠북)/술병
274	주	籌[277]	산가지주	산놓을주	산놓을주	살주/받을도	투호살주/일도	투호용화살주/산가지주
275	준	儁[278]	영특할		영특하다	뛰어날/준걸	준걸	준걸(俊傑)
276	준	逡[279]	물러갈		물러가다	뒷걸음질칠	뒷거름질칠준	뒤로물러설

273) 벼락 정 : 「字類上:3」에 '급ᄒᆞᆫ우레 뎡', 「釋要下:97」에 '뢰정 정', 「新字4:34」에 '베락 뎡, 번개 뎐' 등으로 나타나 있어 典據를 따르되, '雷霆, 電霆, 霆擊' 등에서 두루 쓰인 뜻을 고려하여 '벼락'을 代表訓으로 설정하였다.

274) 제호 제 : 「字類上:78」에 '뎨호 뎨', 「釋要下:87」에 '타락웃물 제' 「新字4:23」에 '빗븕을술 뎨' 등으로 나타나 있어 典據를 따르되, 현대국어에서 주로 '醍醐'에 국한하여 쓰이는 점을 고려하여 '제호'를 代表訓으로 설정하였다.

275) 아로새길 조 : 「釋要下:2」, 「新字4:33」, 「新字3:2」에 '옥다듬을/아로삭일 됴' 등으로 나타나 있어 典據를 따르되, '雕螭, 雕鏤, 雕蟎' 등에서 두루 쓰인 뜻과 固有語인 점을 고려하여 '아로새길 조'를 代表訓音으로 설정하였다.

276) 쇠북 종 : 「字類下:40」, 「兒學上:13」, 「釋要下:91」, 「新字4:27」 등 많은 문헌에서 '鍾'과 通字로 설명하고 있는 점과, 현대국어에서도 '鍾'과 混用되어 쓰이는 단어들이 많은 점을 고려하여 '쇠북'을 代表訓으로 설정하였다.

277) 산가지/헤아릴 주 : 「類合下:25」에 '산 듀', 「倭解上:54」에 '혬 쥬', 「新字3:29」에 '셈대/수가지/셈노을/투호살 주' 등으로 나타나 있어 典據를 따르되, '象籌, 牙籌, 籌板' 등에서의 뜻과 '籌謀, 籌備, 籌商' 등에서 두루 쓰인 뜻을 고려하여 複數訓을 설정하였다.

278) 영특할 준 : 「訓蒙比叡上:18」에 '놀날 쥰', 「新字1:10」에 '영특할/쥰걸/허누 쥰' 등으로 나타나 있어 典據를 따르되, '儁異', '儁傑' 등에서의 뜻을 고려하여 '영특할 준'을 代表訓音으로 설정하였다.

279) 물러갈 준 : 「類合下:37」에 '므르거를 쥰', 「釋要下:84」에 '물너갈 준', 「新字4:19」에 '추창할 쥰' 등으로 나타나 있어 典據를 따르되, 현대국어의 '逡巡(어떤 일을 단행하지 못하고 우물쭈물함. 또는 뒤로 멈칫멈칫 물러남.)'에 주로 국한하여 쓰이는 뜻을 고려하여 '물러갈 준'을 代表訓音으로 설정하였다.

順番	音	漢字	〈古今〉	〈韓國〉	〈北韓〉	〈民衆〉	〈東亞〉	〈敎學〉
277	줄	茁[280)	풀싹줄	싹돋을줄(굴)	풀싹줄	싹절/싹틀촬	풀처음나는모양줄	풀싹줄/싹이돋는모양줄(절)
278	즙	楫[281)	노즙		돛대즙	노즙/노집	노집(本音:즙)	노집/노접
279	증	烝[282)	김오를	찔	훈하다/찌다	김오를	김오를	찔/찌는듯이더울
280	지	漬[283)	적실지	적실지(자)	젖다, 적시다치	담글지	담글지	담글지/비가내리는모양색
281	진	殄[284)	끊을		다하다, 끊어지다	끊어질/다할	다할	끊어질
282	진	縝[285)	맺을		맺다	고울	삼실진/촘촘할진	삼실(베)

280) 풀싹 줄/절 :「類合下:56」에 '움 줄', 「釋要下:46」에 '풀싹 줄, 풀처음날 절, 살질 촬', 「新字3:50」에 '풀싹 줄/굴, 살질/풀쏘죽쏘죽날 촬, 풀싹 졀' 등으로 나타나 있어 典據를 따르되, '茁長(풀, 나무 따위가 눈터서 자람.)' 등에 쓰인 뜻과 '茁鴜(절사)'에 쓰인 音을 고려하여 複數音을 설정하였다. 한편 '굴', '촬' 音에 대해서는 현대국어에서 쓰임이 거의 없는 것으로 판단하였다.

281) 노 즙 :「類合上:19」에 '빗 즙', 「字類下:11」에 '견로 즙', 「釋要上:67」에 '로 접', 「新字2:34」에 '로 즙/접' 등으로 나타나 있어 典據를 따르되, '舟楫' 등에 쓰인 뜻을 고려하여 '노 즙'을 代表訓音으로 설정하였다. 한편 '접', '집' 音에 대해서는 현대국어에서 쓰임이 거의 없는 것으로 판단하였다.

282) 찔/뭇 증 :「字類下:21」에 '겨울제(冬祭)/찔/만흘 증', 「釋要上:86」에 '찔/뭇/두터울/겨을제사/어조사 증', 「新字2:58」에 '김오를/찔/두터울/무리/치붓흘 증' 등으로 나타나 있어 典據를 따르되, 이들 문헌들에서 '蒸'과 同字 또는 通字로 설명하고 있는 점과, 『標準國語大辭典』에서 '蒸氣-烝氣, 蒸炎-烝炎' 등 '烝'과 '蒸'을 混用하여 설명하고 있는 점을 고려하여 '찔 증'을 설정하였다. 또한 『標準國語大辭典』에서 '뭇 백성. 또는 모든 백성.'의 뜻으로 설명하고 있는 '烝黎, 蒸民, 烝庶' 등에서의 쓰임도 함께 고려하여 複數訓을 설정하였다.

283) 적실 지 :「字類上:9」에 '저즐 지/즈', 「釋要上:82」에 '불닐/적실 지', 「新字2:52」에 '담글/적슬/물들일 지' 등으로 나타나 있어 典據를 따르되, '漸漬, 酒漬, 沈漬' 등에서 두루 쓰인 뜻을 고려하여 '적실 지'를 代表訓音으로 설정하였다. '자' 音에 대해서는 쓰임이 거의 없는 것으로 판단하였다.

284) 끊을/다할 진 :「類合下:25」에 '다주길 딘', 「字類下:38」에 '끈을 진', 「釋要上:73」에 '끈을/멸할/다할 진', 「新字2:42」에 '다할/끈어질/멸할/착할 진' 등으로 나타나 있어 典據를 따르되, '殄戮(모조리 다 죽임.), 殄滅(무찔러 모조리 죽여 없앰.), 剿殄(적을 남김없이 모조리 쳐 없앰.)'에서의 뜻과 '殄瘁(남김없이 없어짐.), 殄破(패하여 망함.)' 등에서 두루 쓰이는 뜻을 함께 고려하여 複數訓을 설정하였다.

285) 맺을 진 :「字類上:54」에 '진밀 진' 「釋要下:32」에 '매즈/톡톡할/실오리 진', 「新字3:24」에 '매질/톡톡할/실마듸 진' 등으로 나타나 있어 典據를 따르되, '縝密'에 쓰이는 뜻을 고려하여 固有語로 이루어진 '맺을 진'을 代表訓音으로 설정하였다.

順番	音	漢字	〈古今〉	〈韓國〉	〈北韓〉	〈民衆〉	〈東亞〉	〈敎學〉
283	진	賑[286)]	구제할	진휼할	진휼할	넉넉할	구휼할	구휼할
284	진	晉[287)]	성(姓)	나라이름	나아가다/성(姓)	나아갈	나아갈진	나아갈/억누를
285	집	緝[288)]	이을즙	모을집(즙)	삼을삼다/잇다	자을즙/모을집	낳을집(本音:즙)	길쌈할집/이을집
286	차	箚[289)]	글차(잡)	기록할차(잡)	대침주다	찌를차	차자차(本音:잡)	찌를차
287	차	嵯[290)]	산높을차		산이높은모양, 산울쑥불쑥한치	우뚝솟을차, 울쑥불쑥할치	욱뚝솟을차, 울뚝불뚝할치	산높고험한모양차, 산높고낮은모양치
288	착	齪[291)]	악착할		악착할	작을/잔달	악착할착	조심스러운모양

286) 진휼 진 : 「類合下:10」에 '진졔 진', 「字類下:24」에 '진휼 진', 「釋要下:75」에 '진휼할/넉넉할/가멸 진', 「新字4:10」에 '가멸/긔민먹일/넉넉할 진' 등으로 나타나 있어 典據를 따르되, '賑穀, 賑資, 賑濟' 등에서 두루 쓰인 뜻을 고려하여 '진휼'을 代表訓으로 설정하였다.

287) 성(姓)/나아갈 진 : 「倭解下:1」에 '진나라 진', 「字類上:23」에 '나라 진', 「釋要上:59」에 '나아갈/진나라 진', 「新字2:24」에 '나아갈/억제할/꼬즐 진' 등으로 나타나 있어 典據를 따르되, '晉卦, 晉山, 晉秩' 등에서 두루 쓰이는 뜻을 고려하여 '나아갈 진'을 설정하였다. 또한 현대국어에서 주로 人地名用 한자로 쓰이는 점도 함께 고려하여 複數訓을 설정하였다.

288) 거둘 집/이을 즙 : 「類合下:24」에 '니슬 즙', 「字類上:83」에 '거둘 즙', 「釋要下:31」, 「新字3:34」에 '길삼/이을/빗날 즙' 등으로 나타나 있어 典據를 따르되, '緝捕, 緝合' 등에서 두루 쓰인 뜻과, '補緝, 緝捕' 등에서처럼 '즙' 音으로도 쓰이는 점을 함께 고려하여 複數訓音을 설정하였다.

289) 글 차/찌를 잡 : 「訓蒙比叡上:18」에 '글월 잡', 「字類下:27」에 '소차 잡', 「釋要下:24」에 '차자/침즐 잡', 「新字3:27」에 '차자/긔록할 잡/차' 등으로 나타나 있어 典據를 따르되, '疏箚, 箚文, 箚子' 등에서 두루 쓰인 뜻과, '箚刺, 箚青' 등에서 쓰인 뜻을 함께 고려하였다. 또한 이들 문헌에서 '잡' 音을 함께 제시하고 있는 점을 중시하여 複數訓音을 설정하였다.

290) 산높고험할 차/산세들쭉날쭉한모양치 : 「字類上:14」에 '놉흘 차', 「釋要上:34」에 '산놉흘 차, 산참치할 치', 「新字1:43」에 '산쫍볏쫍볏할 차, 산웃둑질둑할 치' 등으로 나타나 있어 典據를 따르되, '嵯峨, 嵯嵯' 등에 쓰인 뜻을 고려하여 '산높고험할 차'를 代表訓音으로 설정하였다. 한편 이들 문헌에서 '치' 音의 쓰임을 함께 제시하고 있는 점을 중시하여 그 音과 함께 '嵯岈' 등에서의 뜻을 고려하여 複數訓音을 설정하였다.

291) 악착할 착 : 「字類上:39」에 '악 착', 「釋要下:120」에 '악착 착', 「新字4:55」에 '악착할 차' 등으로 나타나 있어 典據를 따르되, 주로 '齷齪하다'의 뜻에 한정하여 쓰이는 점을 고려하여 '악착할 악'을 代表訓音으로 설정하였다.

順番	音	漢字	〈古今〉	〈韓國〉	〈北韓〉	〈民衆〉	〈東亞〉	〈教學〉
289	찬	竄[292)]	달아날	귀양갈	귀양갈	숨을	숨을	숨을/달아날
290	찬	粲[293)]	선명할	선명할	선명한모양	정미	정미	정미(精米)/또렷할
291	찰	紮[294)]	활줌통싸개	묶을	줌통싸게/묶다	묶을	감을	묶을
292	채	砦[295)]	목책		울타리/병영	진터	울타리채	울짱[柵欄]
293	채	綵[296)]	비단	채색	채색	비단	비단	무늬있는비단
294	채	釵[297)]	비녀채	비녀차	비녀차(채)	비녀채/비녀차	비녀차(채)	비녀차
295	척	倜[298)]	얽매지않을척		구속됨이없다	기개있을척	대범할척	쇄탈(洒脫)할척

292) 도망할/내칠 찬 : 「字類下:28」에 '귀향 찬', 「釋要下:22」에 '도망할/내칠 찬', 「新字3:25」에 '숨을/도망할/귀양보낼/고칠 찬' 등으로 나타나 있어 典據를 따르되, '遁竄, 奔竄, 走竄' 등에서의 '도망하다'는 뜻과, '流竄, 誅竄, 點竄, 添竄' 등에서 두루 쓰인 뜻을 고려하여 複數訓을 설정하였다.

293) 선명할/하얀쌀밥 찬 : 「類合下:52」에 '불긔 찬', 「釋要下:28」에 '선명할/하얀쌀밥 찬', 「新字3:30」에 '씰은쌀밥/선명할/썰썰웃을 찬' 등으로 나타나 있어 典據를 따르되, '粲爛, 粲然 粲粲' 등에서의 뜻과 '祭粲, 粲粲玉食' 등에서 두루 쓰인 뜻을 고려하여 複數訓을 설정하였다.

294) 묶을 찰 : 「字類上:32」에 '활줌감이 찰', 「釋要下:29」, 「新字3:32」에 '활줌통싸개/뭇글/동일 찰' 등으로 나타나 있어 典據를 따르되, '緊紮, 結紮' 등에서 두루 쓰인 뜻을 고려하여 '묶을 찰'을 代表訓音으로 설정하였다.

295) 목책 채 : 「釋要上:30」에 '목책 채', 「新字3:17」에 '진터/울/목책 채' 등으로 나타나 있어 典據를 따르되, '鹿砦, 堡砦, 城砦' 등에서 두루 쓰인 뜻을 고려하여 '목책'을 代表訓으로 설정하였다.

296) 비단 채 : 「類合下:41」에 '비단 치', 「字類上:84」에 '치식 치', 「釋要下:31」, 「新字3:33」에 '오색비단 채' 등으로 나타나 있어 典據를 따르되, '綵綺, 綵緞, 綵帳' 등에서 두루 쓰인 뜻을 고려하여 '비단'을 代表訓으로 설정하였다.

297) 비녀 채/차 : 「類合上:32」에 '녀빈혀 차', 「釋要下:89」에 '가랑빈혀 채/차', 「字類上:89」, 「新字4:24」에 '비녀 채/차' 등으로 나타나 있어 典據를 따르되, 현대국어에서도 '金釵, 鳳釵, 玉釵' 등 여러 어휘에서 '비녀'의 뜻으로 '채' 音과 '차' 音이 혼용되어 쓰이고 있음을 고려하여 複數音을 설정하였다.

298) 얽매이지않을 척 : 「類合下:5」에 '궤즉홀 뎍', 「字類下:26」에 '텩당 뎍', 「釋要上:6」에 '엉매지아늘 척', 「新字1:8」에 '고샹할/더낙을/번적들 척' 등으로 나타나 있어 典據를 따르되, 현대국어에서 '倜儻' 등에 쓰이는 뜻을 고려하여 '얽매이지않을 척'을 代表訓音으로 설정하였다.

順番	音	漢字	〈古今〉	〈韓國〉	〈北韓〉	〈民衆〉	〈東亞〉	〈敎學〉
296	천	仟299)	갖은천		사람의우두머리	천사람어른천	일천천	천사람의우두머리천
297	천	阡300)	밭둑길		언덕천	길	두렁천	밭두둑길/길
298	철	輟301)	그칠	거둘	거둘	그칠	그칠	멈출
299	첨	簽302)	서명할	이름둘	롱(영)	농	농(籠)	표시할
300	첨	詹303)	말많이할첨	이를첨	이르다/살피다	이를첨/넉넉할담	이를첨/족할담	말많을첨/넉넉할담
301	첩	睫304)	속눈썹	눈썹	눈섭첩	속눈썹	속눈썹	눈썹

299) 일천 천 : 「字類下:47」에 '쳔 쳔', 「釋要上:3」에 '천사람 천', 「新字1:4」에 '쳔사람어른/풀더북할 쳔' 등으로 나타나 있어 典據를 따르되, 현대국어에서는 주로 數를 나타내는 데 쓰는 '갖은자'로서 쓰임을 고려하여 '일천'을 代表訓으로 설정하였다.

300) 밭둑길 천 : 「字類上:28」, 「兒學上:4」에 '밧길 쳔', 「釋要下:94」에 '밧사이ㅅ길/ 무덤ㅅ길 쳔', 「新字4:31」에 '밧둑길/무덤 쳔' 등으로 나타나 있어 典據를 따르되, 『標準國語大辭典』에서 '阡陌'을 '산기슭이나 밭두둑'의 뜻으로 설명하고 있는 점을 고려하여 '밭둑길'을 代表訓으로 설정하였다.

301) 그칠 철 : 「字類下:10」, 「釋要下:81」에 '그칠 쳘', 「新字4:16」에 '거들 쳘' 등으로 나타나 있어 典據를 따르되, '輟耕(논밭의 경작을 중도에서 그만둠.), 輟市(국상이 났거나 대신이 죽었을 때 저자의 문을 닫고 쉬던 일.), 輟朝(임금이 조회를 폐함.)' 등에서 두루 쓰인 뜻을 고려하여 '그칠 철'을 代表訓音으로 설정하였다.

302) 이름둘 첨 : 「字類下:30」에 '일름둘 쳠', 「釋要下:26」에 '수결둘 쳠'. 「新字3:29」에 '롱/이름둘/졔목 쳠' 등으로 나타나 있어 典據를 따르되, '簽兵(병역 의무자를 징집하여 병역에 복무시키는 일.), 簽押(두 사람 이상의 이름을 죽 잇따라 쓰고 수결함. 또는 문건에 책임진다는 의미에서 자기 손으로 자기 이름을 나타내는 일정한 표시를 함.)' 등에서 두루 쓰인 뜻을 고려하여 '이름둘 첨'을 代表訓音으로 설정하였다.

303) 이를(至) 첨 : 「字類上:66」에 '존말 쳠', 「釋要下:68」에 '니를(至)/살필/잔말할 쳠', 「新字4:4」에 '이를/볼/소군거릴 쳠' 등으로 나타나 있어 典據를 따르되, 현대국어에서는 人地名用 한자로서의 쓰임 외에 高麗, 朝鮮 때의 벼슬 이름인 '詹事' 정도만 쓰이고 있는 점을 고려하여 '이를 첨'을 代表訓音으로 설정하였다.

304) 속눈썹 첩 : 「訓蒙比叡上:13」에 '눈시울 쳡', 「字類上:40」, 「釋要下:13」, 「新字3:14」에 '속눈섭 쳡' 등으로 나타나 있어 典據를 따르되, '目睫, 睫毛, 睫眉' 등에서 두루 쓰인 뜻을 고려하여 '속눈썹'을 代表訓으로 설정하였다.

順番	音	漢字	〈古今〉	〈韓國〉	〈北韓〉	〈民衆〉	〈東亞〉	〈敎學〉
302	청	菁[305]	순무청	순무청(정)	순무청/빛나다정	부추꽃정(청)	부추꽃정/꽃성한청	무청청(순무)/우거진모양청
303	체	剃[306]	머리깎을	털깎을	머리를깍다	깎을	머리깎을	털깎을
304	초	勦[307]	끊을	끊을	끊다/죽이다	노곤할	죽일초	죽일/베낄
305	초	酢[308]	권할작/초초	술권할작	초초/술권하다작	잔돌릴작/초초	초초/잔돌릴작	초초/잔을돌릴작
306	촉	矗[309]	곧을	우뚝할	곧다/솟은모양	우거질	우거질촉(本音:축)	우뚝솟아오른모양
307	총	摠[310]	거느릴	다	거느릴	거느릴	모두	다
308	총	憁[311]	실심할총		공총/실심한모양	실심할총	바쁠총	무지한모양총/똑똑할숭

305) 순무 청/빛날 정 :「字類下:51」,「兒學上:5」에 ‘숫무우 졍/쳥’,「釋要下:48」에 ‘순무우 정/청, 느러질 청’,「新字3:52」에 ‘부추욧/무/빗날 졍, 휘들어질 쳥’ 등으로 나타나 있어 典據를 따르되, ‘蔓菁, 蕪菁, 菁根’ 등에서의 뜻과 ‘菁華’에서의 뜻과 音을 함께 고려하여 複數訓音을 설정하였다.

306) 머리깎을 체 :「釋要下:108」에 ‘머리짝글 톄’,「新字4:45」에 ‘짠머리, 머리짝글 톄’ 등으로 나타나 있어 典據를 따르되, ‘開剃, 剃頭, 剃髮’ 등에서 두루 쓰인 뜻을 고려하여 ‘머리깎을 체’를 代表訓音으로 설정하였다.

307) 끊을/노략질할 초 :「字類下:38」에 ‘끈을 쵸’,「釋要上:11」에 ‘끈을/죽일 초’,「新字1:16」에 ‘끈흘/죽일/노략질할 초’ 등으로 나타나 있어 典據를 따르되, ‘勦滅, 勦除, 勦討’ 등에서의 뜻과 ‘勦說, 勦襲’ 등에서 쓰인 뜻을 고려하여 複數訓을 설정하였다.

308) 초 초/술권할 작 :「字類上:82」에 ‘슈작 작/ 쵸 조’,「兒學下:6」,「釋要下:87」에 ‘술권할 작’,「新字4:23」에 ‘초/단것 조, 술권할 작’ 등으로 나타나 있어 典據를 따르되, 여러 문헌에서 ‘酬酢(수작)’으로 쓰임을 제시하고 있는 점과, 현대국어에서는 ‘魚酢, 酢醬, 胡麻酢’ 등 주로 ‘초’의 뜻으로 쓰이는 점을 함께 고려하여 複數訓音을 설정하였다.

309) 우뚝솟을 촉 :「字類上:53」에 ‘곧을 축’,「釋要下:14」에 ‘웃둑할 촉’,「新字3:16」에 ‘곳을/웃둑솟을 촉’ 등으로 나타나 있어 典據를 따르되, ‘矗石, 矗矗’ 등에서 두루 쓰인 뜻을 고려하여 ‘우뚝솟을 촉’을 代表訓音으로 설정하였다.

310) 거느릴 총 :「釋要上:53」,「新字2:15」에 ‘거느릴/다/모다/무리 총’ 등으로 나타나 있어 典據를 따르되, ‘摠護’ 등에서 두루 쓰이는 뜻을 고려하여 ‘거느릴 총’을 代表訓音으로 설정하였다.

311) 실심할 총 :「字類上:50」에 ‘공총 총’,「釋要上:45」에 ‘실심할/불여의할 총’,「新字2:5」에 ‘실심할/울불할 총’ 등으로 나타나 있어 典據를 따르되, 현대국어에서는 人地名用 한자를 제외하고는 그 쓰임이 흔치 않은 까닭에 여러 字典에서 제시하고 있는 뜻과 글자의 形聲을 고려하여 ‘실심할 총’을 代表訓音으로 설정하였다.

順番	音	漢字	〈古今〉	〈韓國〉	〈北韓〉	〈民衆〉	〈東亞〉	〈教學〉
309	추	皺312)	쭈그러질	주름살	주름'살/구김'살	주름	주름, 오그라들추	주름잡힐/밤송이
310	추	雛313)	새새끼	새끼	새끼추	병아리	병아리추	1.병아리/2.사람이름
311	추	湫314)	늪추		소못추/웅덩이조	서늘할추/낮을초	다할추/낮고좁을초	도랑추/낮을초/부초초
312	축	竺315)	나라이름축	나라이름축	나라이름축	대나무축	대나무축	대축(대나무)/도타울독
313	축	蹙316)	찡그릴축	찌프릴축	찡길	줄일축/줄어들척	대지를축	닥칠축/곤궁할축
314	출	朮317)	삽주출	삽주출(술)	삽주출	차조출	차조출	차조출/삽주출
315	취	驟318)	빠를취(추)	빠를추	빠를취	달릴취	달릴취(本音:추)	달릴취

312) 주름질 추 : 「倭解上:19」에 '찡긜 추', 「字類上:41」에 '씽긜 추', 「釋要下:10」에 '주룸질 추', 「新字3:11」에 '쭈글어질 추' 등으로 나타나 있어 典據를 따르되, '皴皺, 皺面, 皺紋' 등에서 두루 쓰인 뜻을 고려하여 '주름질 추'를 代表訓音으로 설정하였다.

313) 새새끼 추 : 「類合上:12」, 「倭解下:21」에 '삳기 추', 「字類下:62」, 「新字4:33」에 '새색기 추' 등으로 나타나 있어 典據를 따르되, '鷄雛, 鳳雛, 燕雛' 등에서 두루 쓰인 뜻을 고려하여 '새새끼'를 代表訓으로 설정하였다.

314) 늪 추/웅덩이 초 : 「字類上:17」에 '룡쇼 추', 「釋要上:80」에 '저함할 초, 룡추/으스스할 츄', 「新字2:51」에 '늡/소/폭포슈/서늘할 츄, 웅덩이 쵸' 등으로 나타나 있어 典據를 따르되, '龍湫'는 '늪'을 이르는 말이므로 '늪 추'를 설정하였다. 한편 '湫隘(초애)' 등의 어휘에서 '초' 音이 쓰이는 점을 고려하여 複數訓音을 설정하였다.

315) 천축 축 : 「字類上:26」에 '텬츅 츅', 「釋要下:23」에 '나라일홈 축', 「新字3:25」에 '텬츅나라 츅, 두티울 독' 등으로 나타나 있어 典據를 따르되, 주로 '天竺'에 국한하여 쓰이는 점을 고려하여 '천축'을 代表訓으로 설정하였다. '독' 音에 대해서는 현대국어에서 쓰임이 거의 없는 것으로 판단하였다.

316) 찡그릴/움츠릴 축 : 「字類上:50」에 '박츅홀 츅', 「釋要下:79」에 '궁박할 축', 「新字4:14」에 '쭈그러질/찡그릴 츅' 등으로 나타나 있어 典據를 따르되, '嚬蹙, 蹙頞' 등에서의 뜻을 고려하여 '찡그릴 축'을 설정하였다. 또한 '悚蹙, 惶蹙' 등에서 쓰이는 뜻도 함께 고려하여 複數訓을 설정하였다.

317) 삽주 출 : 「倭解下:5」, 「釋要上:62」에 '삽주 출', 「新字2:27」에 '삽주뿌리 츌/슐' 등으로 나타나 있어 典據를 따르되, '白朮, 赤朮, 蒼朮' 등에서 쓰인 뜻을 고려하여 '삽주'를 代表訓으로 설정하였다. '술' 音에 대해서는 현대국어에서 그 쓰임이 거의 없는 것으로 판단하였다.

318) 빠를 취 : 「類合下:27」에 '과ᄀᆞ롤 취' 「字類下:70」, 「釋要下:107」에 '달닐/빨을 추', 「新字4:44」에 '모라갈/달닐 추' 등으로 나타나 있어 典據를 따르되, 현대국어에서는 '驟躍, 驟集, 馳驟' 등 '취' 音으로 쓰이는 점과, 이들 단어에서 두루 쓰인 뜻을 고려하여 '빠를 취'를 代表訓音으로 설정하였다. '추' 音에 대해서는 쓰임이 거의 없는 것으로 판단하였다.

順番	音	漢字	〈古今〉	〈韓國〉	〈北韓〉	〈民衆〉	〈東亞〉	〈教學〉
316	치	淄319)	검은색	검은물들	물이름	물이름	검은빛	검어질
317	칙	飭320)	삼갈칙	신칙할칙	신칙할칙	신칙할칙	신칙할칙	신칙할칙/장식할식
318	타	咤321)	꾸짖을차		꾸짖을타	꾸짖을타	꾸짖을타	꾸짖을타
319	타	朶322)	떨기[花叢]	꽃송이	움켜잡다/꽃송이	늘어질	늘어질	늘어질/꽃
320	타	馱323)	짐실을타	짐실을태(타)	실을태(타)	실을태/짐타	실을태(本音:타)	짐실을태/짐태
321	탑	榻324)	긴걸상	평상	평상	걸상	걸상탑	걸상
322	탕	帑325)	국고탕	국고탕	처자노/나라고탕	처자노/나라고탕	금고탕/처자노	처자노/재물곳집탕

319) 물이름/검은색 치 : 「釋要上:79」에 '물일홈 츼', 「字類上:15」, 「新字2:49」에 '치슈 츼' 등으로 나타나 있어 典據를 따르되, '淄水'란 본래 중국 山東省에서 黃河로 들어가는 강의 이름을 나타내는 고유명사라는 점을 고려하여 '물이름'을 설정하되, 여러 字典들에서 공통적으로 제시하고 있는 점도 함께 고려하여 複數訓으로 설정하였다.

320) 신칙할 칙 : 「字類上:54」에 '계칙 칙', 「釋要下:103」에 '신칙할 칙', 「新字4:40」에 '가츌/닥글/부지런할/신칙할 칙' 등으로 나타나 있어 典據를 따르되, '戒飭, 申飭, 指飭, 訓飭' 등에서 두루 쓰인 뜻을 고려하여 '신칙할 칙'을 代表訓音으로 설정하였다.

321) 꾸짖을 타 : 「字類上:49」에 '꾸지즐 치/타', 「釋要上:16」에 '꾸지즐 타', 「新字1:22」에 '꾸지즐 타/차' 등으로 나타나 있어 典據를 따라 '꾸짖을 타'를 代表訓音으로 설정하였다. '치' 音에 대해서는 현대국어에서 쓰임이 거의 없는 것으로 판단하였다.

322) 꽃송이 타 : 「字類下:48」에 '떨기 타', 「釋要上:62」에 '나무아래로숙을/꼿송이 타', 「新字2:27」에 '나무가지휘늘어질/떨기/텁싸불/움킬 타' 등으로 나타나 있어 典據를 따르되, 『標準國語大辭典』에서 '朶'를 '꽃송이나 꽃가지를 세는 단위를 나타내는 의존명사'로 설명하고 있음을 고려하여 '꽃송이'를 代表訓으로 설정하였다.

323) 짐실을 타 : 「字類下:70」에 '실을 타', 「釋要下:105」, 「新字4:42」에 '짐시를 타' 등으로 나타나 있어 典據를 따르되, '挑擔馱載, 馱物' 등에서 쓰인 뜻을 고려하여 '짐실을 타'를 代表訓音으로 설정하였다. '태' 音에 대해서는 현대국어에서 그 쓰임이 거의 없는 것으로 판단하였다.

324) 긴걸상 탑 : 「字類上:95」에 '상탑 탑', 「兒學上:9」, 「釋要上:68」에 '긴상 탑', 「新字2:35」에 '평상/간은모직 탑' 등으로 나타나 있어 典據를 따르되, 『標準國語大辭典』에서 '榻'을 '길고 좁게 만든 평상'으로 설명하고 있는 점을 고려하여 '긴걸상'을 代表訓으로 설정하였다.

325) 국고/재물 탕 : 「訓蒙比叡中:5」에 '금읎고 탕', 「字類下:15」에 '지물 탕', 「釋要上:35」에 '내탕곳탕, 감출/새끄리 노', 「新字1:45」에 '쳐자식/새끄리 노, 나라고집 탕' 등으로 나타나 있어 典據를 따르되, '倉帑, 帑幣' 등에서의 '국고'의 뜻과, '公帑, 民帑, 私帑' 등에서의 '재물'의 뜻을 함께 고려하여 複數訓을 설정하였다.

順番	音	漢字	〈古今〉	〈韓國〉	〈北韓〉	〈民衆〉	〈東亞〉	〈敎學〉
323	파	擺326)	벌릴파/열파	버릴파(패)	벌리다/열다	열파	열릴파	늘어놓을파
324	파	杷327)	비파나무		써레/칼자루	발고무래	비파나무/줌통	갈퀴[收麥器]/써레
325	판	坂328)	언덕		언덕	비탈	비탈	비탈
326	팔	叭329)	나팔		입이열리다	벌릴	입벌릴팔/나팔팔	소리의형용
327	패	浿330)	물이름	강이름	패수/물이름	물이름	강이름패	패수(浿水)
328	패	狽331)	낭패		짐승이름	이리	이리	짐승이름
329	편	翩332)	빨리날[飛]	훌쩍날	빨리날다	훌쩍날	빨리날편	빨리날

326) 벌릴/열 파 : 「釋要上:55」에 '버릴(開) 파', 「新字2:18」에 '열/허칠/난아줄 파' 등으로 나타나 있어 典據를 따르되, '擺落, 擺撥, 擺脫' 등에서 쓰인 뜻을 고려하여 複數訓을 설정하였다.

327) 비파나무/써레 파 : 「兒學上:11」에 '씨을에 파', 「釋要上:63」에 '쇠시랑/비파 파', 「新字2:28」에 '비파나무/쓰레/칼자루 파' 등으로 나타나 있어 典據를 따르되, '琵琶'와 音相 구분을 고려하여 '비파나무'를 설정하였다. 또한 '柴杷, 竹杷' 등에서의 뜻을 고려하여 複數訓을 설정하였다.

328) 언덕 판 : 「兒學上:3」, 「釋要下:95」에 '긴등 판', 「新字4:31」에 '산빗탈/뭇둑/언덕 판' 등으로 나타나 있어 典據를 따르되, '盤阪, 阪上走丸, 嶮阪, 險坂' 등에서 두루 쓰인 뜻을 고려하여 '언덕'을 代表訓으로 설정하였다.

329) 나팔 팔 : 「字類下:36」에 '넙버릴 팔', 「釋要上:15」에 '라팔 팔', 「新字1:20」에 '입벌일/라발 팔' 등으로 나타나 있어 典據를 따르되, 주로 '나팔'의 語形으로 쓰이는 점을 고려하여 '나팔'을 代表訓으로 설정하였다.

330) 강이름 패 : 「釋要上:78」에 '물일홈 패', 「字類上:16」, 「新字2:48」에 '패슈 패' 등으로 나타나 있어 典據를 따르되, '浿江, 浿水'는 지금의 '大同江'을 이르는 옛 地名인 점을 고려하여 '강이름'을 代表訓으로 설정하였다.

331) 이리 패 : 「字類下:74」, 「釋要上:92」에 '랑패 패', 「新字2:65」에 '이리/랑패 패' 등으로 나타나 있어 典據를 따르되, 현대국어에서 흔히 쓰이는 '狼狽'에서의 뜻을 고려하여 '이리'를 代表訓으로 설정하였다. 이는 현재 쓰이고 있는 '狼狽'의 뜻이 '到處狼狽'에서 전해졌음을 나타내는 데에도 도움이 될 것으로 판단하였다.

332) 빨리날 편 : 「字類下:67」에 '놀 편', 「釋要下:36」에 '빨니날/넙흔거릴 편', 「新字3:39」에 '훌적날/오락가락할 편' 등으로 나타나 있어 典據를 따르되, '翩翻, 翩翩' 등에서 두루 쓰인 뜻을 고려하여 '빨리날 편'을 代表訓音으로 설정하였다.

順番	音	漢字	〈古今〉	〈韓國〉	〈北韓〉	〈民衆〉	〈東亞〉	〈敎學〉
330	포	苞333)	떨기	떨기	떨기	그령	그령포/돌콩포	그령/나무밑동
331	표	驃334)	누런말	날쌜	공골말	황부루	표절따표	표절따
332	피	陂335)	방죽피	비탈파/기울피	비탈파/못피	못피/비탈파	비탈파/기울피	둑피/울퉁불퉁할파/기울피
333	하	厦336)	집	큰집		처마	큰집	집
334	하	廈337)	집	큰집	집하/행각사	처마	큰집	집
335	합	閤338)	도장방	집	집합	협문	쪽문합	쪽문/규방(閨房)
336	합	哈339)	우물거리다	마실	들이켜다	마실	많은모양합/마실삽	마실/입

333) 떨기 포 :「訓蒙比叡下:2」에 '뻘기 포', 「字類下:20」에 '쓰럼이 포', 「釋要下:46」에 '짤기/쓰렘이/밋(本)/무성할 포', 「新字3:49」에 '그령/밋둥/초목모도록히날/쑤럼이 포' 등으로 나타나 있어 典據를 따르되, '總苞, 苞葉, 苞穎' 등에서의 뜻을 고려하여 '떨기'를 代表訓으로 설정하였다.

334) 누런말 표 :「字類下:68」에 '눌울물 표', 「釋要下:106」에 '누른말/효용할 표', 「新字4:44」에 '절다말/날샐 표' 등으로 나타나 있어 典據를 따르되, '驃馬' 등에서의 뜻을 고려하여 '누런말'을 代表訓으로 설정하였다.

335) 방죽 피/언덕 파 :「兒學上:3」에 '방쥭 피', 「釋要上:21」에 '언덕 파', 「釋要下:95」에 '방죽/기울/치웃칠 피, 뒨비알 파' 「新字4:31」에 '기우러질/치우칠 피, 뒨비알/언덕/방죽 파' 등으로 나타나 있어 典據를 따르되, '陂池' 등에서의 뜻을 고려하여 '방죽 피'를 설정하였고, '싱가포르'의 音譯語로 '先嘉陂'가 쓰이는 점을 함께 고려하되 그 音에 대한 여러 文獻과 다른 字典들에서 제시하고 있는 점을 감안하여 複數訓音으로 설정하였다.

336) 큰집 하 :「訓蒙比叡中:3」에 '집 하', 「類合上:18」에 '근집 하' 등으로 나타나 있어 典據를 따르되, 이들 문헌에서 '廈' 字를 참조할 것으로 설명하고 있음을 고려하여 '큰집'을 代表訓으로 설정하였다. 참고로 이 '厦'는 여러 字典에서 '廈'의 俗字로 설명하고 있다.

337) 큰집 하 :「字類上:91」에 '큰집 하', 「釋要上:38」에 '큰집 하, 행각 사', 「新字1:48」에 '큰집/허수청 하, 곗방 사' 등으로 나타나 있어 典據를 따르되, '崇廈, 廈屋, 廈氈' 등에서의 뜻을 고려하여 '큰집'을 代表訓으로 설정하였다. '사' 音에 대해서는 현대국어에서 쓰임이 거의 없는 것으로 판단하였다.

338) 합문 합 :「字類上:92」에 '합문 합', 「釋要下:94」에 '대궐안적은협문/침방/개고리소래 합', 「新字4:30」에 '도장/침방/개구리소리 합' 등으로 나타나 있어 典據를 따르되, '伏閤, 守閤, 詣閤, 閤下' 등에서 쓰인 '閤門'의 뜻을 고려하여 代表訓을 설정하였다.

339) 마실 합 :「新字1:22」에 '고기우믈거릴/목음 합' 등으로 나타나 있을 뿐만 아니라, 「釋要上:72」, 「新字2:40」 등에서 '欱'과 同字로 설명하고 있어 典據를 따르되, 현대국어에서는 '察哈爾, 哈尼族' 등 일부 音譯語에서의 人地名用 한자 외에 그 쓰임이 드문 점을 고려하여 '마실 합'을 代表訓音으로 설정하였다.

順番	音	漢字	〈古今〉	〈韓國〉	〈北韓〉	〈民衆〉	〈東亞〉	〈教學〉
337	항	伉340)	강직할		곧은모양항(강)	짝	짝항/정직할항	짝/곧을
338	항	杭341)	거룻배항	거룻배항	배를나란히붙이다	건널항/건넬항	건널항/막을항	물건널항/막을항
339	항	桁342)	차꼬항	차꼬항	차꼬항/도리형	도리형/차꼬항	도리형/차꼬항	도리형/차꼬항
340	해	垓343)	땅가장자리해	가장자리해(개)	지경[界]해	땅가장자리해	지경, 층계해	천하(天下)해
341	해	孩344)	어릴	어릴	어릴	어린아이	어린아이	아이[幼兒]
342	행	荇345)	마름풀	마름풀	마름	노랑어리연꽃	마름	노랑어리연꽃
343	향	餉346)	먹일향	먹일향(상)	먹일향	건량향	건량향(本音:상)	보낼향

340) 강직할/짝 항 : 「字類上:30」에 '비필 강/항', 「釋要上:3」에 '강직할/건장할/짝/곳을 항', 「新字1:4」에 '경직할/웃둑할/짝/고들/굿셀 항' 등으로 나타나 있어 典據를 따르되, '伉健, 伉直' 등에서의 뜻과, '伉儷, 伉配' 등에서의 뜻을 함께 고려하여 複數訓을 설정하였다. '강' 音에 대해서는 현대국어에서 쓰임이 거의 없는 것으로 판단하였다.

341) 거룻배 항 : 「釋要上:63」에 '고을일홈 항', 「新字2:28」에 '거루 항' 등으로 나타나 있어 典據를 따르되, 글자의 形聲을 고려하여 '거룻배'를 代表訓으로 설정하였다.

342) 차꼬 항/도리 형 : 「倭解下:32」에 '도리 힝', 「釋要上:64」에 '착고 항, 도리 형', 「新字2:30」에 '착고/배다리/홰대 항, 실엉/마개 형' 등으로 나타나 있어 典據를 따르되, '桁楊' 등에서의 뜻을 고려하여 '차꼬 항'을 설정하였다. 또한 『標準國語大辭典』에서 '桁(형)'을 '도리'의 同義語로 설명하고 있는 점을 함께 고려하여 複數訓音을 설정하였다.

343) 땅가장자리 해 : 「釋要上:22」에 '짜끗진곳 해', 「新字1:28」에 '짜가상자리/해수/디경 해' 등으로 나타나 있어 典據를 따르되, '九垓, 垓心, 垓埏' 등에서 두루 쓰인 뜻을 고려하여 '땅가장자리'를 代表訓으로 설정하였다.

344) 어릴 해 : 「字類上:30」에 'ᄋᆞ히 히', 「釋要上:29」에 '어릴/어린아해우슴 해', 「新字1:38」에 '방글방글 웃을/어린아이 해' 등으로 나타나 있어 典據를 따르되, '嬰孩, 孩兒, 孩提' 등에 쓰인 뜻을 고려하여 '어릴 해'를 代表訓音으로 설정하였다.

345) 마름풀 행 : 「釋要下:46」에 '마름풀 행', 「新字3:51」에 '조악이 행' 등으로 나타나 있어 典據를 따르되, 현대국어에서는 人地名用 한자를 제외하고는 그 쓰임이 흔치 않은 까닭에, 여러 字典에서 제시하고 있는 訓音 및 한자의 形聲을 고려하여 '마름풀'을 代表訓으로 설정하였다.

346) 먹일/양식 향 : 「類合上:30」에 '이바돌 향', 「倭解上:48」, 「釋要下:103」에 '먹일 향', 「字類上:80」, 「新字4:40」에 '먹일 향/상' 등으로 나타나 있어 典據를 따르되, '晩餉, 親餉, 餉食' 등에서의 뜻과, '軍餉, 糧餉, 餉穀' 등에서의 뜻을 함께 고려하여 複數訓을 설정하였다. '상' 音에 대해서는 현대국어에서 쓰임이 거의 없는 것으로 판단하였다.

順番	音	漢字	〈古今〉	〈韓國〉	〈北韓〉	〈民衆〉	〈東亞〉	〈敎學〉
344	현	泫[347)	물깊을현		물이깊고넓은모양	이슬빛날현	빛날현/뒤섞일현	이슬빛날현
345	혈	孑[348)	외로울혈	고단할혈	외롭다. 홑지다	고단할혈	외로울혈(本音:결)	혼자혈
346	협	浹[349)	사무칠협	사무칠협(접)	두루두르다협	두루미칠협	두루미칠협(접)	두루미칠협
347	형	泂[350)		찰형	차다/멀다	멀형	멀형	찰형/강이름영
348	형	熒[351)	등반짝거릴형		등불반짝거리다	등불형	등불형/의혹할영	등불빛형/강이름형
349	형	珩[352)	노리개		패옥의꾸미개	패옥	노리개	패옥
350	혜	蕙[353)	난초	난초	혜초	훈초(薰草)	혜초	혜초(蕙草)

347) 눈물흘릴/이슬맺힐 현 : 「釋要上:77」에 '물깁흘/눈물흘닐/이슬번드를할 현', 「新字2:47」에 '물충충할/이슬맺칠/눈물줄줄흘일 현' 등으로 나타나 있어 典據를 따르되, '涕泫, 泫然' 등과 '泫沄, 泫泫' 등에서 쓰인 뜻을 함께 고려하여 複數訓을 설정하였다.

348) 외로울 혈 : 「字類上:70」에 '혼쐴 결/혈', 「釋要上:29」에 '고혈할/남어지 혈', 「新字1:37」에 '고단할/외로울/남아지/웃둑할 혈' 등으로 나타나 있어 典據를 따르되, '孤孑, 單孑, 孑立, 孑孑' 등에서의 뜻을 고려하여 '외로울 혈'을 代表訓音으로 설정하였다. '결' 音에 대해서는 현대국어에서 쓰임이 거의 없는 것으로 판단하였다.

349) 두루미칠 협 : 「字類上:9」에 '협흡 협', 「釋要上:79」에 '협흡할 협', 「新字2:49」에 '사모칠/둘릴 협' 등으로 나타나 있어 典據를 따르되, 현대국어의 '浹旬, 浹日, 浹辰, 浹洽' 등에서 두루 쓰이는 뜻을 고려하여 '두루미칠 협'을 代表訓音으로 설정하였다.

350) 멀 형 : 「字類上:21」, 「釋要下:83」 등에 '迥'의 通字로 설명되어 있어 典據를 따르되, 人地名用 한자를 제외하고는 쓰임이 흔치 않은 까닭에, 여러 字典에서도 제시되어 있는 점을 고려하여 '멀 형'을 代表訓音으로 설정하였다.

351) 등불반짝거릴 형 : 「釋要上:88」에 '의혹할/빗날 형', 「新字2:60」에 '등불반작거릴/밝을/의심낼/현란할 형' 등으로 나타나 있어 典據를 따르되, '聽熒, 熒燭, 熒熒, 熒煌' 등에서 두루 쓰인 뜻을 고려하여 '등불반짝거릴 형'을 代表訓音으로 설정하였다.

352) 패옥 형 : 「釋要下:1」에 '패옥 형', 「新字3:1」에 '노리개/패옥 형' 등으로 나타나 있어 典據를 따르되, '葱珩' 등에 쓰인 뜻을 고려하여 '패옥'을 代表訓으로 설정하였다.

353) 난초/혜초 혜 : 「兒學上:5」, 「釋要下:51」에 '혜초 혜', 「新字3:55」에 '란초 혜' 등으로 나타나 있어 典據를 따르되, 『標準國語大辭典』에서 '蘭草'와 '蕙草'를 서로 다른 식물로 구분하여 설명하고 있음을 고려하여 複數訓을 설정하였다.

順番	音	漢字	〈古今〉	〈韓國〉	〈北韓〉	〈民衆〉	〈東亞〉	〈敎學〉
351	호	灝354)	물줄기멀	물줄기멀	콩물	콩즙	넓을호	넓을
352	호	縞355)	흰비단호	흰깁호(고)	흰깁호(고)	명주호	명주호	가는명주호
353	호	葫356)	물외[瓜]	호리병박	마늘/오이	마늘	마늘	마늘
354	호	蒿357)	다북쑥호	쑥호/볏짚고	쑥호	쑥호	쑥호/짚고	쑥호/짚고
355	홍	烘358)	불쬘		홰'불	땔	화톳불	불사를
356	화	譁359)	지껄일화	지껄일화	지껄이다화	들렐, 떠들썩할화	시끄러울화	시끄럽게떠들화
357	확	攫360)	후리칠확		움키다확(곽)	움킬확	붙잡을확	움켜잡을확

354) 물줄기멀 호 : 「類合下:4」에 '먼믈 호', 「釋要上:86」에 '물줄기멀/아득할/공물(豆汁) 호', 「新字2:57」에 '물줄기머다할/질펀한/팟쓰물 호' 등으로 나타나 있어 典據를 따르되, 글자의 形聲을 고려하여 '물줄기멀 호'를 代表訓音으로 설정하였다.

355) 흰깁 호 : 「釋要下:32」에 '깁 호', 「新字3:34」에 '힌깁 고/호' 등으로 나타나 있어 典據를 따르되, '縞冠, 縞素, 縞衣' 등에서 두루 쓰인 뜻을 고려하여 '흰깁'을 代表訓으로 설정하였다. '고' 音에 대해서는 현대국어에서 쓰임이 거의 없는 것으로 판단하였다.

356) 물외/마늘 호 : 「釋要下:49」에 '굵은마늘 호', 「新字3:53」에 '물외/마늘 호' 등으로 나타나 있어 典據를 따르되, '葫蘆'와 '葫蒜' 등에서의 뜻을 함께 고려하여 複數訓을 설정하였다.

357) 다북쑥 호/고 : 「兒學上:5」에 '물쑥 호', 「釋要下:50」에 '다북쑥/눈에티들/김써오를 호', 「新字3:54」에 '다복쑥/눈에틔들/김오를 호' 등으로 나타나 있어 典據를 따르되, '白蒿, 蓬蒿, 艾蒿' 등에서의 뜻을 고려하여 '다북쑥'을 代表訓으로 설정하였고, 또한 『標準國語大辭典』에서 '제비쑥의 즙으로 담근 술'의 뜻으로 설명한 '靑蒿酒'의 발음을 '청고주'로 제시하고 있는 점을 함께 고려하여 複數音으로 설정하였다.

358) 불쬘 홍 : 「字類上:11」에 '쬐일 홍', 「釋要上:86」에 '불쬐일 홍', 「新字2:58」에 '홰불/불에쬐여말릴 홍' 등으로 나타나 있어 典據를 따르되, '冬烘先生, 烘爐' 등에서의 뜻을 고려하여 '불쬘 홍'을 代表訓音으로 설정하였다.

359) 지껄일 화 : 「釋要下:71」에 '짓거릴 화', 「新字4:6」에 '들넬/짓거릴 화' 등으로 나타나 있어 典據를 따르되, '譁然, 譁譟, 喧譁' 등에서 두루 쓰인 뜻을 고려하여 '지껄일 화'를 代表訓音으로 설정하였다.

360) 움킬 확 : 「倭解下:22」에 '더위칠 확', 「釋要上:56」에 '찰 확', 「新字2:19」에 '후려칠/움킬 확' 등으로 나타나 있어 典據를 따르되, '一攫千金, 攫搏, 攫噬, 攫取' 등에서 두루 쓰인 뜻을 고려하여 '움킬 확'을 代表訓音으로 설정하였다.

順番	音	漢字	〈古今〉	〈韓國〉	〈北韓〉	〈民衆〉	〈東亞〉	〈敎學〉
358	환	奐361)	빛날		크다/찬란하다	빛날	빛날환	성할
359	환	渙362)	물출렁거릴환	흩어질환	흩어질환	흩어질환/풀릴환	흩어질환/강이름회	흩어질환/회수(渙水)회
360	환	紈363)	비단		깁환(흰깁)	흰깁	흰비단	흰비단
361	활	豁364)	넓을	넓을	너그러울	골짜기	뚫린골	트인골짜기/열릴
362	황	璜365)	패옥		서옥의하나, 패옥	패옥	서옥	서옥이름
363	황	篁366)	대밭	대숲	대밭	대이름	대숲	대밭
364	황	簧367)	생황	생황	생황	혀	혀황	혀
365	황	蝗368)	황충[食苗蟲]		황충, 누리[苗蟲]	누리	누리	누리[蝗蟲]

361) 빛날 환 : 「釋要上:25」에 '클 환', 「新字1:33」에 '클/빗날/한가할 환' 등으로 나타나 있어 典據를 따르되, '輪奐, 奐爛, 奐衍' 등에서 쓰인 뜻을 고려하여 '빛날 환'을 설정하였다.

362) 물흩어질 환 : 「類合下:52」에 '믈훤훤할 환', 「釋要上:80」에 '흘너흣터질 환', 「新字2:52」에 '물출렁추렁할/찬란할/풀릴 환' 등으로 나타나 있어 典據를 따르되, '渙發, 渙散, 渙然氷釋' 등에서 두루 쓰인 뜻을 고려하여 '물흩어질 환'을 代表訓音으로 설정하였다.

363) 흰깁 환 : 「釋要下:29」에 '깁 환', 「字類上:83」, 「新字3:31」에 '힌깁 환' 등으로 나타나 있어 典據를 따르되, '綺紈, 綾紈, 紈扇' 등에 쓰인 뜻을 고려하여 '흰깁'을 代表訓으로 설정하였다.

364) 넓을 활 : 「兒學下:11」에 '널을 활', 「釋要下:73」에 '통한골(通谷)/싀원할 활', 「新字4:8」에 '통한골/소통할/도량넓을 활' 등으로 나타나 있어 典據를 따르되, '開豁, 空豁, 眼豁, 豁然' 등에서의 뜻을 고려하여 '넓을 활'을 代表訓音으로 설정하였다.

365) 패옥 황 : 「字類上:89」에 '패옥츙아 황', 「釋要下:3」에 '반달옥 황', 「新字3:3」에 '패옥 황' 등으로 나타나 있어 典據를 따르되, 人地名用 한자를 제외하고는 그 쓰임이 흔치 않은 까닭에, 여러 字典에서 제시한 訓音 및 한자의 形聲을 고려하여 '패옥'을 代表訓으로 설정하였다.

366) 대숲 황 : 「兒學上:6」에 '디퍼귀 황', 「釋要下:25」에 '대포긔/대밧 황', 「新字3:27」에 '대수풀/대밧 황' 등으로 나타나 있어 典據를 따르되, '翠篁, 篁竹' 등에서의 뜻을 고려하여 '대숲'을 代表訓으로 설정하였다.

367) 생황 황 : 「釋要下:26」에 '생황 황', 「新字3:28」에 '생황/공교히하는말 황' 등으로 나타나 있어 典據를 따르되, 주로 '笙簧'의 語形으로 쓰이는 점을 고려하여 '생황'을 代表訓으로 설정하였다. 한편 『標準國語大辭典』에서는 '簧'을 '서' 또는 '피리서'의 同義語로 제시하고 있음을 중시한다면 '서 황' 혹은 '피리서 황'을 설정하는 것도 검토할 만하다.

368) 황충(食苗蟲) 황 : 「字類上:8」, 「釋要下:57」에 '황충 황', 「新字3:61」에 '황버레 황' 등으로 나타나 있어 典據를 따르되, 單語形인 '황충'을 代表訓으로 설정하였다.

順番	音	漢字	〈古今〉	〈韓國〉	〈北韓〉	〈民衆〉	〈東亞〉	〈教學〉
366	회	匯[369]	물돌아나갈		물이모여서맴돌다	물돌아나갈	물돌	물합할
367	회	獪[370]	간교할회		교활하다회(쾌)	교활할회(쾌)	교활할회(本音:쾌)	교활할회(쾌)
368	횡	鐄[371]	큰쇠북		큰쇠북황	종/쇠북	종	종소리
369	후	煦[372]	찔	찔	찌다/뜨겁다	따뜻하게할	따뜻하게할/말릴	따뜻하게할
370	훈	塤[373]	질나팔	흙악기이름	흙으로만든악기	질나팔	질나팔훈	질나발
371	훈	焄[374]	향내		향내. 향취	냄새	연기에그으릴	그을릴
372	훈	燻[375]	불길치밀	그슬릴	연기를쐬다	불길치밀	연기낄훈	구울
373	휘	暉[376]	햇빛휘	빛날휘	날빛휘	빛휘	빛휘	빛휘/햇빛훈

369) 물돌아모일 회 : 「字類上:17」에 '물모일 회', 「釋要上:13」에 '물도라모일 회', 「新字1:18」에 '물돌아나갈 회' 등으로 나타나 있어 典據를 따르되, '總匯, 匯劃' 등에서의 뜻을 고려하여 '물돌아모일 회'을 代表訓音으로 설정하였다.

370) 교활할 회/쾌 : 「字類上:53」에 '교활 회/괴/쾌', 「釋要上:93」에 '교힐할 회', 「新字2:66」에 '간교할 괴/회/쾌' 등으로 나타나 있어 典據를 따르되, '老獪, 獪猾' 등에서의 뜻을 고려하여 '교활할 회'를 설정하였다. 한편 이들 문헌에서 '쾌' 音을 함께 제시할 뿐만 아니라, 『標準國語大辭典』에서도 '狡獪'의 音을 '교쾌'로 제시하고 있는 점을 고려하여 複數音을 설정하였다. '괴' 音에 대해서는 현대국어에서 그 쓰임이 거의 없는 것으로 판단하였다.

371) 큰쇠북 횡 : 「釋要下:92」에 '큰쇠북 횡', 「新字4:28」에 '큰쇠북/낫 횡' 등으로 나타나 있어 典據를 따르되, 人地名用 한자로 쓰이는 경우를 제외하고는 쓰임이 흔치 않은 까닭에, 여러 字典에서 제시하고 있는 訓音 및 글자의 形聲을 고려하여 '큰쇠북'을 代表訓으로 설정하였다.

372) 찔 후 : 「類合下:50」에 '드술 후', 「新字2:59」에 '찔/쓰거울/품을/해빗다스할 후' 등으로 나타나 있어 典據를 따르되, '春煦, 和煦, 煦煦' 등에서 두루 쓰인 뜻을 고려하여 '찔 후'를 代表訓音으로 설정하였다.

373) 질나발 훈 : 「釋要上:23」, 「新字1:30」 등에 '질라팔 훈'으로 나타나 있어 典據를 따르되, '瓦壎, 壎篪' 등에서의 뜻을 고려하여 현대국어의 標準語인 '질나발'을 代表訓으로 하였다.

374) 향내 훈 : 「倭解上:48」에 '향긔 훈', 「釋要上:87」에 '향내 훈', 「新字2:58」에 '불김오를/향내날/김쐴 훈' 등으로 나타나 있어 典據를 따르되, 人地名用 한자를 제외하고는 語例가 드문 까닭에, '焄蒿悽愴'에서의 뜻을 고려하여 '향내'를 代表訓으로 설정하였다.

375) 불길치밀 훈 : 「新字2:61」에 '연긔치밀/불길치밀 훈' 등으로 나타나 있어 典據를 따르되, '鼻燻, 燻肉, 燻製, 燻蒸' 등에서 두루 쓰인 뜻을 고려하여 '불길치밀 훈'을 代表訓音으로 설정하였다.

376) 햇빛 휘 : 「字類上:1」, 「釋要上:60」에 '날ㅅ빗 휘', 「新字2:24」에 '해빗 휘' 등으로 나타나 있어 典據를 따르되, '耿暉, 晩暉, 晨暉, 晴暉' 등에서 두루 쓰인 뜻을 고려하여 '햇빛'을 代表訓으로 설정하였다.

順番	音	漢字	〈古今〉	〈韓國〉	〈北韓〉	〈民衆〉	〈東亞〉	〈教學〉
374	휴	烋[377]	아름다울휴		아름답다휴	기세할효/다행휴	경사로울휴	아름다울휴
375	휴	畦[378]	밭이랑휴(규)	밭두둑휴	이랑규(휴)	두둑휴	밭두둑휴(규)	남새밭휴
376	흔	昕[379]	날돋을흔		동트다/동틀무렵	새벽흔	아침흔	새벽흔
377	흘	吃[380]	말더듬을흘		말을더듬다흘(글)	어눌할흘	말더듬을흘(글)	말더듬을흘
378	흘	屹[381]	산우뚝할흘	높을흘(을)	높을흘	쭈뼛할흘	산우뚝솟을흘	우뚝할흘
379	흡	翕[382]	모을	합할	합하다. 모으다	합할	합할	화합할
380	희	僖[383]	즐거울	즐거울	즐겁다	기뻐할	기쁠	기꺼울
381	희	熺[384]	빛날	빛날	빛나다/성하다	성할	성할희	세찰/희미한빛

377) 아름다울 휴 : 「釋要上:86」에 '아름다을 휴, 긔운건장할 효', 「新字2:58」에 '순둑거릴 효, 아름다울/화할/복/경사 휴' 등으로 나타나 있어 典據를 따르되, 人地名用 한자를 제외하고는 그 쓰임이 흔치 않은 점과, 여러 字典에서 제시한 訓音 및 한자의 形聲을 고려하여 '아름다울 휴'를 代表訓音으로 설정하였다. '효' 音에 대해서는 현대국어에서 그 쓰임이 거의 없는 것으로 판단하였다.

378) 밭이랑 휴/규 : 「類合上:6」에 '이렁 규', 「兒學上:4」에 '밧드령 규', 「釋要下:6」에 '밧드득/밧사면칠십보남즛할 휴' 등으로 나타나 있어 典據를 따르되, '野畦, 町畦' 등에서의 뜻과 '高畦, 平畦' 등에서의 '규' 音을 함께 고려하여 複數音을 설정하였다.

379) 해돋을 흔 : 「字類上:4」에 '밝을 흔', 「釋要上:59」에 '날돗을 흔', 「新字2:23」에 '해도들/초하로날 흔' 등으로 나타나 있어 典據를 따르되, '幽昕, 昕夕' 등에서의 뜻을 고려하여 '해돋을 흔'을 代表訓音으로 설정하였다.

380) 말더듬을 흘 : 「字類上:66」에 '구눌 글/흘', 「釋要上:15」에 '어눌할/먹을 흘', 「新字1:20」에 '어눌할/먹을 글/흘' 등으로 나타나 있어 典據를 따르되, '口吃, 吃語, 吃音' 등에서의 뜻을 고려하여 '말더듬을 흘'을 代表訓音으로 설정하였다. '걸' 音과 '글' 音에 대해서는 현대국어에서 그 쓰임이 거의 없는 것으로 판단하였다.

381) 산우뚝할 흘 : 「字類上:13」에 '놉흘 을/흘', 「釋要上:32」에 '산웃둑할 흘', 「新字1:64」에 '산옷독할 을/흘' 등으로 나타나 있어 典據를 따르되, '屹立, 屹然, 屹出, 屹乎' 등에서의 뜻을 고려하여 '산우뚝할 흘'을 代表訓音으로 설정하였다. '을' 音에 대해서는 현대국어에서 쓰임이 거의 없는 것으로 판단하였다.

382) 모을 흡 : 「釋要下:36」에 '합할/모을/셩할(盛) 흡', 「新字3:39」에 '합할/모들/거들/셩할/움즉일 흡' 등으로 나타나 있어 典據를 따르되, '翕如, 翕然' 등에서의 뜻을 고려하여 '모을 흡'을 代表訓音으로 설정하였다.

383) 즐거울 희 : 「釋要上:7」에 '즐거울 희', 「新字1:10」에 '깃거울 희' 등으로 나타나 있어 典據를 따르되, 人地名用 한자를 제외하고는 그 쓰임이 흔치 않은 까닭에, 여러 字典에서 제시한 訓音 및 글자의 形聲을 고려하여 '즐거울 희'를 代表訓音으로 설정하였다.

384) 빛날 희 : 「釋要上:88」에 '불셩(盛)할 희', 「新字2:60」에 '셩할/빗날/넒을/희미할' 등으로 나타나 있어 典據를 따르되, 人地名用 한자를 제외하고는 그 쓰임이 흔치 않은 까닭에, 여러 字典에서 제시한 訓音 및 한자의 形聲을 고려하여 '빛날 희'를 代表訓音으로 설정하였다.

2. 現在의 辭典的 意味에 따른 訓音

代表訓音을 설정할 때엔 典據를 따르는 것이 本書에서의 1次的 原則이나, 오늘날 쓰이는 訓音이 典據에서 벗어나 있는 漢字들의 경우나 현재의 用例가 그 數爻나 頻度 面에서 매우 限定되어 나타나는 한자들의 경우도 상당수 있다. 또한 전거의 훈이 오늘날 쓰이지 않는 말일 경우도 있는데, 이러한 漢字들은 典據의 訓音을 반영할 경우 現在의 쓰임과 매우 다르기에 그 學習의 效用價値가 떨어질 수밖에 없다. 따라서 이러한 경우에는 부득이하게 현재의 辭典的 意味에 따라 代表訓音을 설정하였다.

이에 해당하는 漢字들을 아래에 제시한다.

順番	音	漢字	〈古今〉	〈韓國〉	〈北韓〉	〈民衆〉	〈東亞〉	〈敎學〉
382	간	桿385)		줄기	막대	나무이름	나무이름/방패	나무이름/장대
383	강	鱇386)				아귀	안강	안강(鮟鱇)
384	거	据387)			의지할/의거할	일할	일할/의거할	일할/의거할
385	거	袪388)			물리치다	떨	떨어없앨	떨쳐버릴
386	결	抉389)		뽑을	도려낼	긁을	도려낼	도려낼

385) 막대 간 : '桿' 字는 現代國語에서 '桿菌, 桿狀體, 操縱桿, 連接桿' 정도에 局限하여 주로 '막대 모양'의 뜻으로 쓰이는 점을 고려하여 '막대'를 代表訓으로 설정하였다.

386) 아귀 강 : '鱇' 字는 現代國語에서 그 쓰임이 '아귀'를 뜻하는 '鮟鱇(魚)'에 限定되어 있음을 고려하여, '아귀'를 代表訓으로 설정하였다.

387) 의지할/일할 거 : '据' 字는 現代國語에서 '据銃(사격할 때 목표를 겨누기 위하여 총의 개머리판을 어깨 앞쪽에 대라는 구령. 또는 그 구령에 따라 행하는 동작.), 据置(그대로 둠. 또는 公債, 社債 따위의 상환 또는 지급을 일정 기간 하지 않는 일.), 拮据(쉴 새 없이 일을 함.)' 등에 쓰이는 뜻을 고려하여 複數訓을 설정하였다.

388) 떨어없앨 거 : '袪' 字는 現代國語에서 '袪痰(가래를 없앰.), 袪濕(습사를 없애는 치료 방법을 통틀어 이르는 말.)' 등에 두루 쓰이는 뜻을 고려하여 '떨어없앨 거'를 代表訓音으로 설정하였다.

389) 도려낼 결 : '抉' 字는 現代國語의 '抉摘(숨겨진 것을 들추어냄.), 剔抉(살을 도려내고 뼈를 발라냄.)' 등에 限定하여 쓰이는 뜻을 고려하여 '도려낼 결'을 代表訓音으로 설정하였다.

順番	音	漢字	〈古今〉	〈韓國〉	〈北韓〉	〈民衆〉	〈東亞〉	〈教學〉
387	경	倞[390]			밝다(량)/굳세다(경)	굳셀경/멀량	밝을량/굳셀경	찾을량/굳셀경
388	경	涇[391]	물이름		통할/물이름	물이름	통할/곧을	경수/곧게흐르는물살
389	계	棨[392]			보람(傳信符)	부절(符節)	창	부신(符信)
390	계	磎[393]			돌/시내	시내계	시내	시내계/배반하여다툴혜
391	고	暠[394]			깨끗할고/희다호	흴/밝을	흴호(本音:고)	밝을고/흴호
392	고	睾[395]			늪	늪	못고-광대할호	불알
393	고	苽[396]		오이과	줄풀, 줄, 조호미/외과	줄고	줄고	줄고/외과
394	고	菰[397]	고미		줄풀/줄/조호미	줄	줄	줄풀

---

390) 굳셀 경 : '倞' 字는 現代國語에서도 그 쓰임이 주로 人・地名用 漢字에 局限되어 있는 점과, 이 경우 '량' 音으로는 쓰이지 않는 점을 고려하되, 여러 字典들에서 공통적으로 제시하고 있는 '굳셀 경'을 代表訓音으로 설정하였다.

391) 물이름 경 : 「字類上:14」, 「釋要上:78」에 '경수 경', 「新字2:49」에 '통할 경'으로 나타나 있는데, 現代國語에서 '涇' 字의 쓰임은 '涇溲, 涇渭' 정도에 한정되어 있는 바, 이들 단어의 뜻이 본래 中國의 '涇水'에서 유래하고 있음을 고려하여 '물이름'을 代表訓으로 하였다.

392) 중계[壁柱] 계 : '棨' 字는 典據를 찾아보기도 쉽지 않으며, 現代國語에서도 건축 분야에서 '흙벽을 칠 때 중방과 중방 사이에 벽체 힘살이 되게 세우는 部材'의 뜻으로 쓰이는 '中棨'를 제외하고는 그 쓰임이 흔치 않으므로, '중계'를 代表訓으로 설정하였다. 다만 '中繼'의 發音과 구분하기 위하여 같은 뜻으로 쓰이는 '壁柱'의 漢字를 附記하였다.

393) 시내 계 : '磎' 字는 典據를 찾아보기도 쉽지 않으며, 現代國語에서도 人・地名用 漢字를 제외하고는 그 쓰임이 흔치 않은데다가, 대부분의 字典들에서 '谿' 字와 同字로 제시하고 있는 점을 고려하여 '시내'를 代表訓으로 설정하였다.

394) 흴 호/밝을 고 : '暠' 字는 現代國語에서도 그 쓰임이 주로 人・地名用 漢字에 局限되어 있는 점을 고려하되, 여러 字典들에서 공통적으로 제시하고 있는 뜻을 바탕으로 하여 複數訓音을 설정하였다.

395) 불알 고 : '睾' 字는 典據를 찾아보기가 쉽지 않으며, 現代國語에서도 그 쓰임이 '睾女(남자와 여자의 생식기를 한 몸에 겸하여 가진 여자.), 睾丸(포유류의 음낭 속에 있는 공 모양의 기관.)' 정도에 限定하여 쓰이는 뜻을 고려하여 固有語인 '불알'을 代表訓으로 설정하였다.

396) 줄 고/오이 과 : '苽' 字는 典據를 찾아보기가 쉽지 않고, 現代國語에서도 그 쓰임이 흔치 않은 탓에, 여러 字典에서 두루 제시하고 있는 공통의 訓音을 고려하여 複數訓音을 설정하였다.

397) 줄풀 고 : 「字類下:56」에 '밀밤 고', 「釋要下:45」, 「新字3:52」 등에 '고미 고'로 나타나 있기는 하나, '밀밤'이나 '고미'가 현대국어에서는 그 쓰임을 찾아보기 어렵고, 현대국어에서는 '菰根, 菰菜, 眞菰' 등에서 '줄풀'의 뜻으로 쓰이는 점을 고려하여 '줄풀'을 代表訓으로 설정하였다.

順番	音	漢字	〈古今〉	〈韓國〉	〈北韓〉	〈民衆〉	〈東亞〉	〈敎學〉
395	공	珙[398]			옥이름/큰구슬	옥	큰옥	큰구슬
396	과	跨[399]		넘을과	걸어앉을과	넘을과/걸터앉을고	타넘을과/걸터앉을고	가랑이벌리고설/넘어설
397	광	侊[400]			잘차린음식	성찬(盛餐)	성한모양	클
398	교	餃[401]			경단		엿	교이(餃餌)
399	구	勾[402]		사로잡을	굽을	구절/굽을	굽을	굽을/붙잡을
400	굴	堀[403]		팔	굴뚝/굴	굴	굴굴/팔굴	/굴팔/굴
401	권	淃[404]			소용돌이치는모양		물돌아흐를	물이돌아흐르는모양

398) 큰옥 공 : '珙' 字는 典據를 찾아보기가 쉽지 않고, 現代國語에서도 人·地名用 漢字를 제외하고는 그 쓰임이 흔치 않은 탓에, 여러 字典에서 두루 쓰이는 뜻을 고려하여 '큰옥'을 代表訓으로 설정하였다.

399) 넘을 과 : '跨' 字는 典據를 찾아보기가 쉽지 않고, 現代國語에서도 그 쓰임이 '跨線橋' 정도에 限定하여 쓰이는 뜻을 고려하여 '넘을 과'를 代表訓音으로 설정하였다. 한편 '고' 音에 대해서는 現代國語에서 그 쓰임이 거의 없는 것으로 판단하였다.

400) 성할 광 : '侊' 字는 典據를 찾아보기가 쉽지 않고, 現代國語에서도 人·地名用 漢字를 제외하고는 그 쓰임이 흔치 않은 탓에, 여러 字典에서 제시하고 있는 訓들에서 공통적으로 쓰이는 뜻을 고려하여 '성할 광'을 代表訓音으로 설정하였다.

401) 교자 교 : '餃' 字는 典據를 찾아보기가 쉽지 않고, 現代國語에서도 '餃飴, 餃餌, 餃子' 등에 限定하여 쓰이는 뜻을 고려하여 대표적인 語形인 '교자'를 代表訓으로 설정하였다.

402) 굽을 구 : '勾' 字는 典據를 찾아보기가 쉽지 않기에, 現代國語의 '勾股('직각 삼각형'의 전 용어.), 勾配('물매' 또는 '기울기'를 이르는 말.), 免勾(조선 시대에, 중죄인에 대한 확정 판결을 다음 해로 연기하거나, 그 죄를 경감하여 주던 일.)' 등에 두루 쓰이는 뜻과, 여러 字典들에서 제시하고 있는 訓音인 점을 고려하여 '굽을 구'를 代表訓音으로 설정하였다.

403) 팔 굴 : '堀' 字는 典據를 찾아보기가 쉽지 않고, 現代國語에서도 그 쓰임이 흔치 않은 탓에, 여러 字典에 제시되어 있는 訓들을 고려하여 '팔 굴'을 代表訓音으로 설정하였다.

404) 돌아흐를 권 : '淃' 字는 典據를 찾아보기가 쉽지 않고, 現代國語에서도 그 쓰임이 흔치 않은 탓에, 다른 字典들에서 제시하고 있는 訓들을 고려하되, 2單語로 이루어진 '돌아흐를 권'을 代表訓音으로 설정하였다.

順番	音	漢字	〈古今〉	〈韓國〉	〈北韓〉	〈民衆〉	〈東亞〉	〈教學〉
402	규	槻[405)			느티나무규	둥근느티나무	물푸레나무	물푸레나무
403	규	赳[406)			용감하다규	헌걸찰/굳셀	헌걸찰	굳센모양/목을길게늘일
404	균	畇[407)			개간하다균(윤)	따비이룰윤(균)	밭일굴균(윤)	개간할균(윤)
405	기	圻[408)		경기기	경기기/낭떠러지은	서울지경기(은)	경기기/끝은	경기기/땅끝은
406	기	埼[409)			굽은언덕배기기	갑	갑	갑[曲岸]
407	기	玘[410)			옥구슬/패옥차는옥	차는옥	패옥	옥이름
408	기	璂[411)			피변을꾸민구슬	피변옥	피변꾸미개옥	고깔장식옥
409	남	枏[412)	매화나무남		나무이름남	녹나무남	녹나무남	녹나무(염)

405) 물푸레나무 규 : '槻' 字는 典據를 찾아보기가 쉽지 않고, '槻木'을 '물푸레나무'로 규정한 『標準國語大辭典』(國立國語研究院)의 뜻을 고려하여 '물푸레나무'를 代表訓으로 설정하였다.

406) 헌걸찰 규 : '赳' 字는 典據를 찾아보기가 쉽지 않고, 現代國語의 '赳赳' 정도에 局限하여 쓰이는 뜻을 고려하되, 다른 字典들에서도 제시된 '헌걸찰 규'를 代表訓으로 설정하였다.

407) 밭일굴 균 : '畇' 字는 典據를 찾아보기가 쉽지 않고, 現代國語에서도 그 쓰임이 흔치 않은 탓에, 그 字의 形成과 다른 字典들에서 제시한 訓을 고려하여 '밭일굴 균'을 代表訓音으로 설정하였다.

408) 경기 기 : '圻' 字는 典據를 찾아보기가 쉽지 않고, 그 쓰임도 흔치 않은 탓에, 다른 字典들에서 공통적으로 제시된 訓을 설정하였다. '은' 音에 대해서는 現代國語에서 그 쓰임이 거의 없는 것으로 판단하였다.

409) 갑 기 : '埼' 字는 典據를 찾아보기가 쉽지 않고, 그 쓰임도 흔치 않은 탓에, 다른 字典들에서 공통적으로 제시된 訓을 고려하여 '갑'을 代表訓으로 설정하였다.

410) 패옥 기 : '玘' 字는 典據를 찾아보기가 쉽지 않고, 그 쓰임도 흔치 않은 탓에, 다른 字典들에서 공통적으로 제시된 訓을 참고하되, 그 字의 形成을 고려하여 '몸에 차는 옥'의 뜻으로서 '패옥'을 代表訓으로 설정하였다.

411) 피변옥 기 : '璂' 字는 典據를 찾아보기가 쉽지 않고, 現代國語에서도 그 쓰임이 흔치 않은 탓에, 다른 字典들에서 공통적으로 제시된 訓을 참고하되, '皮弁을 장식하는 데 쓰는 옥'의 뜻으로서 '피변옥'을 代表訓으로 설정하였다.

412) 녹나무 남 : 「字類下:60」에 '남목 남', 「釋要下:63」에 '나무일홈 남', 「新字2:28」에 '매화나무 남'으로 나타나 있기는 하나, '남목'은 現代國語에서 '녹나무'의 古語로 판단할 뿐만 아니라, 대다수 文獻에서 '楠'의 同字로 설명하고 있는 점을 고려하여 '녹나무'를 代表訓으로 설정하였다. 한편 '염' 音에 대해서는 現代國語에서 그 쓰임이 거의 없는 것으로 판단하였다.

順番	音	漢字	〈古今〉	〈韓國〉	〈北韓〉	〈民衆〉	〈東亞〉	〈敎學〉
410	남	楠413)	남나무	남나무	나무이름	녹나무	녹나무	녹나무
411	념	捻414)	비틀념	비틀념(녑)	문지를/누르다념(녑)	비틀념	비틀념	비빌념/누를녑
412	뉴	杻415)	싸리뉴	수갑추, 싸리축 (뉴)	나무이름뉴-수갑고랑추-싸리축	감탕나무뉴-수갑추-싸리축	1.감탕나무뉴 2.고랑추3.싸리축	감탕나무뉴-수갑추
413	단	彖416)			단안하다	판단할	단단-단사	단사(彖辭)
414	단	鄲417)				조나라서울단	조나라서울단	한단(邯鄲)단
415	담	聃418)			번번한귀담	귓바퀴없을	귓바퀴없을담	귀클

413) 녹나무 남 : 「類合上:9」에 '남목 남', 「新字2:34」에 '남나무 남'으로 나타나 있기는 하나, '남목/남나무'는 『標準國語大辭典』에서 '녹나무'를 기본 標題語로 하는 古語로 처리하고 있는 점을 고려하여 '녹나무'를 代表訓으로 설정하였다.

414) 비틀 념 : 「訓蒙比叡下:10」에 '뱌빌 념', 「字類上:72」에 '손ᄶᅡ락딥풀 념', 「釋要上:52」에 '손으로찍어발늘 녑, 부뷜 녑' 등으로 나타나 있으나, 現代國語의 '捻轉(비틀어짐. 또는 뒤틀려서 방향이 바뀜.), 捻挫(갑작스러운 충격이나 운동으로 근막이나 인대가 상하거나 타박상으로 피하 조직이나 臟器가 상한 것.)' 등에 限定하여 쓰이는 뜻을 고려하여 '비틀 념'을 代表訓音으로 설정하였다. '녑' 音에 대해서는 現代國語에서 그 쓰임이 거의 없는 것으로 판단하였다.

415) 싸리 뉴/수갑 추 : 「倭解下:28」, 「字類下:60」, 「兒學上:6」 등에 '싸리 뉴', 「兒學上:63」, 「新字2:28」 등에 '수갑 추' 등으로 나타나 있는데, 現代國語에서는 '括杻木(괄뉴목:화살의 오늬를 만드는 나무.), 枷杻(가추:예전에, 죄인의 목에 씌우던 나무칼과 손목에 채우던 수갑을 아울러 이르던 말.), 木杻(목추:씨아의 가락.), 鐵杻(철추:물레의 가락.)' 등의 語例에서 두 가지 訓音이 각기 쓰이고 있음을 고려하여 複數訓音을 설정하였다.

416) 판단할 단 : '彖' 字는 典據를 찾아보기가 쉽지 않고, 現代國語에서도 그 쓰임이 흔치 않지만, 『周易』에서 '彖辭'가 각 卦의 뜻을 풀어 판단을 내리는 데서 온 말인 점을 고려하여 '판단할 단'을 代表訓音으로 설정하였다.

417) 한단 단 : '鄲' 字는 典據를 찾아보기가 쉽지 않고, 現代國語에서도 '邯鄲, 邯鄲之夢' 등 '邯鄲'을 제외하고는, 그 쓰임이 거의 없다는 점을 고려하여 '한단 단'을 代表訓音으로 설정하였다. 물론 邯鄲이 옛 中國의 趙나라 首都였음을 고려하면, '조나라서울 단'을 代表訓音으로 설정하는 것도 모색해 볼 수 있겠다. 하지만 이는 우리 國語에서 '邯鄲'이 쓰이고 있는 것이, 그것이 조나라의 수도였기 때문이 아니라 '邯鄲之夢'이란 故事成語와 관련이 있기 때문이라는 점을 想起해 볼 때 어려운 선택이라 하겠다.

418) 귓바퀴없을 담 : '聃' 字는 典據를 찾아보기가 쉽지 않고, 現代國語에서도 人·地名用 漢字를 제외하고는 그 쓰임이 흔치 않은 탓에, 여러 字典들에서 공통적으로 제시하고 있는 '귓바퀴없을 담'을 설정하였다.

順番	音	漢字	〈古今〉	〈韓國〉	〈北韓〉	〈民衆〉	〈東亞〉	〈敎學〉
416	담	蕁[419]			지모(藥名)/말(海藻)	지모담/쐐기풀심	지모담/쐐기풀심	지모담/심마(蕁麻)심
417	담	錟[420]			긴창담/날카롭다염	창담/서슬염	창담/날카로울섬	긴창담/예리한날염
418	대	坮[421]			집대(臺의 속자)		돈대대/땅이름호	돈대/언덕
419	도	櫂[422]	상앗대		掉와 同字	노	노도	노
420	돈	旽[423]			동틀무렵돈	먼동틀돈	밝을돈/친밀할준	아침해돈/정성스러울준
421	돈	焞[424]			성한모양퇴/밝다돈	성할퇴/어스름할돈	밝을돈(순)/성할퇴	거북굽는불돈/밝을순
422	둔	芚[425]		싹돋을둔	나물이름/나무의싹	싹나올둔	채소이름	싹이돋는모양

419) 풀가사리 담/쐐기풀 심 : '蕁' 字는 典據를 찾아보기가 쉽지 않고, 現代國語에서도 그 쓰임이 '蕁麻(담마), 蕁麻(심마)' 정도에 限定되어 쓰이는 점을 고려하여 複數音을 설정하되, 『標準國語大辭典』에서 '담마'는 '풀가사리'로, '심마'는 '쐐기풀'로 설명하고 있는 점을 고려하여 각각의 代表訓을 설정하였다. 다만 여러 字典에서 제시하고 있는 '知母'는 '백합과의 여러해살이풀 또는 그 뿌리줄기'를 이르는 말로, '풀가사릿과의 海藻'를 뜻하는 '풀가사리'와는 다른 대상을 나타낸다는 점에서, 이들을 고려한다면 '지모 담/쐐기풀 심'의 複數訓音을 설정하는 것도 고려할 만하며, 이에 대한 논의가 더 필요할 것으로 본다.

420) 창 담 : '錟' 字는 典據를 찾아보기가 쉽지 않고, 現代國語에서도 그 쓰임이 흔치 않은 탓에, 여러 字典들에서 공통적으로 제시하고 있는 점을 고려하여 '창(槍) 담'을 설정하였다.

421) 돈대 대 : '臺'이 古字인 '坮' 字는 典據를 찾아보기가 쉽지 않고, 現代國語에서도 그 쓰임이 흔치 않은 탓에, 여러 字典들에서 공통적으로 제시하고 있는 점을 고려하여 '돈대(墩臺) 대'를 설정하였다.

422) 상앗대 도 : 「字類下:11」, 「釋要上:70」, 「新字2:38」 등에서 '棹'와 同字로 설명하고 있어 '노 도'를 설정하여야 할 것이나, '棹'와의 혼동을 고려하여 쓰임이 유사한 '상앗대'를 代表訓으로 설정하였다.

423) 밝을 돈 : 「釋要上:60」에 '旽'은 '暾'과 通한다고 설명하고 있는데, '暾'과의 혼동을 피하고, 여러 字典들에서 공통적으로 제시하고 있는 訓의 의미를 고려하여 '밝을 돈'을 설정하였다.

424) 어스름할 돈/성할 퇴 : '焞' 字는 典據를 찾아보기가 쉽지 않고, '焞焞(돈돈:빛이 흐릿하여 없는 모양.), 焞熅(돈온:불이 흐릿한 것.)'과 '焞焞(퇴퇴:성한 모양.)' 등에서 쓰인 뜻을 고려하여 複數訓音을 설정하였다.

425) 싹돋을 둔 : '芚' 字는 典據를 찾아보기가 쉽지 않고, 現代國語에서는 '油芚, 紙芚, 草芚' 등에서처럼 '여러 겹으로 두터운 모양' 정도의 뜻으로 쓰이는 점을 참조하되, 여러 字典들에서 제시하고 있는 訓과의 의미 관계를 고려하여 '싹돋을 둔'을 설정하였다.

順番	音	漢字	〈古今〉	〈韓國〉	〈北韓〉	〈民衆〉	〈東亞〉	〈教學〉
423	등	嶝[426]			산비탈길등	고개	고개등	고갯길
424	란	欒[427]	단란할		나무이름/접시받침	모감주나무	나무이름	나무이름(모감주나무)
425	랑	瑯[428]	고을이름		琅와 같음	땅이름	琅의 俗字	낭간/방종할
426	랑	螂[429]	버마재비랑		버마재비/말똥구리	사마귀/쇠똥구리	사마귀/쇠똥구리	당랑(버마재비)/강랑
427	력	轢[430]	차(車)에치일	수레바퀴에칠	으끄러질(륵) 력	삐걱거릴	삐걱거릴력	수레바퀴가짓밟을/삐걱거릴
428	령	怜[431]			눈치빠르고슬기롭다, 어여쁠련	영리할령, 불쌍히여길련	영리할령, 가엾게여길련	총명할령, 불쌍히여길련
429	령	笭[432]			수레덮개	종다래끼	종다래끼/멍석	수레가리개

426) 고개 등 : '嶝' 字는 典據를 찾아보기가 쉽지 않고, 現代國語에서도 그 쓰임이 흔치 않은 탓에, 여러 字典들에서 공통적으로 제시하고 있는 訓을 참조하되, 漢字의 形聲을 고려하여 '고개 등'을 설정하였다.

427) 단란할 란 : 「字類下:60」에 '란목 란', 「釋要上:71」에 '나무일홈 란, 살ㅅ기업슬 란' 등으로 나타나 있지만, 現代國語에서는 '團欒하다, 團欒之樂'을 제외하고는 그 쓰임을 찾기 어려워 '단란할 란'을 代表訓音으로 설정하였다.

428) 법랑 랑 : 「釋要下:2」에 '고을일홈 랑', 「新字3:3」에 '랑야골 랑'으로 나타나 있지만, 現代國語에서는 '琺瑯'에 限定하여 쓰이는 점을 고려하여 '법랑'을 代表訓으로 설정하였다.

429) 사마귀 랑 : 「訓蒙比叡上:12」에 '당의야지 랑'으로 올라 있으나, '당의야지'는 現代國語에서 '사마귀'로 쓰이는 점과, '蝗螂'이 '사마귀'의 同義語인 점을 고려하여 '사마귀'를 代表訓으로 설정하였다.

430) 차에치일/삐걱거릴 력 : 「新字4:17」에 '수레박휘에치일 력'으로 나타나 있지만, 現代國語의 '轢死(차에 치여 죽음.), 軋轢(수레바퀴가 삐걱거린다는 뜻으로, 서로 의견이 맞지 아니하여 사이가 안 좋거나 충돌하는 것을 이르는 말.), 轢轆(수레바퀴가 삐걱거리는 소리.)' 등에 쓰이는 뜻을 고려하여 複數訓을 설정하였다.

431) 영리할 령 : '怜' 字는 典據를 찾아보기가 쉽지 않고, 現代國語에서도 '怜悧'를 제외하고는 그 쓰임이 거의 없는 점을 고려하여 '영리할 령'을 설정하였다.

432) 다래끼 령 : '笭' 字는 典據를 찾아보기가 쉽지 않고, 現代國語에서 '笭箵'은 '다래끼'를 뜻하는 점을 고려하여 '다래끼'를 代表訓으로 설정하였다.

順番	音	漢字	〈古今〉	〈韓國〉	〈北韓〉	〈民衆〉	〈東亞〉	〈教學〉
430	령	岺[433]			령영-깊고으슥한모양	산으슥할	산이름령	산깊을
431	례	澧[434]			물이름	물이름례	강이름례	예수례-풍수풍
432	로	潞[435]		내이름	물이름	물이름	강이름로	노수(潞水)
433	로	瀘[436]			물이름	물이름	강이름	노수(瀘水)
434	록	菉[437]		녹두	록두/풀이름	조개풀	조개풀	조개풀
435	롱	朧[438]	몽롱할		몽롱-달이지려하다	흐릴	흐릿할	흐릿할
436	료	廖[439]			성(姓)료	공허할료	공허할료/성료	빌료/나라이름류

433) 산깊을 령 : '岺' 字는 典據를 찾아보기가 쉽지 않고, 現代國語에서도 그 쓰임이 흔치 않은 탓에, 여러 字典들에서 제시하고 있는 訓의 공통 의미 및 글자의 形聲을 고려하여 '산깊을 령'을 설정하였다.

434) 물이름 례 : '澧' 字는 典據를 찾아보기가 쉽지 않고, 現代國語에서도 그 쓰임이 흔치 않다는 점과, '澧水'란 中國의 洞庭湖로 흐르는 江의 이름을 나타내는 固有名詞라는 점을 고려하여 '물이름'을 代表訓으로 설정하였다.

435) 물이름 로 : '潞' 字는 典據를 찾아보기가 쉽지 않고, 現代國語에서도 그 쓰임이 흔치 않다는 점과, '潞水'란 中國의 雲南省을 흐르는 江의 이름을 나타내는 固有名詞라는 점을 고려하여 '물이름'을 代表訓으로 설정하였다.

436) 물이름 로 : '瀘' 字는 典據를 찾아보기가 쉽지 않고, 現代國語에서도 그 쓰임이 흔치 않다는 점과, '瀘水'란 中國의 揚子江으로 흘러가는 江의 이름을 나타내는 固有名詞라는 점을 고려하여 '물이름'을 代表訓으로 설정하였다.

437) 조개풀 록 : '菉' 字는 典據를 찾아보기가 쉽지 않고, 現代國語에서도 그 쓰임이 흔치 않은 탓에, 여러 字典들에서 제시하고 있는 점을 고려하여 '조개풀'을 代表訓으로 설정하였다.

438) 몽롱할 롱 : 「字類上:1」에 '돌빋 롱', 「釋要上:62」에 '달돗을 롱', 「新字2:27」에 '달빗훤아치밀 롱' 등으로 나타 있기는 하지만, 現代國語에서는 '朦朧體, 朦朧狀態, 朦朧하다' 등 주로 '朦朧' 형식의 단어에서만 쓰이고 있는 점을 고려하여 '몽롱할 롱'을 代表訓音으로 설정하였다.

439) 공허할 료 : '廖' 字는 典據를 찾아보기가 쉽지 않고, 現代國語에서도 그 쓰임이 흔치 않은 탓에, 여러 字典들에서 제시하고 있는 訓을 고려하되, '廖'가 우리나라 姓氏에는 없는 것으로 판단하여 '공허할 료'를 설정하였다.

順番	音	漢字	〈古今〉	〈韓國〉	〈北韓〉	〈民衆〉	〈東亞〉	〈敎學〉
437	류	瀏[440]			물이맑은모양	맑을	맑을	물이깊고맑은모양
438	륜	侖[441]			산이름	생각할	둥글	산이름/차례
439	리	浬[442]				해리(海里)리	해리(海里)리	이리(泥浬)리
440	리	犁[443]			쟁기려/얼룩소리/떨류	쟁기려/얼룩소리/떨류	쟁기려/얼룩소리/떨류	쟁기리/쟁기려/떨류
441	리	厘[444]			터럭리/복희	터전/전방전/다스릴리	가게전/다스릴리	다스릴리/집터전
442	린	藺[445]			뇌양이	골풀	골풀	등심초(燈心草)(골풀)
443	린	潾[446]			물이맑은모양	돌샘[石澗水]	맑은린/돌샘린	물이맑은모양
444	립	砬[447]				돌무너지는소리립	돌소리	돌소리랍

440) 맑을 류 : '瀏' 字는 典據를 찾아보기가 쉽지 않고, 現代國語에서도 人·地名用 漢字와 '瀏亮(맑고 밝은 모양)' 정도를 제외하고는 그 쓰임이 흔치 않은 탓에, '瀏亮'에서의 뜻을 고려하여 여러 字典들에서 제시하고 있는 訓을 설정하였다.

441) 산이름/차례 륜 : '侖' 字는 典據를 찾아보기가 쉽지 않고, 現代國語에서도 그 쓰임이 흔치 않은 탓에, 여러 字典들이 제시하고 있는 訓을 고려하여 複數訓을 설정하였다.

442) 해리 리 : '浬' 字는 典據를 찾아보기가 쉽지 않고, 現代國語에서 '海里'와 같은 뜻으로 쓰이는 점을 고려하여 '해리'를 설정하였다.

443) 쟁기 려/얼룩소 리 : '犁' 字는 典據를 찾아보기가 쉽지 않고, 現代國語에서는 '挽犁(만려:땅을 가는 데 쓰는, 쟁기와 비슷한 농기구.), 鋤犁(서려:호미와 쟁기를 아울러 이르는 말.)'와, '犁老(이로:검버섯이 난 늙은이), 犁牛(얼룩소.)' 등의 두 가지 뜻과 音으로 쓰이는 점을 고려하여 複數訓音을 설정하였다.

444) 다스릴 리/가게 전 : '厘' 字는 '釐'와 '廛'의 俗字이므로, 각 漢字의 代表訓音에 맞추어 複數訓音을 설정하였다.

445) 골풀 린 : '藺' 字는 典據를 찾아보기가 쉽지 않고, 現代國語에서 '藺草'는 '골풀'을 뜻하는 점을 고려하여 '골풀'을 代表訓으로 설정하였다.

446) 맑을 린 : '潾' 字는 典據를 찾아보기가 쉽지 않고, 現代國語에서도 人·地名用 漢字를 제외하고는 그 쓰임이 흔치 않은 탓에, 漢字의 形聲을 고려하여 여러 字典들에서 제시하고 있는 訓을 설정하였다.

447) 돌소리 립 : '砬' 字는 典據를 찾아보기가 쉽지 않고, 人·地名用 漢字를 제외하고는 그 쓰임이 흔치 않은 탓에, 漢字의 形聲을 고려하여 여러 字典들에서 제시하고 있는 訓을 설정하였다.

順番	音	漢字	〈古今〉	〈韓國〉	〈北韓〉	〈民衆〉	〈東亞〉	〈教學〉
445	말	㐅[448]						
446	모	芼[449]		나물	풀이름/가리다	뽑을/솎을	풀우거질모/풀모	뽑을
447	몽	朦[450]	몽롱할		몽롱할	흐릴	흐릴	달빛어슴푸레할
448	무	珷[451]			무부옥돌	옥돌	옥돌	무부
449	문	刎[452]	목자를		목을찌르다	목벨	목벨	목자를
450	문	們[453]			무리	들	들	비만(肥滿)할/무리
451	물	沕[454]			심오한모양물	아득할물/숨을밀	아득할물/숨을밀	깊고희미한모양물/숨을매
452	미	渼[455]		내이름	물놀이	파문	물놀이	파도

448) 끝 말 : '㐅' 字는 우리나라에서만 쓰이는 漢字로, 典據를 찾아보기가 쉽지 않고, 6개 字典 어디에서도 제시되어 있지 않은데다가, 現代國語에서도 그 쓰임이 흔치 않은 탓에, 글자의 形聲을 고려하여 설정하였다.

449) 나물 모 : '芼' 字는 典據를 찾아보기가 쉽지 않기에, 現代國語의 '芼滑'에 쓰이는 뜻을 고려하여 설정하였다.

450) 몽롱할 몽 : 「字類上:1」에 'ᄉᆞ벽돌 몽', 「釋要上:62」에 '달돗을 몽', 「新字2:27」에 '지는달빗어른거릴 몽' 등으로 나타나 있기는 하지만, 現代國語에서는 '朦朧體, 朦朧狀態, 朦朧하다' 등 주로 '朦朧' 형식의 단어에서만 쓰이고 있는 점을 고려하여 '몽롱할 몽'을 설정하였다.

451) 옥돌 무 : '珷' 字는 典據를 찾아보기가 쉽지 않은데다가, 現代國語에서도 '珷玞'에 한정하여 쓰이는 점을 고려하되, '珷玞'가 '옥돌'인 점을 함께 고려하여 '옥돌'을 代表訓으로 설정하였다.

452) 목자를 문 : 「字類下:32」, 「釋要上:10」 등에 '목찌를 문', 「新字1:14」에 '목찌를 문, 버일 문' 등으로 나타나 있기는 하나, '刎頸, 刎死' 등 現代國語에서의 일반적인 쓰임을 고려하여 '목자를 문'을 代表訓音으로 설정하였다.

453) 무리 문 : '們' 字는 典據를 찾아보기가 쉽지 않고, 現代國語에서도 그 쓰임이 흔치 않은 탓에, 여러 字典들에서 제시하고 있는 訓을 고려하되, '들'은 '複數'를 나타내는 말이라는 점과 한자의 形聲을 중시하여 '무리'를 설정하였다.

454) 아득할 물 : '沕' 字는 典據를 찾아보기가 쉽지 않고, 現代國語에서도 그 쓰임이 흔치 않은 탓에, 여러 字典들에서 제시하고 있는 訓의 공통적인 뜻을 고려하되, 글자의 形聲을 중시하여 '아득할 물'을 代表訓音으로 설정하였다.

455) 물놀이 미 : '渼' 字는 典據를 찾아보기가 쉽지 않고, 現代國語에서도 固有名詞를 제외하고는 그 쓰임이 흔치 않은 탓에, 여러 字典들에서 제시하고 있는 訓의 공통적인 뜻을 고려하되, 글자의 形聲을 중시하여 '물놀이'를 代表訓으로 설정하였다.

順番	音	漢字	〈古今〉	〈韓國〉	〈北韓〉	〈民衆〉	〈東亞〉	〈敎學〉
453	반	瘢456)	부스럼		숭터홍/상처가 낳은자리홍	흉	흉터	흉터
454	반	盼457)			머리큰모양분/주다반	예쁠반	눈예쁠반/날새려할분	눈또렷할변/동틀분
455	반	磐458)	반석		반석	너럭바위	너럭바위	너럭바위(盤石)
456	백	佰459)	우두머리백		백사람의우두머리	백사람어른백/길맥	일백백	백사람백/밭경계맥
457	번	幡460)		기	먹수건/먹걸레/표기	표기	기(표기)	깃발
458	벽	檗461)		황경피나무	황경피나무	황벽나무	황벽나무	황벽(黃檗)나무
459	보	俣462)					사람이름보	

456) 흉터 반 : 「訓蒙比叡中:17」에 '허믈 반', 「字類下:17」에 '헌데쟈곡 반', 「釋要下:8」에 '딱지ㅅ자리 반', 「新字3:9」에 '헌데자리 반, 흉질 반' 등으로 나타나 있기는 하나, '헌데 자국'이나 '딱지 자리' 등은 결국 '흉터'를 이르는 말인 점과, '瘢痕(상처나 부스럼 따위가 다 나은 뒤에 남은 자국.), 瘡瘢(부스럼이 났던 자국이나, 칼에 다친 흉터.)' 등에서의 뜻을 고려하여 單語인 '흉터'를 代表訓으로 설정하였다.

457) 눈예쁠 반 : '盼' 字는 典據를 찾아보기가 쉽지 않고, 現代國語에서도 人·地名用 漢字를 제외하고는 그 쓰임이 흔치 않은 탓에, 여러 字典들에서 제시하고 있는 訓을 참고하되, 글자의 形聲을 고려하여 설정하였다. '분'과 '변' 音에 대해서는 그 쓰임이 거의 없는 것으로 판단하였다.

458) 너럭바위 반 : 「字類上:9」, 「釋要下:16」 등에 '반석 반', 「新字3:18」에 '너레돌 반' 등으로 나타나 있는데, 固有語인 '너레돌'을 『標準國語大辭典』에서 '너럭바위'의 誤用으로 처리하고 있는 점을 고려하여 漢字語인 '磐石'보다는 固有語인 '너럭바위'를 代表訓으로 설정하였다.

459) 우두머리 백 : 「釋要上:4」, 「新字1:6」 등에 '백사람의어른 백'으로 나타나 있는데, 文獻들마다 '百人長'의 뜻으로 설명하고 있는 점을 고려하여 '우두머리'를 代表訓으로 설정하였다. '百人'이란 '백 명의 사람'을 뜻한다기보다는 '많은 무리' 혹은 '모든 사람들'을 뜻하는 것으로 판단하였기 때문이다.

460) 기(旗) 번 : '幡' 字는 典據를 찾아보기가 쉽지 않은 까닭에, 흔히 '旗幡, 幢幡'과 같이 '旗'와 함께 어울려 쓰이는 점과 여러 字典들에서 제시하고 있는 訓임을 고려하여 설정하였다.

461) 황벽나무 벽 : '檗' 字는 「字類下:59」, 「釋要上:70」, 「兒學上:6」, 「新字3:58」 등에서 '蘗'과 同字로 설명하고 있기는 하나, 現代國語에서는 '黃檗'을 제외하고는 그 쓰임이 흔치 않은 점과 여러 字典들에서 제시하고 있는 訓인 점을 고려하여 '황벽나무'를 설정하였다.

462) 사람이름 보 : '俣' 字는 典據를 찾아보기가 쉽지 않고, 現代國語에서도 人·地名用 漢字를 제외하고는 그 쓰임이 거의 없는 탓에, 유일하게 漢字를 제시한 <東亞>의 訓音을 고려하여 설정하였다.

順番	音	漢字	〈古今〉	〈韓國〉	〈北韓〉	〈民衆〉	〈東亞〉	〈教學〉
460	복	宓[463]			성(姓)복/편안하다밀	사람이름복/편안할밀	성복/편안할밀	성복/성밀/편안할밀
461	볼	乶[464]		음은[볼], 뜻은없음	땅이름에쓰인다.		볼기볼	[볼]음을표기하는글자
462	봉	烽[465]		내자옥할	연기가자옥한모양	내자욱할	연기자욱할봉	봉화
463	부	孚[466]		믿을	믿을부	미쁠	미쁠부/기를부/빛날부	성신(誠信)/옥의색채
464	부	艀[467]				거룻배	작은배부	거룻배
465	분	汾[468]		물굽이쳐흐를	크다	물이름	클분	분하(汾河)
466	빈	浜[469]			배를세우는도랑빈	선거(船渠)병/물가빈	선거병/물가빈	갯고랑병/물가빈
467	사	傞[470]		잘게부술사	좀스럽다새/잘다새	잘새	잘게부술사/새	자질구레할사/자질구레할새

463) 성(姓) 복 : '宓' 字는 典據를 찾아보기가 쉽지 않고, 그 쓰임도 現代國語에서는 흔치 않은 탓에, 여러 字典들에서 제시하고 있는 訓을 고려하여 설정하였다. '밀' 音에 대해서는 그 쓰임이 거의 없는 것으로 판단하였다.

464) 땅이름 볼 : '乶' 字는 우리나라에서만 쓰이는 漢字로, 典據를 찾아보기가 쉽지 않고, 現代國語에서도 그 쓰임이 흔치 않지만, '乶音島'라는 섬의 이름으로 쓰인 것을 고려하여 설정하였다. 다만 이 字가 '乶音島'라는 地名으로만 쓰인다고 판단되는 바, 그 地名을 따라서 '볼음도 볼'이라 하는 것도 고려할 만하다.

465) 내자옥할 봉 : 「字類下:37」, 「新字2:58」 등에 '烽'의 同字로 나타나 있기는 하나, 現代國語에서는 그 쓰임이 흔치 않은 점을 고려하여, 여러 字典들에서 제시하고 있는 訓들 가운데 固有語로 이루어진 '내자옥할 봉'을 설정하였다.

466) 믿을 부 : '孚' 字는 典據를 찾아보기가 쉽지 않은 탓에, 여러 字典들에서 제시하고 있는 訓을 참고하되, '見孚(남에게 신용을 얻음.), 孚佑(믿고 도와줌.)' 등에서의 뜻을 고려하여 '믿을 부'를 代表訓音으로 설정하였다.

467) 거룻배 부 : '艀' 字는 典據를 찾아보기가 쉽지 않고, 現代國語에서도 그 쓰임이 흔치 않은 탓에, 여러 字典들에서 제시하고 있는 訓을 참고하되, 글자의 形聲을 고려하여 설정하였다.

468) 물이름 분 : '汾' 字는 典據를 찾아보기가 쉽지 않고, 現代國語에서도 그 쓰임이 흔치 않다는 점과 여러 字典에서 제시하고 있는 訓音 및 글자의 形聲을 참고하되, '汾河'란 中國의 山西省을 흐르는 江의 이름을 나타내는 固有名詞라는 점을 고려하여 '물이름'을 代表訓으로 설정하였다.

469) 물가 빈 : '浜' 字는 典據를 찾아보기가 쉽지 않고, 人·地名用 漢字를 제외하고는 그 쓰임이 흔치 않은 탓에, 여러 字典들에서 제시하고 있는 訓을 고려하여 설정하였다. '병' 音에 대해서는 現代國語에서 그 쓰임이 거의 없는 것으로 판단하였다.

470) 잘게부술 사/새 : '傞' 字는 典據를 찾아보기가 쉽지 않고, '星湖傞說'을 제외하고는 그 쓰임도 흔치 않은 탓에, <韓國>을 제외한 나머지 字典들에서 제시하고 있는 訓과 音을 고려하여 複數音을 설정하였다.

順番	音	漢字	〈古今〉	〈韓國〉	〈北韓〉	〈民衆〉	〈東亞〉	〈教學〉
468	살	乷471)		음은[살], 뜻 없음			살살(살음표기글자)	
469	삽	鈒472)		아로새길	"작은창, 삼지창"	창	창삽	짧은창[短矛]
470	상	峠473)					언덕길꼭대기 상	
471	서	捿474)			깃들일서	깃들일/살	깃들일서/보금자리서	깃들일/살/바쁜모양
472	서	筮475)	점칠	점대	점치다서/시초점	점	점대서	점대
473	선	嬋476)		아름다울	끌리는모양/선연	아름다울	고울	아름다울
474	선	渲477)		물적실	적은물[小水]	바림	바림	바림
475	선	琁478)		옥선	아름다운옥선/구슬경	옥선	옥선/붉은옥경	아름다운옥선/붉은옥경

471) 땅이름 살 : '乷' 字는 典據를 찾아보기가 쉽지 않은데, 본래 이 한자는 우리나라에서 만든 音譯字로서, '살' 音을 나타내기 위하여 '沙'와 '乙'을 위아래로 붙여 놓은 것이다. 또한 그 쓰임도 現代國語에서는 우리나라의 '乷味谷' 등 地名을 제외하고는 그 쓰임이 흔치 않은 탓에, '땅이름'을 代表訓으로 설정하였다.

472) 새길 삽 : '鈒' 字는 典據를 찾아보기가 쉽지 않은데, 현대국어의 '鈒金, 鈒面, 鈒字' 등에서 쓰이는 뜻을 고려하여 '새길 삽'을 代表訓音으로 설정하였다.

473) 고개 상 : '峠' 字는 典據를 찾아보기가 쉽지 않고, 그 쓰임도 현대국어에서는 흔치 않은 탓에, 그 글자의 形聲을 고려하여 '고개 상'을 代表訓音으로 설정하였다.

474) 깃들일 서 : '捿' 字는 典據를 찾아보기가 쉽지 않은데, 여러 字典에서 '棲, 栖'와 同字로 설명하고 있는 점을 고려하여 '깃들일 서'를 代表訓音으로 설정하였다.

475) 점대 서 : 「類合下:12」에 '졈꽈 셔', 「字類上:60」에 '졈 셔', 「兒學下:5」, 「釋要下:24」, 「新字3:26」 등에 '시초점 서'로 나타나 있기는 하나, 이런 뜻으로서의 쓰임을 현재 찾아볼 수 없고, '竹'과 '巫'의 合字로서 '점치는 데 쓰는 대나무'의 뜻을 갖게 한 한자의 形聲 및 여러 문헌에서 제시하고 있는 점을 고려하여 '점대'를 代表訓으로 설정하였다.

476) 고울 선 : '嬋' 字는 典據를 찾아보기가 쉽지 않은데, 현대국어의 '嬋姸, 嬋娟' 등에서 쓰이는 뜻을 고려하여 '고울 선'을 代表訓音으로 설정하였다.

477) 바림 선 : '渲' 字는 典據를 찾아보기가 쉽지 않은데, 現代國語의 '渲染, 暈渲' 등에서 쓰이는 뜻을 고려하여 '바림'을 代表訓으로 설정하였다.

478) 옥 선 : '琁' 字는 典據를 찾아보기가 쉽지 않은데, '琁璣縣斡' 등에서 쓰이는 뜻을 고려하여 '옥'을 代表訓으로 설정하였다.

順番	音	漢字	〈古今〉	〈韓國〉	〈北韓〉	〈民衆〉	〈東亞〉	〈教學〉
476	선	敾[479]					사람이름선	기울
477	성	宬[480]			사고성	서고(書庫)	서고(書庫)성	받아들일
478	소	炤[481]		밝을소/비칠조	밝다소/빛나다조	밝을소/비출조	밝을소/비칠조	밝을소/비출조/밝게드러날작
479	소	篠[482]		가는대소	가는대소	조릿대소	"조릿대소, 조"	篠조릿대조
480	속	涑[483]		강이름속	빨래하다/양치질할수	헹굴수/물이름속	헹굴속	강이름속/빨수/입가심수
481	송	淞[484]			강이름	물이름	강이름	송강(淞江)
482	숙	潚[485]			물깊고맑다/바르다축	빠를축	강이름소/빠를축, 숙	비바람세찬소/물깊고맑을축

479) 사람이름 선 : '敾' 字는 典據를 찾아보기가 쉽지 않고, 현대국어에서도 '鄭敾' 등 人·地名用 한자를 제외하고는, 그 쓰임이 흔치 않은 까닭에 '사람이름 선'을 代表訓音으로 설정하였다.

480) 서고 성 : '宬' 字는 典據를 찾아보기가 쉽지 않은데, 人·地名用 한자를 제외하고는 그 쓰임이 흔치 않은 점과, 여러 字典들에서 제시하고 있는 訓音 및 한자의 形聲을 고려하여 '서고 성'을 代表訓音으로 설정하였다.

481) 밝을 소/비출 조 : '炤' 字는 典據를 찾아보기가 쉽지 않은데, 현대국어의 '炤炤' 등에서 쓰이는 뜻을 고려하되, 여러 字典에서 '조' 音으로도 제시하고 있는 점을 감안하여 複數訓音을 설정하였다.

482) 조릿대 소 : '篠' 字는 典據를 찾아보기가 쉽지 않은데, 人·地名用 한자를 제외하고는 그 쓰임이 흔치 않은 점과, 여러 字典에서 제시하고 있는 訓音 및 한자의 形聲을 고려하여 '조릿대 소'를 代表訓音으로 설정하였다. 한편 '조' 音에 대해서는 현대국어에서 그 쓰임이 거의 없는 것으로 판단하였다.

483) 물이름 속 : '涑' 字는 典據를 찾아보기가 쉽지 않은데, 人·地名用 한자를 제외하고는 그 쓰임이 흔치 않은 점과, 여러 字典들에서 제시하고 있는 점 및 한자의 形聲을 고려하여 '물이름 속'을 代表訓音으로 설정하였다. 한편 '수' 音에 대해서는 현대국어에서 그 쓰임이 거의 없는 것으로 판단하였다.

484) 물이름 송 : '淞' 字는 典據를 찾아보기가 쉽지 않은데, 본래 '淞江'은 中國의 上海로 흐르는 江의 이름을 나타내는 固有名詞라는 점을 고려하여 '물이름'을 代表訓으로 설정하였다.

485) 물맑을 숙 : '潚' 字는 典據를 찾아보기가 쉽지 않은데, 현대국어에서도 人·地名用 한자를 제외하고는 그 쓰임이 흔치 않은 점과, 여러 字典들에서 제시하고 있는 내용 및 한자의 形聲을 고려하여 '물맑을 숙'을 代表訓音으로 설정하였다.

順番	音	漢字	〈古今〉	〈韓國〉	〈北韓〉	〈民衆〉	〈東亞〉	〈教學〉
483	순	錞486)			창고달대/악기이름순	악기이름순/창고달대	악기이름순/물미대	순우순/물미대/관의덮개타
484	순	栒487)			나무이름/가로나무	악기다는틀	가로대순/나무이름	매다는가로대/나무이름
485	숭	嵩488)	산이름	높을	높다	숭산	높을숭	산높을
486	식	篒489)		땅이름			사람이름	땅이름
487	신	侁490)			신신/떼지어가는모양	갈	걷는모양	다니는모양
488	심	沁491)		물적실심	더듬어찾다/적시다	물이름심	스며들심	스며들심
489	심	芯492)				골풀	등심초	심지
490	아	蛾493)	누에나비아	나비아/개미의	나비아	나방아/개미의	나방아/개미의	누에나방아/개미의

---

486) 악기이름 순 : '錞' 字는 典據를 찾아보기가 쉽지 않은데, '錞, 金錞' 등에서 쓰이는 뜻을 고려하여 '악기이름'을 代表訓으로 설정하였다.

487) 나무이름 순 : '栒' 字는 典據를 찾아보기가 쉽지 않은데, 現代國語에서는 그 쓰임이 흔치 않은 점과, 여러 字典들에서 제시하고 있는 내용 및 한자의 形聲을 고려하여 '나무이름'을 代表訓으로 설정하였다.

488) 산높을 숭 : 「字類上:12」. 「新字1:43」에 '숭산 숭', 「釋要上:34」에 '산일홈 숭'으로 나타나 있기는 하나, 이들 문헌에서 '崧'과 同字 혹은 通字로 설명하고 있는 점을 고려하여 典據에 따라 '산높을 숭'을 代表訓音으로 설정하였다.

489) 땅이름 식 : '篒' 字는 典據를 찾아보기가 쉽지 않은데, '篔篒島' 등 주로 地名에서 쓰이는 점을 고려하여 '땅이름'을 代表訓으로 설정하였다.

490) 걷는모양 신 : '侁' 字는 典據를 찾아보기가 쉽지 않은데, '侁侁' 등에서 쓰이는 뜻을 고려하여 '걷는모양 신'을 代表訓音으로 설정하였다.

491) 스며들 심 : '沁' 字는 典據를 찾아보기가 쉽지 않은데, 現代國語의 '血沁' 등에서 쓰이는 뜻을 고려하여 '스며들 심'을 代表訓音으로 설정하였다.

492) 골풀 심 : '芯' 字는 典據를 찾아보기가 쉽지 않은데, 다른 字典에서 제시된 訓音 및 '鉛筆芯' 등에서 쓰이는 뜻을 고려하여 '골풀 심'을 代表訓音으로 설정하였다.

493) 누에나방 아 : 「類合上:16」, 「字類上:82」에 '나뷔 아', 「兒學上:8」에 '고취나비 아', 「釋要下:56」, 「新字3:60」에 '누에나비 아' 등으로 나타나 있기는 하나, '發蛾, 蛾類, 蠶蛾' 등에 내포되어 있는 意味들을 『標準國語大辭典』에서는 '나방' 또는 '누에나방'으로 풀이하고 있는 점을 고려하여 '누에나방'을 代表訓으로 설정하였다.

順番	音	漢字	〈古今〉	〈韓國〉	〈北韓〉	〈民衆〉	〈東亞〉	〈教學〉
491	악	鄂[494]		땅이름	"가, 지경(垠)"	나라이름	땅이름	땅이름/나라이름
492	안	鮟[495]				아귀	아귀	안강(鮟鱇)
493	양	瀁[496]			물이깊고넓은모양	물이름	내이름(물넘치는모양)	물출렁이는모양/넓고깊은모양
494	여	璵[497]			보옥이름	옥	옥여	여번(璵)
495	여	礖[498]			여석독기가있는돌		사람이름여	
496	연	挻[499]			"길다, 당기다 연"	당길연/이길선	늘릴연(本音: 선)	뻗칠연
497	연	沇[500]			흘러가는'모양	물이름연/흐를유	강이름연/물흐를유	강이름연/많고성한모양유

494) 땅이름 악 : '鄂' 字는 典據를 찾아보기가 쉽지 않은데, 中國의 옛 地名 가운데 '鄂州'에 쓰였던 점을 고려하여 '땅이름 악'을 代表訓音으로 설정하였다. 한편 '棣鄂之情'에 쓰인 뜻을 감안한다면, '꽃' 또는 '꽃받침'의 訓을 설정하는 것도 고려할 만하다.

495) 아귀 안 : '鮟' 字는 典據를 찾아보기가 쉽지 않은데, 現代國語에서는 주로 '鮟鱇'에 국한하여 쓰이는데, '鮟鱇'은 곧 '아귀'를 뜻하는 단어인 점을 고려하여 代表訓音을 설정하였다.

496) 물넓고깊을 양 : '瀁' 字는 典據를 찾아보기가 쉽지 않은데, 人·地名用 한자를 제외하고는 그 쓰임이 흔치 않은 까닭에, 여러 字典에서 제시하고 있는 내용과, 한자의 形聲을 고려하여 '물넓고깊을 양'을 代表訓音으로 설정하였다.

497) 옥 여 : '璵' 字는 典據를 찾아보기가 쉽지 않고, 현대국어에서도 人·地名用 한자를 제외하고는 그 쓰임이 흔치 않은 탓에, 여러 字典들에서 공통적으로 제시하고 있는 내용 및 한자의 形聲을 고려하여 代表訓音을 설정하였다.

498) 돌 여 : '礖' 字는 典據를 찾아보기가 쉽지 않고, 현대국어에서도 人·地名用 한자를 제외하고는 그 쓰임이 흔치 않은 탓에, 여러 字典들에서 공통적으로 제시하고 있는 내용 및 한자의 形聲을 고려하여 代表訓音을 설정하였다.

499) 당길 연 : '挻' 字는 典據를 찾아보기가 쉽지 않을 뿐 아니라, 현대국어에서도 人·地名用 한자를 제외하고는 그 쓰임이 흔치 않은 까닭에, 여러 字典에서 제시하고 있는 訓音과 한자의 形聲을 고려하여 '당길 연'을 代表訓音으로 설정하였다.

500) 물이름 연 : '沇' 字는 典據를 찾아보기가 쉽지 않을 뿐 아니라, 中國의 옛 地名 등 人·地名用 한자를 제외하고는 그 쓰임이 흔치 않은 까닭에, 여러 字典에서 제시하고 있는 訓音과 한자의 形聲을 고려하여 '물이름 연'을 代表訓音으로 설정하였다.

順番	音	漢字	〈古今〉	〈韓國〉	〈北韓〉	〈民衆〉	〈東亞〉	〈教學〉
498	연	縯[501]			길다연/당기다인	길연/당길인	1.길연2.당길인	부연(敷演)할연/당길인
499	염	琰[502]		옥홀	완염/아름다운옥	옥	옥갈염	완염(琬琰)
500	염	苒[503]			풀이무성한모양	성할	풀우거질	초목우거진모양
501	영	渶[504]				물맑은	강이름영	강이름
502	영	潁[505]				물이름	강이름영	영수(潁水)
503	영	濴[506]		濴물적을	소용돌이치는모양		물졸졸흐를영	물흐르는모양/작은물의모양
504	영	煐[507]			사람이름	빛날	사람이름	사람이름
505	영	霙[508]			눈꽃, 구름모양	진눈깨비	진눈깨비영/흰구름양	싸라기눈

501) 길 연/당길 인 : '縯' 字는 典據를 찾아보기가 쉽지 않을 뿐 아니라, 현대국어에서도 人·地名用 한자를 제외하고는 그 쓰임이 흔치 않은 까닭에, 여러 字典에서 제시하고 있는 訓音과 한자의 形聲을 고려하여 複數訓音을 설정하였다.

502) 옥 염 : '琰' 字는 典據를 찾아보기가 쉽지 않은데, '琬琰' 등에서 쓰이는 뜻을 고려하여 '옥 염'을 代表訓音으로 설정하였다.

503) 풀우거질 염 : '苒' 字는 典據를 찾아보기가 쉽지 않은 까닭에, 여러 字典에서 제시하고 있는 訓音과 '荏苒' 등에서 쓰이는 뜻을 고려하여 '풀우거질 염'을 代表訓音으로 설정하였다.

504) 물이름 영 : '渶' 字는 典據를 찾아보기가 쉽지 않을 뿐 아니라, 현대국어에서도 人·地名用 한자를 제외하고는 그 쓰임이 흔치 않은 까닭에, 여러 字典에서 제시하고 있는 訓音과 한자의 形聲을 고려하여 '물이름 영'을 代表訓音으로 설정하였다.

505) 물이름 영 : '潁' 字는 典據를 찾아보기가 쉽지 않을 뿐 아니라, 中國의 옛 地名 등 人·地名用 한자를 제외하고는 그 쓰임이 흔치 않은 까닭에, 여러 字典에서 제시하고 있는 訓音과 한자의 形聲을 고려하여 '물이름 영'을 代表訓音으로 설정하였다.

506) 물흐를 영 : '濴' 字는 典據를 찾아보기가 쉽지 않을 뿐 아니라, 현대국어에서도 人·地名用 한자를 제외하고는 그 쓰임이 흔치 않은 까닭에, 여러 字典에서 제시하고 있는 訓音과 한자의 形聲을 고려하여 '물흐를 영'을 代表訓音으로 설정하였다.

507) 빛날 영 : '煐' 字는 典據를 찾아보기가 쉽지 않을 뿐 아니라, 현대국어에서도 人·地名用 한자를 제외하고는 그 쓰임이 흔치 않은 까닭에, 여러 字典에서 제시하고 있는 訓音과 한자의 形聲을 고려하여 '빛날 영'을 代表訓音으로 설정하였다.

508) 진눈깨비 영 : '霙' 字는 典據를 찾아보기가 쉽지 않을 뿐 아니라, 현대국어에서도 人·地名用 한자를 제외하고는 그 쓰임이 흔치 않은 까닭에, 여러 字典에서 제시하고 있는 訓音과 한자의 形聲을 고려하여 '진눈깨비 영'을 代表訓音으로 설정하였다.

順番	音	漢字	〈古今〉	〈韓國〉	〈北韓〉	〈民衆〉	〈東亞〉	〈敎學〉
506	예	乂[509]			다스릴예	깎을예/벨예/징계할애	벨예/징계할애	풀벨예/징계할애
507	완	梡[510]			도마(俎)관	도마관	도마관	적대관/문지를환/근심환
508	완	碗[511]	그릇	사발	사발(椀과 同字)	주발	주발	碗식기(食器)
509	왜	娃[512]			얼굴고운여자왜(와)	예쁠왜/미인와	예쁠왜(와)	미녀(美女)와
510	용	慂[513]			권유하다, 부추기다	종용할	권할용	권할
511	용	榕[514]			나무이름	용나무	벵골보리수용	용나무
512	용	甬[515]			솟다/쇠북꼭지	길용	길용/대롱동	종꼭지용/대롱통

509) 깎을 예 : '乂' 字는 典據를 찾아보기가 쉽지 않은데, 현대국어의 '保乂, 俊乂' 등에서 쓰이는 뜻을 고려하여 '깎을 예'를 代表訓音으로 설정하였다.

510) 도마 관 : '梡' 字는 典據를 찾아보기가 쉽지 않은데, 人・地名用 한자를 제외하고는 그 쓰임이 흔치 않은 점과, 여러 字典에 제시된 訓音 및 한자의 形聲을 고려하여 '도마 관'을 代表訓音으로 설정하였다. 다만 現代의 電算用漢字 體系에서는 '완' 音으로 나타나고 있는 점을 고려한다면 '완'과 '관' 音의 複數音을 설정하는 것도 재검토할 만하다. '환' 音에 대해서는 현대국어에서 쓰임이 거의 없는 것으로 판단하였다.

511) 주발 완 : '碗' 字는 典據를 찾아보기가 쉽지 않은 까닭에, 여러 字典에서 '盌'의 俗字로 제시하고 있는 점과, '碗琴(주발 모양의 금이라는 뜻으로, 네 개의 현으로 이루어진 현악기인 胡弓을 이르는 말.), 磁碗(궁중에서, 沙鉢을 이르던 말.), 茶碗(가루차를 마실 때 사용하는 사발.)' 등에서 두루 쓰이는 뜻을 고려하여 '주발'을 代表訓으로 설정하였다.

512) 예쁠 왜/미인 와 : '娃' 字는 典據를 찾아보기가 쉽지 않은 까닭에, 현대국어의 '吳娃' 등에서 쓰이는 뜻을 고려하되, 여러 字典에서 複數訓音을 제시하고 있는 점을 감안하여 설정하였다.

513) 권할 용 : '慂' 字는 典據를 찾아보기가 쉽지 않은 까닭에, 여러 字典에서 제시한 訓音 및 '强慂, 慫慂' 등에서 쓰이는 뜻을 고려하여 '권할 용'을 代表訓音으로 설정하였다.

514) 나무이름 용 : '榕' 字는 典據를 찾아보기가 쉽지 않은데다가, 人・地名用 한자를 제외하고는 그 쓰임이 흔치 않은 점과, 여러 字典에서 제시한 訓音 및 한자의 形聲을 고려하여 '나무이름 용'을 代表訓音으로 설정하였다.

515) 종꼭지 용 : '甬' 字는 典據를 찾아보기가 쉽지 않은 까닭에, 여러 字典에서 제시한 訓音 및 '甬筒' 등에서 쓰이는 뜻을 고려하여 '종꼭지 용'을 代表訓音으로 설정하였다.

順番	音	漢字	〈古今〉	〈韓國〉	〈北韓〉	〈民衆〉	〈東亞〉	〈教學〉
513	우	盱516)			해가돋다우(후)	클	클우	해뜰
514	우	瑀517)			옥돌	패옥	패옥우	옥돌[玉石]
515	우	釪518)			[鉢釪]바리'대	창고달	악기이름우	바리때[鉢釪]
516	우	禑519)		禑복우			복오(우)	복오
517	욱	彧520)			빛나다	문채	문채	긴모양
518	욱	栯521)			욱리산이스랏나무		산앵두욱/유목유	산이스랏나무욱/유목유
519	욱	稶522)			기장과피우거진모양	서직(黍稷)무성할	서직무성할욱	서직성한모양
520	운	橒523)			나무이름	나무무늬	나무이름운	나뭇결[木紋]

516) 해뜰 우 : '盱' 字는 典據를 찾아보기가 쉽지 않은 데다가, 人·地名用 한자를 제외하고는 그 쓰임이 흔치 않은 점과, 여러 字典에서 제시한 訓音 및 한자의 形聲을 고려하여 '해뜰 우'를 代表訓音으로 설정하였다.

517) 옥돌 우 : '瑀' 字는 典據를 찾아보기가 쉽지 않은데, 현대국어에서도 人·地名用 한자를 제외하고는 그 쓰임이 흔치 않은 점과, 여러 字典에서 제시한 訓音 및 한자의 形聲을 고려하여 '옥돌 우'를 代表訓音으로 설정하였다.

518) 바리때 우 : '釪' 字는 典據를 찾아보기가 쉽지 않은데다가, '鉢釪'와 같이 주로 佛教에서 '鉢盂'와 같은 뜻으로 쓰이는 점 및 여러 字典에서 제시한 訓音 및 한자의 形聲을 고려하여 '바리때 우'를 代表訓音으로 설정하였다.

519) 복 우 : '禑' 字는 典據를 찾아보기가 쉽지 않은데다가, '禑王' 등 人·地名用 한자를 제외하고는 그 쓰임이 흔치 않은 점과, 한자의 形聲을 고려하여 '복 우'를 代表訓音으로 설정하였다.

520) 문채 욱 : '彧' 字는 典據를 찾아보기가 쉽지 않은데다가, '黃廷彧' 등 人·地名用 한자를 제외하고는 그 쓰임이 흔치 않은 점과, 여러 字典에서 제시한 訓音을 고려하여 '문채 욱'을 代表訓音으로 설정하였다.

521) 나무이름 욱 : '栯' 字는 典據를 찾아보기가 쉽지 않은데다가, 人·地名用 한자를 제외하고는 그 쓰임이 흔치 않은 점과, 여러 字典에서 제시한 訓音 및 한자의 形聲을 고려하여 '나무이름 욱'을 代表訓音으로 설정하였다.

522) 무성할 욱 : '稶' 字는 典據를 찾아보기가 쉽지 않은데, '宋稶' 등 人·地名用 한자를 제외하고는 그 쓰임이 흔치 않은 점과, 여러 字典에서 제시한 訓音 및 한자의 形聲을 고려하여 '무성할 욱'을 代表訓音으로 설정하였다.

523) 나무이름 운 : '橒' 字는 典據를 찾아보기가 쉽지 않은데다가, 人·地名用 한자를 제외하고는 그 쓰임이 흔치 않은 점과, 여러 字典에서 제시한 訓音 및 한자의 形聲을 고려하여 '나무이름 운'을 代表訓音으로 설정하였다.

順番	音	漢字	〈古今〉	〈韓國〉	〈北韓〉	〈民衆〉	〈東亞〉	〈敎學〉
521	운	熉524)			누른빛운	노랄	노란모양운	색이노란모양
522	울	乭525)						
523	원	嫄526)	여자이름		稷의어머니	사람이름	사람이름	후직의어머니/의자
524	원	沅527)			물이름	물이름	강이름	원수(沅水)
525	원	轅528)	진문		수레	끌채	끌채원	끌채
526	위	蔿529)			1.풀2.성(姓)	애기풀	애기풀위/풀이름와	가시연밥의줄기
527	유	楢530)			화투불	졸참나무	졸참나무/화톳불피울	1.졸참나무2.화톳불피울

524) 노란모양 운 : '熉' 字는 典據를 찾아보기가 쉽지 않고, 人・地名用 한자를 제외하고는 그 쓰임이 흔치 않은 점과, 여러 字典에서 제시한 訓音 및 한자의 形聲을 고려하여 '노란모양 운'을 代表訓音으로 설정하였다.

525) 땅이름 울 : '乭' 字는 典據를 찾아보기가 쉽지 않은데, 이 한자는 본래 우리나라에서 '于' 字에 '乙' 字를 위아래로 붙여서 '울' 音을 나타낸 글자로, 人・地名用 한자를 제외하고는 그 쓰임이 흔치 않은 점과, 여러 字典에서 제시한 訓音을 고려하여 '땅이름 울'을 代表訓音으로 설정하였다.

526) 여자이름 원 : 「字類上:33」에 '강원 원', 「釋要上:28」에 '후직의어마니일홈 원', 「新字1:36」에 '계집이름 원' 등으로 나타나 있기는 하나, 人・地名用 한자를 제외하고는 그 쓰임이 흔치 않은 점과, 여러 字典에서 제시한 訓音 및 한자의 形聲을 고려하여 '여자이름'을 代表訓으로 설정하였다.

527) 물이름 원 : '沅' 字는 典據를 찾아보기가 쉽지 않은데, 中國의 '沅江' 등 人・地名用 한자를 제외하고는 그 쓰임이 흔치 않은 점과, 여러 字典에서 제시한 訓音 및 한자의 形聲을 고려하여 '물이름'을 代表訓으로 설정하였다.

528) 끌채 원 : 「字類下:9」에 '멍에치 원', 「字類上:32」에 '슈릐치 원', 「釋要下:82」에 '멍에채끗/원문 원', 「新字4:17」에 '진문/멍에 원' 등으로 나타나 있기는 하나, '車轅(수레의 양쪽에 대는 긴 채.), 轅門(軍營이나 營門. 혹은 그 境內.)' 등에서 쓰인 뜻을 고려할 때 '수레채'를 代表訓으로 설정할 수 있으나, 『標準國語大辭典』에서 '수레채'를 '끌채'의 非標準語로 제시하고 있는 점을 감안하여 '끌채'를 설정하였다.

529) 애기풀 위 : '蔿' 字는 典據를 찾아보기가 쉽지 않은 까닭에, 여러 字典들에서 공통적으로 제시하고 있는 訓音 및 한자의 形聲을 고려하여 '애기풀 위'를 代表訓音으로 설정하였다.

530) 졸참나무 유 : '楢' 字는 典據를 찾아보기가 쉽지 않은 까닭에, 여러 字典들에서 공통적으로 제시하고 있는 訓音 및 한자의 形聲을 고려하여 '졸참나무 유'를 代表訓音으로 설정하였다.

順番	音	漢字	〈古今〉	〈韓國〉	〈北韓〉	〈民衆〉	〈東亞〉	〈敎學〉
528	유	釉[531]				윤	윤유	유약(釉藥)
529	윤	奫[532]			물이깊고넓은모양	물충충할	물깊고넓을윤	
530	윤	玧[533]			귀막이윤/옥붉은빛문	귀막이옥윤/붉은옥문	귀막이옥윤/붉은옥문	귀막이윤/붉은옥문
531	윤	贇[534]		예쁠빈(윤)	어여쁜모양	예쁠빈	예쁠빈(本音:윤)	사람이름빈/예쁠윤
532	융	瀜[535]			물이깊고넓은모양	깊을	물이깊고넓은모양	물이깊고넓은모양
533	익	瀷[536]			폭우로갑자기모인물	물이름	강이름익	비온뒤에갑자기불은물
534	잉	艿[537]		풀싹	뿌리에서새싹생기다	움풀	새풀싹/풀	벤뒤새로돋은풀
535	장	暲[538]			해가떠오르다	해돋을	밝을장	햇살퍼지는모양

531) 유약 유 : '釉' 字는 典據를 찾아보기가 쉽지 않은데, 현대국어의 '釉料, 釉瓦, 綠釉, 多彩釉' 등에서 쓰이는 뜻을 고려하여 '유약 유'를 代表訓音으로 설정하였다.

532) 물깊고넓을 윤 : '奫' 字는 典據를 찾아보기가 쉽지 않은데다가, 人·地名用 한자를 제외하고는 그 쓰임이 흔치 않은 점과, 여러 字典에서 제시한 訓音 및 한자의 形聲을 고려하여 '물깊고넓을 윤'을 代表訓音으로 설정하였다.

533) 귀막이옥 윤/붉은옥 문 : '玧' 字는 典據를 찾아보기가 쉽지 않을 뿐 아니라, 人·地名用 한자를 제외하고는 그 쓰임이 흔치 않은 점과, 한자의 形聲을 고려하여 '귀막이옥 윤'을 代表訓音으로 설정하였다. 한편 여러 字典에서 공통적으로 제시한 訓音인 점을 고려하여 '붉은옥 문'도 함께 複數訓音을 설정하였다.

534) 예쁠 윤/빈 : '贇' 字는 典據를 찾아보기가 쉽지 않은데다가, 人·地名用 한자를 제외하고는 그 쓰임이 흔치 않은 점과, 한자의 形聲을 고려하여 '예쁠 윤'을 代表訓音으로 설정하였다. 한편 여러 字典에서 공통적으로 제시한 音인 점을 고려하여 '빈' 音도 함께 複數音을 설정하였다.

535) 물깊고넓을 융 : '瀜' 字는 典據를 찾아보기가 쉽지 않은데다가, 人·地名用 한자를 제외하고는 그 쓰임이 흔치 않은 점과, 여러 字典에서 제시한 訓音 및 한자의 形聲을 고려하여 '물깊고넓을 융'을 代表訓音으로 설정하였다.

536) 물이름 익 : '瀷' 字는 典據를 찾아보기가 쉽지 않은데다가, '金瀷, 李瀷' 등 人名과 '瀷水' 등 地名用 한자를 제외하고는 그 쓰임이 흔치 않은 점과, 본래 '瀷水'란 中國의 河南省에서 發源하여 潁水로 흐르는 강의 이름이었던 점을 고려하여 '물이름 익'을 代表訓音으로 설정하였다.

537) 새풀싹 잉 : '艿' 字는 典據를 찾아보기가 쉽지 않은데, 現代國語의 '艿朴船' 등에서 쓰이는 뜻을 고려하여 '새풀싹 잉'을 代表訓音으로 설정하였다.

538) 해돋을 장 : '暲' 字는 典據를 찾아보기가 쉽지 않고, 人地名用 한자를 제외하고는 그 쓰임도 흔치 않은 까닭에, 여러 字典들에서 제시하고 있는 訓과 한자의 形聲을 고려하여 '해돋을 장'을 代表訓音으로 설정하였다.

順番	音	漢字	〈古今〉	〈韓國〉	〈北韓〉	〈民衆〉	〈東亞〉	〈教學〉
536	재	渽[539)			물이름	맑을	강이름	강이름
537	저	雎[540)			증경새, 지구새	물수리	물수리	징경이(따오기/저구(雎鳩))
538	저	齟[541)	이어긋날저		이가어긋나다	맞지않을서	어긋날저(서)	이어긋날저/이고르지아니할차
539	적	荻[542)	갈대		달[蘆, 蕉]	물억세	물억새	적(물억새)
540	전	佺[543)			악전/신선이름	이름	신선이름	악전(신선이름)
541	전	琠[544)			옥이름	전옥	귀막이전	옥이름
542	전	畑[545)						

539) 강이름 재 : '渽' 字는 典據를 찾아보기가 쉽지 않은 까닭에, 여러 字典에서 제시한 訓音과, '渽水'가 본래 中國의 揚子江으로 흐르는 江의 이름을 나타내는 고유명사라는 점을 고려하여 '강이름'을 代表訓으로 설정하였다.

540) 물수리 저 : '雎' 字는 典據를 찾아보기가 쉽지 않고, 그 쓰임도 人地名用 한자를 제외하고는 현대국어에서는 흔치 않은 까닭에, 여러 字典들에서 제시하고 있는 점과, 『標準國語大辭典』에서 '雎鳩'를 '물수리'의 동의어로 설명하고 있는 점을 고려하여 '물수리'를 代表訓으로 설정하였다.

541) 이어긋날 저/서 : 「字類上:39」에 '니만쟌일 조', 「釋要下:120」에 '니아니마즐 주', 「新字4:55」에 '니어긋날 조/주' 등으로 나타나 있는데, 현대국어에서는 '齟齬'가 '저어'와 '서어' 두 音으로 쓰이고 있는 점(『標準國語大辭典』)을 고려하여 '이어긋날 저/서'의 複數音을 설정하였다.

542) 물억새 적 : 「字類下:57」에 '달 뎍', 「兒學上:5」에 '갈 뎍', 「釋要下:47」에 '달 적', 「新字3:52」에 '갈대 뎍' 등으로 나타나 있는데, 『標準國語大辭典』에서 '荻'을 '물억새'의 동의어로, '蘆荻'을 '갈대와 물억새를 아울러 이르는 말'로 설명하고 있는 점을 고려하여 '물억새'를 代表訓으로 설정하였다.

543) 신선이름 전 : '佺' 字는 典據를 찾아보기가 쉽지 않고, 그 쓰임도 人地名用 한자를 제외하고는 현대국어에서는 흔치 않은 까닭에, 여러 字典들에서 제시하고 있는 代表訓音을 고려하여 설정하였다.

544) 옥이름 전 : '琠' 字는 典據를 찾아보기가 쉽지 않고, 그 쓰임도 人地名用 한자를 제외하고는 현대국어에서는 흔치 않은 까닭에, 여러 字典들에서 제시하고 있는 訓音과 글자의 形聲을 고려하여 '옥이름'을 代表訓으로 설정하였다.

545) 화전 전 : '畑' 字는 典據를 찾아보기가 쉽지 않고, 그 쓰임도 人地名用 한자를 제외하고는 현대국어에서는 흔치 않은 까닭에, 글자의 形聲을 고려하여 설정하였다.

順番	音	漢字	〈古今〉	〈韓國〉	〈北韓〉	〈民衆〉	〈東亞〉	〈教學〉
543	정	姃[546]			녀자얼굴단정하다	단정할	여자이름정	여자의자(女字)
544	정	炡[547]			정약/데치다	불번쩍거릴	빛날정	불에구울
545	정	綎[548]			실인끈	인끈	띳술정	끈
546	정	諪[549]					고를정	조정(調停)할
547	조	晁[550]			아침조	벌레이름	아침조/고을이름주	성(姓)/조양(晁陽)
548	조	璪[551]			운면류관	면류관드림옥	면류관드림옥	면류관장식
549	조	窕[552]			안온하다/깊다	으늑할조	정숙할조/예쁠요	가늘고작을조/예쁠요
550	종	淙[553]			물'소리종(장)	물댈종	물소리종	물소리종(장)/물댈상

546) 단정할 정 : '姃' 字는 典據를 찾아보기가 쉽지 않고, 그 쓰임도 人地名用 한자를 제외하고는 현대국어에서는 人地名用 한자를 제외하고는 흔치 않은 까닭에, 여러 字典들에서 제시하고 있는 訓音과 글자의 形聲을 고려하여 설정하였다.

547) 빛날 정 : '炡' 字는 典據를 찾아보기가 쉽지 않고, 그 쓰임도 人地名用 한자를 제외하고는 현대국어에서는 흔치 않은 까닭에, 여러 字典들에서 제시하고 있는 訓音과 글자의 形聲을 고려하여 설정하였다.

548) 인끈 정 : '綎' 字는 典據를 찾아보기가 쉽지 않고, 그 쓰임도 人地名用 한자를 제외하고는 흔치 않은 까닭에, 여러 字典들에서 제시하고 있는 訓音과 글자의 形聲을 고려하여 설정하였다.

549) 조정할 정 : '諪' 字는 典據를 찾아보기가 쉽지 않고, 그 쓰임도 人地名用 한자를 제외하고는 현대국어에서는 흔치 않은 까닭에, 여러 字典들에서 제시하고 있는 訓音과 글자의 形聲을 고려하여 설정하였다.

550) 아침 조 : '晁' 字는 典據를 찾아보기가 쉽지 않고, 그 쓰임도 人地名用 한자를 제외하고는 현대국어에서는 흔치 않은 까닭에, 여러 字典들에서 제시하고 있는 訓音과 글자의 形聲을 고려하여 설정하였다.

551) 면류관장식 조 : '璪' 字는 典據를 찾아보기가 쉽지 않고, 그 쓰임도 人地名用 한자를 제외하고는 현대국어에서는 흔치 않은 까닭에, 여러 字典들에서 제시하고 있는 訓音과 글자의 形聲을 고려하여 설정하였다.

552) 그윽할 조 : '窕' 字는 典據를 찾아보기가 쉽지 않고, 그 쓰임도 '窈窕'를 제외하고는 현대국어에서는 흔치 않은 까닭에, '窈窕'에서 쓰이는 뜻과 여러 字典들에서 제시하고 있는 訓을 고려하여 설정하였다.

553) 물소리 종 : '淙' 字는 典據를 찾아보기가 쉽지 않고, 그 쓰임도 人地名用 한자를 제외하고는 현대국어에서는 흔치 않은 까닭에, 여러 字典들에서 제시하고 있는 訓音과 글자의 形聲을 고려하여 설정하였다.

順番	音	漢字	〈古今〉	〈韓國〉	〈北韓〉	〈民衆〉	〈東亞〉	〈敎學〉
551	주	姝[554]			아름다운얼굴	예쁠	예쁠	아름다울
552	주	酎[555]			진국술[醇]	진국술	진한술	진한술[醇酒]
553	주	綢[556]		빽빽할주	빽빽하다, 얽다주	얽을주/쌀도	쌀도/얽을주	묶을주/쌀도
554	준	焌[557]			불을때다	구울준/불꺼질출	태울준/불꺼질출	불사를준/불로태울출
555	준	雋[558]		뛰어날준	새가살지다전	영특할준/준걸준	새살질전/우수할준	새살질전/재주뛰어날준
556	지	芷[559]		구리때	백지/구리때	어수리	구릿대	백지(구리때)
557	진	桭[560]			대청/평고대	처마진	처마진	평고대진

554) 예쁠 주 : '姝' 字는 典據를 찾아보기가 쉽지 않고, 그 쓰임도 人地名用 한자를 제외하고는 현대국어에서는 흔치 않은 까닭에, 여러 字典들에서 제시하고 있는 訓音과 글자의 形聲을 고려하여 설정하였다.

555) 진한술 주 : '酎' 字는 典據를 찾아보기가 쉽지 않고, 그 쓰임도 人地名用 한자를 제외하고는 현대국어에서는 흔치 않은 까닭에, 여러 字典들에서 제시하고 있는 訓音과 글자의 形聲을 고려하여 설정하였다.

556) 빽빽할 주 : '綢' 字는 典據를 찾아보기가 쉽지 않은 까닭에, 여러 字典에서 제시하고 있는 訓音과, 현대국어의 '綢緞, 綢繆, 綢密' 등에서 두루 쓰인 뜻을 고려하여 '빽빽할 주'를 代表訓音으로 설정하였다.

557) 불태울 준 : '焌' 字는 典據를 찾아보기가 쉽지 않고, 그 쓰임도 人地名用 한자를 제외하고는 현대국어에서는 흔치 않은 까닭에, 여러 字典들에서 제시하고 있는 訓音과 글자의 形聲을 고려하여 설정하였다.

558) 영특할 준/살질 전 : 「新字1:10」에서 '儁'의 通字로 설명하고 있는 점과, '雋選, 雋哲' 등에서 두루 쓰인 뜻을 고려하여 '영특할 준'을 설정하였으며, 『標準國語大辭典』에서 '雋永(전영)'을 ''살져 맛이 좋은 고기'로 설명하고 있는 점을 함께 고려하여 複數訓音을 설정하였다.

559) 구릿대 지 : '芷' 字는 典據를 찾아보기가 쉽지 않은데, 『標準國語大辭典』에서 '芷'를 '白芷'의 동의어로 처리하고, '白芷'를 '구릿대의 뿌리'로 설명하고 있는 점을 고려하여 '구릿대 지'를 代表訓音으로 설정하였다.

560) 처마 진 : '桭' 字는 典據를 찾아보기가 쉽지 않고, 그 쓰임도 人地名用 한자를 제외하고는 현대국어에서는 흔치 않은 까닭에, 여러 字典들에서 제시하고 있는 訓音과 글자의 形聲을 고려하여 설정하였다.

順番	音	漢字	〈古今〉	〈韓國〉	〈北韓〉	〈民衆〉	〈東亞〉	〈教學〉
558	진	溱[561]			이르다(至), 많다	물이름	많을	많을
559	진	瑨[562]			옥돌	아름다운돌	아름다운돌	옥다음가는아름다운돌
560	진	畛[563]	밭경계		밭의경계/밭두둑	두둑	두렁길	밭길
561	진	縉[564]			꽂다/분홍빛	분홍빛	꽂을	옅은붉은색
562	진	蔯[565]			인진, 사철쑥	사철쑥	더위지기	인진(茵蔯)
563	질	侄[566]			굳다/어리석다	어리석을	어리석을	굳을
564	차	侘[567]			자랑하다타	자랑할차	실의할차	실의(失意)한모양차
565	채	宷[568]			동관. 동료	채지	녹봉	채지(采地)

561) 많을 진 : '溱' 字는 典據를 찾아보기가 쉽지 않고, 그 쓰임도 人地名用 한자를 제외하고는 현대국어에서는 흔치 않은 까닭에, 여러 字典들에서 제시하고 있는 訓音과 글자의 形聲을 고려하여 설정하였다.

562) 옥돌 진 : '瑨' 字는 典據를 찾아보기가 쉽지 않고, 그 쓰임도 人地名用 한자를 제외하고는 흔치 않은 까닭에, 여러 字典들에서 제시하고 있는 訓音과 글자의 形聲을 고려하여 설정하였다.

563) 밭두렁 진 : 「訓蒙比叡上:4」에 '받두듥 딘', 「字類上:28」에 '본길 진', 「釋要下:5」에 '바지경 진', 「新字3:6」에 '밧갈피 진' 등으로 나타나 있는데, 『標準國語大辭典』에서 '畛域'을 '밭두렁'의 同義語로 설명하고 있는 점을 고려하여 '밭두렁'을 代表訓으로 설정하였다.

564) 꽂을 진 : '縉' 字는 典據를 찾아보기가 쉽지 않고, 그 쓰임도 人地名用 한자를 제외하고는 현대국어에서는 흔치 않은 까닭에, 여러 字典들에서 제시하고 있는 訓音과 글자의 形聲을 고려하여 설정하였다.

565) 사철쑥 진 : '蔯' 字는 典據를 찾아보기가 쉽지 않은데, 현대국어에서는 주로 '茵蔯' 관련 어휘에 한정하여 쓰이는 점과, 『標準國語大辭典』에서 '茵蔯'을 '사철쑥'의 同義語로 설명하고 있는 점을 고려하여 '사철쑥'을 代表訓으로 설정하였다.

566) 어리석을 질 : '侄' 字는 典據를 찾아보기가 쉽지 않고, 그 쓰임도 人地名用 한자를 제외하고는 현대국어에서는 흔치 않은 까닭에, 여러 字典들에서 제시하고 있는 訓音과 글자의 形聲을 고려하여 설정하였다.

567) 자랑할/실의할 차 : '侘' 字는 典據를 찾아보기가 쉽지 않고, 그 쓰임도 人地名用 한자를 제외하고는 현대국어에서는 흔치 않은 까닭에, 여러 字典들에서 제시하고 있는 訓音과 글자의 形聲을 고려하여 複數訓을 설정하였다. 다만 '타' 音에 대해서는 현대국어에서 쓰임이 거의 없는 것으로 판단하였다.

568) 채지 채 : '宷' 字는 典據를 찾아보기가 쉽지 않고, 그 쓰임도 人地名用 한자를 제외하고는 현대국어에서는 흔치 않은 까닭에, 여러 字典들에서 제시하고 있는 訓音과 글자의 形聲을 고려하여 설정하였다.

順番	音	漢字	〈古今〉	〈韓國〉	〈北韓〉	〈民衆〉	〈東亞〉	〈敎學〉
566	천	玔569)			옥고리		옥고리	옥가락지
567	초	苕570)		들완두초	풀이름/우뚝하다	완두초	능소화초/풀이름소	완두초/홍소(紅苕)소
568	추	萩571)			다북쑥/가래나무	쑥추	사철쑥추	다북쑥추/사람이름초
569	추	諏572)		가릴	(의논)문의하다	물을	꾀할	가릴[選擇]
570	축	筑573)	축[箏]		악기이름/줏다	악기이름	악기이름	악기이름[絃樂器]
571	탁	柝574)	쪼갤		목탁탁	딱딱이	열	딱다기
572	틈	闖575)		엿볼츰(침)	엿보다(침)	엿볼틈	말이나오는모양틈	머리내미는모양틈

569) 옥고리 천 : '玔' 字는 典據를 찾아보기가 쉽지 않고, 그 쓰임도 人地名用 한자를 제외하고는 현대국어에서는 흔치 않은 까닭에, 여러 字典들에서 제시하고 있는 訓音과 글자의 形聲을 고려하여 '옥고리 천'을 代表訓音으로 설정하였다.

570) 완두 초 : '苕' 字는 典據를 찾아보기가 쉽지 않고, 그 쓰임도 人地名用 한자를 제외하고는 흔치 않은 까닭에, 여러 字典들에서 제시하고 있는 訓音과 글자의 形聲을 고려하여 설정하였다.

571) 다북쑥 추 : '萩' 字는 典據를 찾아보기가 쉽지 않고, 그 쓰임도 人地名用 한자를 제외하고는 현대국어에서는 흔치 않은 까닭에, 여러 字典들에서 제시하고 있는 訓音과 글자의 形聲을 고려하여 설정하였다.

572) 가릴 추 : '諏' 字는 典據를 찾아보기가 쉽지 않은 까닭에, '諏吉(吉日을 택함.), 諮諏(임금이 신하나 백성에게 가려 물음.)' 등에서 두루 쓰인 뜻을 고려하여 '가릴 추'를 代表訓音으로 설정하였다.

573) 악기이름 축 : 「釋要下:24」에 '물일홈/축풍뉴/주울 축', 「字類下:41」, 「新字3:26」에 '축 축' 등으로 나타나 있는데, 현대국어에서는 주로 '筑, 擊筑'에 한정하여 쓰이는 점을 고려하여 '악기이름'을 代表訓으로 설정하였다.

574) 쪼갤/딱따기 탁 : 「字類下:35」에 '됴두 탁', 「釋要上:64」에 '쏘갤 탁', 「新字2:29」에 '쏘길/죠두/목탁 탁' 등으로 나타나 있어 典據를 따르되, '柝字(한자의 자획을 나누거나 합하여 길흉을 점침.)' 등에서의 뜻을 고려하여 '쪼갤 탁'을 설정하였다. 또한 『標準國語大辭典』에서는 '擊柝, 警柝, 鼓柝, 夜柝' 등을 '딱따기'의 뜻으로 설명하고 있는 점을 고려하여 複數訓을 설정하였다.

575) 엿볼 틈 : '闖' 字는 典據를 찾아보기가 쉽지 않은 까닭에, 여러 字典들에서 제시하고 있는 訓音과 현대국어의 '闖起(기회를 틈타 일어남.), 闖發(기회를 타서 일어남.), 闖肆(기회를 타서 마음대로 함.)' 등에서 두루 쓰인 뜻을 고려하여 '엿볼 틈'을 代表訓音으로 설정하였다. '츰' 音에 대해서는 현대국어에서 그 쓰임이 거의 없는 것으로 판단하였다.

順番	音	漢字	〈古今〉	〈韓國〉	〈北韓〉	〈民衆〉	〈東亞〉	〈教學〉
573	판	瓣[576]	꽃잎	꽃잎	꽃잎	오이씨	외씨	오이씨
574	판	鈑[577]		덩이금	철판	금화	금박판	판금(板金)
575	필	苾[578]			향기롭다	향내필	향기로울필	향기로울필/나물이름별
576	필	馝[579]			필필향기롭다	향기로울	향기로울	진한향기
577	항	嫦[580]			姮와 同字	항아항/항아상	항아항(상)	항아항/항아상
578	해	瀣[581]			이슬	이슬기운	이슬기운해	바다기운
579	향	珦[582]			옥.구슬	향옥(珦玉)향	옥향	옥이름향/옥이름상

576) 꽃잎/날름 판 : 「字類下:51」에 '쪽 판', 「釋要下:4」에 '외ㅅ속 판', 「新字3:4」에 '외씨/실과씨 판' 등으로 나타나 있어 典據를 따르되, '單瓣(한 겹으로 이루어진 꽃잎.), 複瓣(여러 겹으로 이루어진 꽃잎.), 瓣狀(꽃잎의 모양.), 花瓣(꽃잎.)' 등에서의 뜻을 고려하여 '꽃잎'을 설정하였다. 또한 현대국어에서는 '排氣瓣, 制御瓣, 瓣膜, 吸入瓣' 등 '날름' 혹은 '날름쇠'의 뜻으로 쓰이는 語例들이 많은 점을 함께 고려하여 複數訓을 설정하였다.

577) 금박 판 : '鈑' 字는 典據를 찾아보기가 쉽지 않고, 그 쓰임도 人地名用 한자를 제외하고는 현대국어에서는 흔치 않은 까닭에, 여러 字典들에서 제시하고 있는 訓音과 글자의 形聲을 고려하여 설정하였다.

578) 필추 필 : '苾' 字는 典據를 찾아보기가 쉽지 않고, 그 쓰임도 人地名用 한자를 제외하고는 '比丘'를 뜻하는 '苾芻' 정도에만 한정하여 쓰이는 점을 고려하여 '필추 필'을 代表訓音으로 설정하였다.

579) 향기로울 필 : '馝' 字는 典據를 찾아보기가 쉽지 않고, 그 쓰임도 人地名用 한자를 제외하고는 흔치 않은 까닭에, 여러 字典들에서 제시하고 있는 訓音과 글자의 形聲을 고려하여 '향기로울 필'을 설정하였다.

580) 항아 항/상 : '嫦' 字는 典據를 찾아보기가 쉽지 않고, 그 쓰임도 '嫦娥' 등 人地名用 한자를 제외하고는 현대국어에서는 흔치 않은 까닭에, 여러 字典들에서 제시하고 있는 訓音과 글자의 形聲을 고려하여 설정하였다. 한편 『標準國語大辭典』에서는 '嫦娥'의 讀音을 '상아'로 제시하고 있음을 참고하여 複數音을 설정하였다.

581) 이슬 해 : '瀣' 字는 典據를 찾아보기가 쉽지 않은 까닭에, 여러 字典에서 제시하고 있는 訓音과, '沆瀣' 등에서의 뜻을 고려하여 '이슬'을 代表訓으로 설정하였다.

582) 옥구슬 향 : '珦' 字는 典據를 찾아보기가 쉽지 않고, 그 쓰임도 人地名用 한자를 제외하고는 현대국어에서는 흔치 않은 까닭에, 여러 字典들에서 제시하고 있는 訓音과 글자의 形聲을 고려하여 '옥구슬 향'을 代表訓音으로 설정하였다.

順番	音	漢字	〈古今〉	〈韓國〉	〈北韓〉	〈民衆〉	〈東亞〉	〈教學〉
580	현	俔583)			비유하다	엿볼현/비유할견	염탐할현/비유할견	염탐할현/비유할현
581	현	晛584)			해'기운현/해'빛	햇빛현	햇살현	햇살현/햇빛년
582	현	睍585)			눈이붉어진모양	불거진눈	불거진눈현	눈알불거져나온모양
583	협	鋏586)	칼		가위	부젓가락	집게	불집게[持冶器]
584	형	鎣587)			금붙이광내는기구	줄형	줄형/그릇영	목긴병형/철을캐낼영
585	호	濩588)			퍼지다호	삶을확/퍼질호	퍼질호	낙숫물떨어지는모양확/퍼질호
586	호	頀589)			풍류이름	풍류이름	구할	구할

583) 엿볼 현 : '俔' 字는 典據를 찾아보기가 쉽지 않고, 그 쓰임도 人地名用 한자를 제외하고는 현대국어에서는 흔치 않은 까닭에, 여러 字典들에서 제시하고 있는 訓音과 글자의 形聲을 고려하여 '엿볼 현'을 代表訓音으로 설정하였다.

584) 햇살 현 : '晛' 字는 典據를 찾아보기가 쉽지 않고, 그 쓰임도 '晛乳' 외에 人地名用 한자를 제외하고는 흔치 않은 까닭에, 여러 字典들에서 제시하고 있는 訓音과 글자의 形聲을 고려하여 '햇살'을 代表訓으로 설정하였다.

585) 눈불거질 현 : '睍' 字는 典據를 찾아보기가 쉽지 않고, 그 쓰임도 人地名用 한자를 제외하고는 흔치 않은 까닭에, 여러 字典들에서 제시하고 있는 訓音과 글자의 形聲을 고려하여 '눈불거질 현'을 代表訓音으로 설정하였다.

586) 가위 협 : 『訓蒙比叡中:14』에 '환도 협', 『釋要下:90』, 『新字4:26』에 '칼/집게 협' 등으로 나타나 있는데, 현대국어의 '鋏脚(가위다리), 木鋏(전지가위), 鋏刀(한약재를 써는, 작두 비슷한 모양의 연장. 혹은 가위), 鋏狀(가위꼴)' 등 대부분의 어휘들에서 '가위'의 뜻으로 쓰이고 있는 점을 고려하여 '가위'를 代表訓으로 설정하였다.

587) 줄 형 : '鎣' 字는 典據를 찾아보기가 쉽지 않고, 그 쓰임도 人地名用 한자를 제외하고는 현대국어에서는 흔치 않은 까닭에, 여러 字典들에서 제시하고 있는 訓音과 글자의 形聲을 고려하여 '줄 형'을 설정하였다.

588) 퍼질 호/낙숫물떨어지는모양 확 : '濩' 字는 典據를 찾아보기가 쉽지 않고, 그 쓰임도 人地名用 한자를 제외하고는 현대국어에서는 흔치 않은 까닭에, 여러 字典들에서 제시하고 있는 訓音과 글자의 形聲을 고려하여 複數訓音을 설정하였다.

589) 구할 호 : '頀' 字는 典據를 찾아보기가 쉽지 않고, 그 쓰임도 人地名用 한자를 제외하고는 현대국어에서는 흔치 않은 까닭에, 여러 字典들에서 제시하고 있는 訓音과 글자의 形聲을 고려하여 '구할 호'를 설정하였다.

順番	音	漢字	〈古今〉	〈韓國〉	〈北韓〉	〈民衆〉	〈東亞〉	〈教學〉
587	호	芦[590]				지황호/갈대로	지황호/갈대로	지황호/갈대로
588	황	湟[591]			웅덩이/해자	빨리흐를	해자황/찬물황	웅덩이
589	효	淆[592]	뒤섞일	어지러울	어지럽다/섞이다	흐릴/어지러울	뒤섞일효	어지러울
590	훤	煊[593]		밝을			따뜻할	따뜻할
591	휘	煇[594]			빛나다휘	빛휘/해무리운	빛날휘/햇무리운	빛날휘/태울훈/햇무리운
592	흔	炘[595]			빛이성한모양	화끈거릴	화끈거릴흔	불길이세찬모양/구울
593	흘	紇[596]		묶을	품질이낮은실	묶을	질낮은명주실흘	나쁜실

590) 지황 호 : '芦' 字는 典據를 찾아보기가 쉽지 않고, 그 쓰임도 한자를 제외하고는 현대국어에서는 흔치 않은 까닭에, 여러 字典들에서 제시하고 있는 訓音과 글자의 形聲을 고려하여 '지황 호'를 代表訓音으로 설정하였다. '로' 音에 대해서는 현대국어에서 쓰임이 거의 없는 것으로 판단하였다.

591) 웅덩이 황 : '湟' 字는 典據를 찾아보기가 쉽지 않고, 그 쓰임도 人地名用 한자를 제외하고는 현대국어에서는 흔치 않은 까닭에, 여러 字典들에서 제시하고 있는 訓音과 글자의 形聲을 고려하여 '웅덩이'를 代表訓으로 설정하였다.

592) 뒤섞일 효 : 「釋要上:79」에 '효란할/물흐릴 효', 「新字2:49」에 '어질어울/잡될/흙탕칠 효' 등으로 나타나 있는데, 현대국어 '紛淆, 混淆, 淆亂, 淆薄, 淆雜' 등의 어휘들에서는 '뒤섞이다'의 뜻으로 쓰이는 점을 고려하여 '뒤섞일 효'를 代表訓音으로 설정하였다.

593) 밝을 훤 : '煊' 字는 典據를 찾아보기가 쉽지 않고, 그 쓰임도 人地名用 한자를 제외하고는 흔치 않은 까닭에, 여러 字典들에서 제시하고 있는 訓音과 글자의 形聲 및 '煊赫'에서의 뜻을 고려하여 '밝을 훤'을 代表訓音으로 설정하였다.

594) 빛날 휘/햇무리 운 : '煇' 字는 典據를 찾아보기가 쉽지 않고, 그 쓰임도 人地名用 한자를 제외하고는 현대국어에서는 흔치 않은 까닭에, 여러 字典들에서 제시하고 있는 訓音과 글자의 形聲을 고려하여 複數訓音을 설정하였다.

595) 화끈거릴 흔 : '炘' 字는 典據를 찾아보기가 쉽지 않고, 그 쓰임도 人地名用 한자를 제외하고는 현대국어에서는 흔치 않은 까닭에, 여러 字典들에서 제시하고 있는 訓音과 글자의 形聲을 고려하여 '화끈거릴 흔'을 설정하였다.

596) 질낮은실 흘 : '紇' 字는 典據를 찾아보기가 쉽지 않고, 그 쓰임도 人地名用 한자를 제외하고는 현대국어에서는 흔치 않은 까닭에, 여러 字典들에서 제시하고 있는 訓音과 글자의 形聲을 고려하여 '질낮은실 흘'을 代表訓音으로 설정하였다.

Ⅳ. 結言

本書는 지난 2007年 3月과 6月, 9월에 발간된『語文研究』제33권 제1호 및 제33권 제2호, 제33권 제3호(韓國語文教育研究會, 通卷 제133호, 제134호, 제135호)에 수록되었던 「韓國語文教育研究會 選定 特級Ⅱ 配定漢字 代表訓音에 대한 고찰(Ⅰ), (Ⅱ), (Ⅲ)」을 묶어서 수정, 정리한 것으로서, 이른바 電算用 完成型 漢字 4,888字 가운데 1級 이하의 配定漢字와 重複字를 제외한 特級Ⅱ 新習漢字 1,150字의 代表訓音을 선정하기 위한 試案을 마련하는 데 목적이 있다. 이를 위하여

(1) 本書는 일차적으로 古今漢韓字典(南廣祐 編)의 訓音을 기준으로 삼았으며, 이와 함께 韓國漢字語辭典(檀國大 東洋學研究所)의 訓音도 기본적인 判斷根據로 활용하였다. 이 두 자료를 통해서 訓音을 정할 수 없을 때는 기타 자료들을 활용하였다.

(2) 選定過程(1,150字 대상) 중 1차 검토에서 訓音의 一致를 보인 글자 수는 556字이다. 여기에서 訓音의 一致란 「古今漢韓字典(南廣祐 編)」, 「韓國漢字語辭典(檀國大 東洋學研究所)」, 「새옥편(과학원)」, 「漢韓大字典(民衆書林)」의 훈음이 모두 일치하거나 大同小異한 경우를 뜻한다.

(3) 本書에서 다루려는 한자는 556字를 제외한 593字이다. 이 593字는 「古今漢韓字典」, 「韓國漢字語辭典」과 다른 자료가 서로 다른 훈음을 나타낸 것으로, ① 특히 「古今漢韓字典」과 「韓國漢字語辭典」의 훈음의 不一致를 의미하고, ②「古今漢韓字典」에 등재되어 있지 않아 다른 자료에 의거해야 하는 한자와 ③「韓國漢字語辭典」에 등재되어 있지 않아 「古今漢韓字典」과 비교할 수 없는 한자들이다.

(4) (3)의 ①②③ 類型 가운데 어려움 없이 代表訓音을 선정할 수 있는 한자가 있다. 즉, 다른 參考資料나 補助資料의 訓音이 主資料로 활용되고 있는 「古今漢韓字典」이나 「韓國漢字語辭典」의 훈음과 일치를 보이는 경우가 그렇다. 여기서 단순히 주자료와 보조자료의 훈음을 비교하여 그 일치를 근거하여 단순히 代表訓音을 설정했다는 것을 의미하지는 않는다. 즉, 각 자료의 용례를 검토하여 앞서 정한 선정원칙에 따랐음을 뜻한다.

(5) 이와 같이 特級Ⅱ 한자는 代表訓音 選定이 容易하지 않다. 특히, 하나의 代表訓音만으로 고정하기 어려운 한자가 상대적으로 많다. 그리고 漢字 폭의 확대로 訓音의 기준으로 삼고 있는 「古今漢韓字典」과 「韓國漢字語辭典」에 登載되지 않은 한자들이 상당수가 있으며, 훈음에 있어서도 異見이 상대적으로 많을 수밖에 없다. 아울러 同字와 俗字에 대한 考察도 요

구된다.

(6) 複數訓音 또는 複數訓으로 정한 漢字의 標題訓과 標題音에 대해서도 기준 설정에 좀더 정밀한 연구와 검토가 필요할 것으로 본다.

(7) 지금까지의 논의를 바탕으로 593자를 포함, 特級Ⅱ 新習 配定漢字 전체를 별도로 정리하여 「附錄」으로 첨부하였다.

參考文獻

1. 文獻

國立國語研究院(1999),『標準國語大辭典』, 斗山東亞.

南廣祐 編(1995),『古今漢韓字典』, 仁荷大出版部.

______ 編(1997),『古語辭典』, 教學社.

檀國大學校附設 東洋學研究所 編(1997),『韓國漢字語辭典』, 檀國大學校 東洋學研究所.

大漢韓辭典 編纂室 編(1998),『大漢韓辭典』, 教學社.

斗山東亞 辭書編輯局 編(2006),『東亞 百年玉篇』, 두산동아출판사.

조선민주주의 인민공화국 과학원 고전연구소(1963),『새옥편』, 평양: 과학원출판사. (서울: 탑출판사 (1989), 영인)

民衆書林 編輯局 編(1997),『漢韓大字典』, 民衆書林.

2. 引用 文獻 및 略號

『光州千字文』(1575)	「光千」
『救急簡易方諺解』(1489)	「救簡」
『飜譯朴通事』(1515)	「飜朴」
『石峰千字文』(1583)	「石千」
『新字典』(1915)	「新字」
『新增類合』(1576)	「類合」
『兒學編』(1908)	「兒學」
『倭語類解』(1720)	「倭解」
『字類註釋』(1856)	「字類」
『字典釋要』(1909)	「釋要」
『全韻玉篇』(1799)	「全玉」
『註解千字文』(1804)	「註千」
『訓蒙字會』(1527)	「訓蒙」

3. 資料

金鎭奎(1989),「訓蒙字會의 同訓語 研究」, 仁荷大 大學院 博士學位論文.

金希珍(1987),「訓蒙字會의 語彙的 研究」, 淑明女大 大學院 博士學位論文.

南廣祐(1984),「韓國漢字音訓字典 收錄漢字中 常用漢字訓研究Ⅰ」, <論文集> 10, 仁荷大 人文科學研究所, pp.1~43.

______(1984),「韓國漢字音訓字典에 나타난 漢字訓研究Ⅱ」, <語文研究> 44호, 韓國語文教育研究會, pp.545~576.

______(1987), 「韓國漢字音訓字典에 나타난 漢字訓研究Ⅳ」, <語文研究> 53호, 韓國語文敎育研究會, pp.50~69.

______(1987), 「韓國에 있어서의 漢字問題에 대한 研究」, <연구보고서> 1집, 國語研究所, pp.5~320.

______(1996), 『東北亞 시대와 漢字·漢字敎育』, 韓國語文敎育研究會.

南基卓(1986), 「漢字訓 研究」, <語文研究> 51호, 韓國語文敎育研究會, pp.344 ~367.

______(1988), 「訓蒙字會 「身體」部 字訓 研究」, 中央大 大學院 博士學位論文.

______(1998), 「漢字訓 研究」, <語文研究> 98호, 韓國語文敎育研究會, pp.7~34.

______(2003), 「漢字訓 研究(ㅇ)」, <江原人文論叢> 제11집, 강원대학교 인문과학연구소, pp.1~23.

______(2004), 「韓國語文敎育研究會 選定 1級 配定漢字 代表訓音에 대한 고찰(Ⅰ)」, <語文研究> 通卷 122호, 韓國語文敎育研究會, pp.7~40.

______(2004), 「韓國語文敎育研究會 選定 1級 配定漢字 代表訓音에 대한 고찰(Ⅱ)」, <語文研究> 通卷 123호, 韓國語文敎育研究會, pp.7~41.

______(2005), 『韓國漢字訓音研究』, 한국문화사.

朴秉喆(1989), 『韓國語 訓釋語彙 研究』, 이회문화사.

徐在克(1976), 「新字典의 새김말에 대하여」, <국문학연구> 5집, 曉星女子大學校.

成元慶(1996), 「「字類註釋」 研究」, <人文科學論叢> 28집, 建國大學校, pp.145~164.

申景澈(1993), 『國語字釋研究』, 太學社.

李果珍(1997), 『한자·한자어 편람』, 경상남도 교육연구원.

李基文(1972), 「漢字의 釋에 관한 研究」, <東亞文化> 11집, 서울대 동아문화연구소, pp.118~136.

李應百(1987), 「文敎部制定 漢文敎育用 基礎漢字의 代表訓音 設定 試案」, 『국어학신연구』, 탑출판사.

李應百(1989), 「漢字 새김의 現實化 問題」, <국어생활> 17호, 국어연구소, pp.81~95.

全在昊(1988), 「漢字訓의 變遷과 語彙論的 位相」, <어문논총> 22호, 경북대학교, pp.1~21.

鄭愚相(1997), 「初等學校 敎育用 基礎漢字의 選定과 標準訓音」, 『漢字敎育新講』, 傳統文化研究會.

崔世和(1993), 『漢字敎本三書研究』, 太學社.

〈特級II〉 新習 配定漢字 1,150字 訓音表

(★는 font 문제상 제시하지 못한 글자임. 해당 자전 참고 요망)

順番	音價	漢字	古今	韓國	北韓	民衆	東亞	教學	本書案
1	가	枷	칼	칼	칼	도리깨	1.도리깨2.횃대	1.도리깨2.횃대	칼 가
2	가	珂	옥 이름		옥이름	백마노	옥 이름	흰옥돌	옥이름 가
3	가	痂	헌데딱지	딱지	부스럼 딱지	딱지	헌데딱지	헌데딱지	헌데딱지 가
4	가	茄	가지	가지	가지	가지	1.연줄기2.가지	1.연줄기2.가지	가지 가
5	가	訶	꾸짖을 가		꾸짖을 가(하)	꾸짖을 가	꾸짖을가(本音:하)	큰소리로 꾸짖을 가	꾸짖을 가
6	가	跏	가부좌할		책상다리할	책상다리할	책상다리할	책상다리할	책상다리할 가
7	각	慤	慤 정성	정성	정성 각	(★의 俗字)성실할	(★의 俗字)삼갈	(★의 俗字)삼갈	정성/삼갈 각
8	간	侃	강직할	강직할	강직한 모양	강직할	강직할	강직(剛直)할	강직할 간
9	간	柬	분별할		분간할	가릴	가릴	가릴	가릴 간
10	간	桿		桿줄기	桿 막대	杆(杆의 俗字)나무이름	杆(杆의 俗字)1.나무이름2.방패	杆(杆의 俗字)1.나무이름2.장대	막대 간
11	간	磵	磵시내		시내	澗(澗과 同字)산골물	澗와통자산골물	磵도랑	시내 간
12	간	稈	볏짚		벼'짚	짚	짚	볏짚	볏짚 간
13	갈	乫	땅 이름	음은 [갈],뜻은 없음.	땅이름	땅이름	땅이름	우리말에서의[갈]음을 표기하는글자. 뜻은 없음.	땅이름 갈
14	갈	曷	어찌 갈	어찌 갈	어찌갈	어찌 갈	어찌갈(本音:할)	어찌 갈 막을 알 할단(曷旦)할	어찌 갈
15	갈	碣	비석 갈	비석갈	비석갈,비석게	비 갈	선돌게비갈우뚝선돌갈,(本音:걸)크게노할알	비석(碑石) 갈 비석(碑石)게 맹수성내는 모양 알	비석 갈
16	갈	蝎	전갈갈	전갈 갈(헐)	전갈갈(헐)	나무굼벵이할 수궁 갈	전갈갈(本音:헐) (蠍의속자)	나무좀 갈	전갈 갈

順番	音價	漢字	古今	韓國	北韓	民衆	東亞	敎學	本書案
17	감	坎	구덩이	구덩이	1.구덩이/굳 2.빠지다	구덩이	구덩이	구덩이/무덤	구덩이 감
18	감	嵌	끼울 감		겯굴산이깊은모양	산골짜기 감	산깊을감 끼워넣을감벌릴참	펼쳐진모양감/꺼질 감 산모양 잠	끼울 감
19	감	戡	이길		이길	이길	칠	이길	이길 감
20	감	橄	감람나무		감람나무	감람나무	감람나무	감람나무	감람나무 감
21	감	鑒	鑑(鑒)거울		거울(鑑과 同字)	鑑(鑑과 同字) 거울	거울(鑑과 同字)	鑑(鑑과 同字) 거울/비출	거울[鑑] 감
22	감	龕	감실	감실	감실	탑	감실(龕室)	감실(龕室)	감실 감
23	갑	胛	어깨쭉지		어깨죽지	어깨뼈	어깨뼈	어깨뼈	어깻죽지 갑
24	강	堈	큰 독		1.밭두둑2.독	독	언덕	언덕	독 강
25	강	强	강할 강	굳셀강(★)	강할강(★의 통속자)	강할,강하게할,마흔살,나머지,힘쓸강(★의 속자)	굳셀,힘쓸,굳을강(★의 속자)	1.굳셀,힘있는자,마흔살,나을,단호할,잘할,성 강2.억지로,강요할,띠,뻣뻣할 강	강할[强] 강
26	강	畺			지경(疆와 同字)	지경	지경강죽어썩지않을강	경계	지경[疆] 강
27	강	絳	짙게 붉을	짙게붉을	짙게 붉을	진홍	진홍	진홍	짙게붉을 강
28	강	羌	오랑캐	오랑캐	되	오랑캐	1.종족이름2.새새끼주린모양	종족이름	오랑캐 강
29	강	舡			배 강(항)	배 강 배 선	오나라배강배선	배 강 배 선	배 강
30	강	襁	繈(襁) 포대기	襁 포대기	繈 보자기	繈 포대기	포대기(繈과 同字)	繈(繈과 同字) 띠	포대기 강
31	강	鱇				아귀	안강	안강(鮟鱇)	아귀 강
32	개	愷	편안할	즐거울	1.편안할2.즐거울	즐거울	즐거울	즐길	즐거울 개
33	개	疥	옴 개		옴	옴개학질 해	옴개	옴[疥瘡] 개	옴 개
34	개	盖	蓋(盖) 덮을 개	蓋 덮을 개	蓋 덮을 개	蓋(蓋의 俗字) 덮을개어찌아니할합	(蓋의 俗字) 덮을 개/어찌 아니할 합 땅이름 갑	蓋(蓋의 俗字) 덮을개/뚜껑개문짝합성갑	덮을[蓋] 개

順番	音價	漢字	古今	韓國	北韓	民衆	東亞	教學	本書案
35	개	鎧	갑옷		갑옷	갑옷	갑옷	갑옷	갑옷 개
36	객	喀	토할		토할	뱉을	토할	토할	토할 객
37	갱	粳	메벼	메벼	메벼갱(★同字)	메벼	메벼	메벼	메벼 갱
38	거	据			1.의지할2.의거할	일할	1.일할2.의거할	1.일할2.의거할	일할/의거할 거
39	거	炬	횃불	홰	홰	홰	횃불	횃불	횃불 거
40	거	祛			물리치다헤치다	떨	떨어 없앨	떨쳐버릴	떨어없앨 거
41	거	踞	걸터 앉을	걸어앉을	얼어앉을	웅크릴	웅크릴	웅크릴	걸어앉을 거
42	거	遽	급할	빠를	빠를	역말	1.갑작스러울2.술패랭이꽃	1.황급할/빠르게2.거맥(蘧麥)	급할 거
43	거	鉅	톱	클	톱(크다)	클	클	강철/갈고리	톱 거
44	거	鋸	톱	톱	톱	톱	톱	톱	톱 거
45	건	愆	허물	허물	허물	허물	허물	허물	허물 건
46	건	楗		문빗장	빗장	문빗장	문빗장	빗장	문빗장 건
47	건	蹇	절	절	절	절뚝발	절	절뚝발이/괘이름	절 건
48	건	騫	말 배 앓을/이지러질		1.말의배가꺼져 들어가는병2.이지러질	이지러질	이지러질	1.이지러질/말배우묵할2.노마(駑馬)	이지러질 건
49	검	劒	劍(★)칼		칼(劍과 同字)	劍(劍의 本字)칼	칼(劍과 同字)	劍(劍과 同字)검	칼 검
50	검	瞼	눈시울		눈시울	눈꺼풀	눈꺼풀	눈꺼풀	눈시울 검
51	검	鈐	자물쇠 금(검)	자물쇠 검	1.수레굴'대의빗장2.자물쇠	비녀장검 창자루 근	비녀장 검	자물쇠 검/제기이름 검	자물쇠 검
52	검	黔	검을 금(검)	검을 검	검을검귀신이름금	검을 검 귀신이름 금	검을검귀신이름금	검을 검 검을 금	검을 검
53	겁	迲	자내 겁	자래 거	자래		자래 가(겁)	1.음,뜻 미상2.자래 거(單位名)	자래 겁
54	결	抉		뽑을	도려낼	긁을	도려낼	도려낼	도려낼 결

順番	音價	漢字	古今	韓國	北韓	民衆	東亞	教學	本書案
55	겸	慊	앙심먹을겸		한스럽다겸 불만하다겸 족하다, 만족하다겹(협)의심스럽다혐	앙심먹을 겸 족할 협 혐의혐	찐덥지않을겸 족할협 의심할혐	쾌할 겸/앙심품을 겸 혐의혐 넉넉할 협	앙심먹을 겸/족할 협
56	겸	箝	재갈	재갈	재갈먹일	끼울	재갈먹일	끼울	재갈 겸
57	겸	鉗	목사슬	항쇄	1.쇠사슬2.집게	칼	칼	항쇄(項鎖)	집게 겸
58	겸	鎌	낫		낫	낫	낫	낫	낫 겸
59	경	俓			곧을	지름길	지름길건널(徑과 통자)	지름길	지름길 경
60	경	倞			1.멀다, 찾다, 밝다(량)2.굳세다(경)	굳셀 경 멀량	밝을 량 굳셀 경	찾을 량 굳셀 경	굳셀 경
61	경	勍			굳셀	셀	셀	굳셀	굳셀 경
62	경	坰			들	들	들	들[郊野]	들[野] 경
63	경	擎	받들	받들	받들	들	들	들	받들 경
64	경	暻			밝을	밝을	밝을	밝을	밝을 경
65	경	涇	물 이름		1.통할2.물이름	물이름	통할곧을	1.경수(涇水) 2.곧게흐르는 물살	물이름 경
66	경	熲	炯 *빛날 형	炯 *빛날 형	炯 *빛날 형	炯(炯의 俗字) *밝을형	빛날형무더울경	炯(炯의俗字) *빛날 형	빛날 형
67	경	璥			옥 이름	경옥(璥玉)	경옥	옥이름	옥이름 경
68	경	絅	당길	홑옷	1.채칠2.홑옷	바짝죌	1.끌어죌2.홑옷	1.급히잡아당길2.홑옷	당길/홑옷 경
69	경	耿	빛날	빛날	빛날	빛	빛날/빛	밝을/비출	빛날 경
70	경	逕	동안 뜰	길	길	좁은길	소로	길	길 경
71	계	堺				界(界와 同字) 지경	지경(界와 同字)	界(界와 同字) 지경	지경[界] 계
72	계	届	屆(★) 신고할		届 이를	屆(★는 俗字) 이를	이를	(★의 本字) 이를	이를 계

順番	音價	漢字	古今	韓國	北韓	民衆	東亞	敎學	本書案
73	계	棨			보람(傳信符)[棨戟] 검붉은 천으로 집을 만들어 씌운 창	부절(符節)	창	부신(符信)	중계 계
74	계	磎			1.돌2.시내	谿(谿와 同字)시내계	시내(谿와 同字)	谿(谿와同字)시내계배반하여다툴혜	시내 계
75	계	稽	상고할	상고할	상고할	상고할	1.머무를2.조아릴	1.머무를/막을2.조아릴	머무를 계
76	계	誡	훈계할	경계할	경계할	경계할	경계할	경고/경계할	경계할 계
77	계	谿	시내 계	시내 계	시내 계	시내 계	시내 계	시내 계 배반하여다툴혜	시내 계
78	고	尻	꽁무니	꽁무니	꽁무니	꽁무니	꽁무니	꽁무니	꽁무니 고
79	고	攷		攷 상고할	상고할(考와 同字)	考(考의 古字) 상고할	상고할(考의 古字)	攷때릴	상고할[考] 고
80	고	皜			1.깨끗할고2.희다호	휠 호/밝을 호	휠 호(本音:고)	밝을 고 휠 호	밝을 고/휠 호
81	고	槁	槁(稾)마른 나무고	槁 마른나무 고	槁(稾와 同字) 나무 마를 고	槁마를고	마를고(稾와 同字)	稾(稾와 同字)1.마를고 2.나무이름고3.위로할호	마를 고
82	고	沽	살	살	팔다[賣]고, 사다[買]고	팔	1.팔2.술장수	1.팔2.술장수	살/팔 고
83	고	睾			늪	늪	못고광대할호	불알	불알 고
84	고	羔	새끼양	염소	염소(새끼양)	양새끼	새끼양	새끼양	새끼양 고
85	고	苽		오이 과	1.줄풀,줄,조호미고2.외과(오이)	줄 고	줄 고	줄 고 외 과	줄 고
86	고	菰	고미		줄풀,줄,조호미고	줄	줄	줄풀	고미 고
87	고	藁	짚	짚	1.나무가마르다2.말린 물고기	藁(稾의 俗字)짚	나무마를	마를	짚 고

順番	音價	漢字	古今	韓國	北韓	民衆	東亞	敎學	本書案
88	고	蠱	독 고/미혹할 고	뱃속벌레 고	좀	뱃속벌레 고	독고	기생충 고/기르는독충 고 요염할 야	독벌레 고
89	고	誥	깨우칠	타이를	글로타이를	고할	고할	고할	깨우쳐고할 고
90	곡	斛	휘[열말들이]곡	휘 곡(곡·혹)	휘 곡(혹)	휘 곡	휘 곡	휘 곡	휘 곡
91	곤	崑	곤륜산	산이름	산이름	산이름	산이름	우뚝할	산이름 곤
92	곤	梱		문지방 곤	문지방곤	문지방 곤	1.문지방곤2.가지런히 할 곤	1.문지방 곤 2.가지런히 할 곤3.통나무 혼	문지방 곤
93	곤	滾	물꿈틀꿈틀흐를	물넘실넘실흐를	끓다 [滾滾] 큰 물이 흐르는 모양	흐를	흐를	큰물흐르는 모양	넘쳐흐를 곤
94	곤	琨			1.아름다운 돌2.둥근옥	옥돌	옥돌	옥돌	옥돌 곤
95	곤	鯤	곤어(鯤魚)		고기	곤어	곤이	물고기의새끼	곤어 곤
96	공	控	당길 공	당길 공 칠 강	당길 공 칠 강 때릴 강	당길 공 칠 강	당길공칠강	1.당길 공2.뺄 공3.칠 강	당길 공
97	공	珙			옥 이름, 큰 구슬	옥	큰옥	큰구슬	큰옥 공
98	공	蚣	지네 공		1.지네공2.메뚜기송	지네 공 베짱이 송	지네공여치송	오공(蜈蚣) 공 종사(螽斯) 송	지네 공
99	과	跨		넘을 과	걸어앉을과	넘을 과 걸터앉을 고	타넘을과 걸터앉을고	가랑이벌리고 설 과/넘어설 과	넘을 과
100	과	鍋	노구	노구솥	남비 와(과)	노구솥/냄비	노구솥	노구솥	노구솥 과
101	관	瓘			옥	옥	옥이름	옥이름	옥 관
102	관	罐	주전자		물'동이	두레박	두레박	그릇이름	단지 관

順番	音價	漢字	古今	韓國	北韓	民衆	東亞	教學	本書案
103	관	菅	왕골 관		골,왕골관띠간	솔새 간 솔새 관/거적 관/사사로울 관/부정할 관/주릿빛 관	골풀관골풀간땅이름관	땅이름 관 사초(莎草)간	왕골 관
104	괄	恝	괄시할 괄	괄시할 괄	괄시할괄	근심없을 개	걱정없을개 여유없을괄, 갈산이름계	근심없는모양 괄 근심없는 모양 개	괄시할 괄
105	괄	适	빠를		빠를	빠를	빠를	빠를	빠를 괄
106	광	侊			[侊飯]잘 차린 음식	성찬(盛餐)	성한모양	클	성할 광
107	광	洸	물 솟을 광		물허옇게솟아오를	굳셀 광 깊을 황	물용솟음할 광황홀할황	물결번쩍이는 모양 광 황홀할 황	물솟을 광
108	광	昳					빛날	光(光과 同字)빛/빛날	빛날 광
109	광	珖			옥피리,옥이름	옥피리	옥피리	옥이름	옥피리 광
110	광	筐	광주리		광주리	광주리	광주리	광주리	광주리 광
111	굉	紘	벼리		클굉(횡)	끈	갓끈	끈	벼리 굉
112	교	嶠	산길	산길	산길	뾰족하고높을	뾰족하게높을	높은산	산길 교
113	교	翹	들	들	들,뛰어날	꼬리	꼬리 긴 깃털	1.꽁지깃2.치켜세울	우뚝할 교
114	교	蕎	메밀	메밀	메밀	메밀	메밀	교맥(蕎麥)	메밀 교
115	교	餃			경단		엿	교이(餃餌)	교자 교
116	교	鮫	상어	상어	상어	상어	상어	상어	상어 교
117	구	勾		勾 사로잡을	勾 굽을	句(句의 俗字)구절/굽을	굽을	勾(句의 俗字)굽을/붙잡을	굽을 구
118	구	咎	허물 구	허물 구	허물구	허물 구 성고	허물구성고	재앙 구/허물 구 고요(皐陶) 고	허물 구
119	구	坵			언덕구(丘와同字)	丘(丘의 俗字)언덕	언덕(丘의 俗字)	丘(丘의 俗字)1.언덕/무덤2.종[奴僕]	언덕[丘] 구
120	구	廐	마구 구	廐마구간	廐 마구(馬舍)	(★의 俗字)마굿간	마구간(★의 俗字)	(★의 俗字)마구간[馬舍]	마구간[廏]구

順番	音價	漢字	古今	韓國	北韓	民衆	東亞	敎學	本書案
121	구	毬	제기	공	죽방울(제기)	공	공	공	제기 구
122	구	瞿	가슴 두근거릴	눈휘둥그럴	놀라다	놀랄	볼	1. 놀라서보는모양2.창	놀랄 구
123	구	絿			1.급하다2.구하다	급할	급박할	급할	급할 구
124	구	逑	짝		짝	짝	짝	짝	짝 구
125	구	銶			끌	끌	끌	끌	끌 구
126	구	耇	늙은이 구		장수하다, 오래살다	늙을, 늙은이 구(★와 同字)	늙을 구	검버섯, 오래살, 노성한사람 구	늙은이 구
127	국	鞫	국문(鞫問)할	국문할	심문하다	국문할	국문할	국문할	국문할 국
128	국	麴	누룩	누룩	누룩	누룩	누룩	누룩	누룩 국
129	군	裙	치마		치마	치마	치마	치마	치마 군
130	굴	堀		팔	1.굴뚝2.굴	굴	굴굴팔굴	1.굴팔2.굴	팔 굴
131	궁	芎	궁궁이	궁궁이	궁궁이	천궁이/궁궁이	궁궁이	궁궁이	궁궁이 궁
132	권	淃			소용돌이치는모양		물돌아흐를	물이돌아흐르는모양	돌아흐를 권
133	궐	獗			[猖獗] 함부로 날뛰다	날뛸	날뛸	날뛸	날뛸 궐
134	궐	蕨	고사리	고사리	고사리	고사리	고사리	고사리	고사리 궐
135	궤	饋	먹일	먹일	먹일	보낼	먹일	보낼/올릴	먹일 궤
136	귀	晷	*해 그림자 구		해의그림자 구(궤)(귀)	*햇빛 구	*그림자구	*해그림자 구	해그림자 귀
137	규	槻			느티나무 규	둥근느티나무	물푸레나무	물푸레나무	물푸레나무 규
138	규	竅	구멍		구멍	구멍	구멍 규(本音:교)	구멍	구멍 규
139	규	赳			용감하다규	헌걸찰/굳셀	헌걸찰	1.굳센모양2.목을길게 늘일	헌걸찰 규
140	균	勻		勻 고를 균	고를균(均과 同字)가지런하다윤	고를 균 가지런할 윤	적을균(윤)고를균(★의 속자)	(★의 俗字) 고를균나눌윤	고를 균

順番	音價	漢字	古今	韓國	北韓	民衆	東亞	敎學	本書案
141	균	畇			개간하다,토지를매다루다균(윤)	따비이룰 윤 따비이룰 균	밭일굴균(윤)	개간할 균 개간할 윤	밭일굴 균
142	균	筠	대껍질 균	대껍질 균(윤)	대의 푸른 껍질 균(윤)	대 균	대나무균	대 균	대껍질 균
143	균	鈞	무거울	서른근	무거울	서른근	서른근	서른근/녹로(轆轤)	무거울 균
144	근	劤			힘세다 근	힘셀	힘	힘셀	힘셀 근
145	근	懃	은근할		은근할	은근할	은근할	은근할	은근할 근
146	근	芹	미나리	미나리	미나리	미나리	미나리	미나리	미나리 근
147	근	菫	씀바귀	씀바귀/겨우	씀바귀,약이름근	제비꽃	제비꽃근바꽃긴	1.제비꽃2.오두(烏頭)	씀바귀 근
148	금	妗	외숙모 금		외숙모금기쁜모양함여자가경박한모양함	싱글벙글할첨 계집방정스러울함 외숙모 금	외숙모금방정맞을함	외숙모 금 얌전하게웃는 모양 혐	외숙모 금
149	금	昑			밝다 금	밝을	밝을	밝을	밝을 금
150	금	檎	능금		능금	능금나무	능금나무	능금	능금 금
151	금	芩	금풀		풀이름 금	풀이름	풀이름금수초이름음	풀이름	풀이름 금
152	금	衿	옷깃	옷깃	옷깃	옷깃	1.옷깃2.맬	1.옷깃2.맬	옷깃 금
153	급	伋	생각할 급		생각하다급	생각할 급	속일급	사람이름 급 변하여움직이는 모양 파	생각할 급
154	기	圻		경기 기	경기기낭떠러지은	서울지경 기 지경 은	경기기끝은	경기(京畿)기 땅끝 은	경기 기
155	기	埼			굽은 언덕배기 기	갑	갑	갑[曲岸]	갑 기
156	기	夔	조심할		외발짐승 기	짐승이름/도깨비	조심할	짐승이름/산괴(山怪)	조심할 기
157	기	玘			1.옥구슬2.패옥차는옥	차는옥	패옥	옥이름	패옥 기

順番	音價	漢字	古今	韓國	北韓	民衆	東亞	教學	本書案
158	기	璂			피변을 꾸민 구슬	피변옥	피변 꾸미개 옥	고깔장식옥	피변옥 기
159	기	碁	碁바둑	碁 바둑	바둑기(棊와 同字)	碁(棊와 同字) 바둑	바둑(棋와 同字)	棋(棋와 同字)바둑	바둑 기
160	기	磯	여울돌	여울돌	1.물속에있는돌2.물이 돌에 부딛히다	물가	물가	서덜	여울돌 기
161	기	祁	성할	클	성하다,크다 기	성할	1.성할2.땅이름지	클	클 기
162	기	祇	땅귀신 기	지신 기	1.토지의신기2.크다기3.편안하다4.다만지	땅귀신 기 마침 지/다만 지	1.토지의신기2.조사지	1.지신(地神)기2.다만 지 3.병(病) 지	지신 기
163	기	祺	길할		1.길하다상서롭다2.복	복	복	복	길할 기
164	기	耭			밭을갈다 기	밭갈	밭 갈	밭갈	밭갈 기
165	기	錡	세발가마[三足釜]기		가마 기	가마솥 기 쇠뇌틀 의	1.솥기2.톱의	솥 기 쇠뇌걸이 의	세발가마 기
166	기	錤	호미		[鎡錤]농기구	호미	호미	자기(★錤)	호미 기
167	기	饑	굶주릴	주릴	주릴	흉년들/흉년	주릴	흉년들	주릴 기
168	길	佶			1.바르다2.건장한모양	바를	건장할	바를	바를 길
169	길	桔	도라지 길	도라지 길(결)	도라지(桔梗)	도라지 길	도라지 길(本音:결)	도라지 길 혈절(桔★) 혈 귤나무 귤	도라지 길
170	나	娜	아리따울		아름다울	아리따울	아리따울 나	아름다운모양	아리따울 나
171	남	枏	매화나무 남		나무이름남(楠와 同字)	녹나무 남	녹나무 남	녹나무 남 녹나무 염	녹나무 남
172	남	楠	楠 남나무	楠 남나무	나무이름남(枏와 同字)	枏(枏의 俗字)녹나무	녹나무남(枏과 同字)	楠(枏과 같음)녹나무	녹나무 남
173	남	湳	물 이름		물이름 남	물이름	강 이름	남수(湳水)	물이름 남

順番	音價	漢字	古今	韓國	北韓	民衆	東亞	教學	本書案
174	내	柰	사과 내/어찌 내	어찌 내 능금 내	벗내(나)	능금나무 내 어찌 나	1.능금나무내2.어찌나	과수이름 내	사과/어찌 내
175	년	秊			해년(年의 古字)	秊(年의 本字)해년	해년아침념(年의 古字)	年(年의 本字)해년아첨할녕	해[年] 년
176	념	恬	편안할	편안할	편안할	편안할	편안할(本音:점)	안일할	편안할 념
177	념	拈	집을 점	집을 점(념)	집다점(념)	집을 념 집을 점	집을념(점)	딸 념 달 점	집을 념
178	념	捻	비틀 념	비틀 념(녑)	념(녑)1.손으로문지르다2.누르다	비틀 념	비틀 념	비빌 념 누를 녑	비틀 념
179	녕	甯	편안할 녕		1.차라리(寧과통함寧=편안녕)2.姓	甯(寧과 同字)편안할	편안할녕(寧과 同字)	(★의 俗字)편안할	차라리 녕
180	녕	獰	(本音 : 녕)		사나울 녕	모질 녕	모질 녕		사나울 녕
181	노	瑙	옥돌		마노(瑪瑙)	마노	마노	마노(瑪瑙)	마노 노
182	눈	嫩	연약할눈	어릴눈	(★의 통속자)연약하다눈	어릴	어릴 눈	어릴,엷을	어릴 눈
183	뉴	杻	싸리 뉴	수갑 추 싸리 축(뉴)	나무이름뉴수갑고랑추싸리축	감탕나무 뉴 수갑 추 싸리 축	1.감탕나무뉴2.고랑추3.싸리축	감탕나무 뉴 수갑 추	싸리 뉴/수갑 추
184	단	亶	진실로 단		진실로단	미쁨 단 오로지 천 날 선	믿을단오로지할선날선	진실로 단/미쁨 단 머뭇거릴 전 산이름 선	진실로 단
185	단	彖			1.단안하다(斷)2.돼지가달아나다	판단할	단단단사(彖辭)	단사(彖辭)	판단할 단
186	단	袒	옷 벗어 멜 단 혼솔터질 탄	옷벗어멜 단	엇멜단(옷이)터질탄	웃통벗을 단 솔기터질 탄	웃통벗을단옷솔타질탄	웟통벗을 단 옷솔기터질탄	옷벗어멜 단
187	단	鄲				조(趙)나라서울 단	조나라서울단나라이름다	한단(邯鄲)단 나라이름다	한단 단
188	달	澾			미끄럽다(滑)	미끄러울/미끄러질	미끄러울	미끄러울	미끄러울 달

順番	音價	漢字	古今	韓國	北韓	民衆	東亞	敎學	本書案
189	달	獺	수달 달	수달 달	수달달	수달 달	수달 달	수달 달 수달 찰	수달 달
190	담	啖	씹을	씹을	씹을 담	먹을	먹을담속일담	1.먹을2.먹일	씹을 담
191	담	坍	물이 언덕을 칠 단 물이 언덕을 칠 담	침식할담坍(壇의 俗字)단단	1.物이언덕을치다2.무너지다		무너질담	무너뜨릴담壇(壇의 俗字)단단	무너질 담
192	담	湛	즐거울담잠길침	즐길담빠질침	즐길담빠지다침편안하다잠빠지다잠	괼잠잠길침즐길탐장마음	1.즐길담2.가득히찰잠3.잠길침4.장마음5.담글침	1.즐길 담2.맑을 잠3.가라앉힐 침4.적실 침5.적실 점6.장마임7.파도칠임	즐길 담/잠길잠
193	담	聃			번번한귀담	(★의 俗字)귓바퀴없을	귓바퀴없을담(★의 俗字)	聃(★은 本字)귀클	귓바퀴없을담
194	담	蕁			1.지모(知母,藥名)2.말(海藻)	지모 담 쐐기풀 심	지모담쐐기풀심	지모(知母)담 심마(蕁麻) 심	담마 담/쐐기풀 심
195	담	覃	깊을 담	미칠 담	미칠담	벋을 담/퍼질담 날설 염	미칠담날카로울염	벋을 담 날카로울 염	깊을 담
196	담	錟			긴창담날카롭다염	창 담 날카로울 섬 서슬 염	창담 날카로울섬	긴창 담 날카로울 섬 예리한날 염	창 담
197	답	沓	거듭 답	답답할 답	답답할 답	겹칠,합칠,탐할,끓을,유창할 답	유창할 답	1.중첩할,수다스러울,솟구칠,합할,빨리갈,업신여길 답2.행진하면서북칠,단위 답	겹칠 답
198	당	幢	기 당	깃발 당(장)	기'발 당	기 당	기당드리워진모양동	1.깃발 당2.장막(★幕)당	기 당
199	당	戇	어리석을 당	어리석을 당	1.고지식하다2.어리석다당(장)	어리석을 당	어리석을당(本音:장)	어리석을당어리석을홍	어리석을 당

順番	音價	漢字	古今	韓國	北韓	民衆	東亞	教學	本書案
200	대	坮			집 대(臺의 통속자)		1.돈대대2.땅이름호(臺의 古字)	臺(臺의 古字)돈대(墩臺)/언덕	돈대 대
201	대	岱	산 이름	산이름	(岱宗) 태산의 딴 이름	대산	대산	산이름	산이름 대
202	대	玳	대모(玳瑁)	대모	(玳瑁)거북의 한가지(★와 同字)	대모	대모	대모(玳瑁)	대모(玳瑁) 대
203	대	黛	눈썹 그릴		눈'섭그릴 대	눈썹먹	눈썹먹 대	눈썹그리는 먹	눈썹그릴 대
204	도	嶋			섬도(島와同字)	★와 同字.★는 島의 本字.島 섬	섬도(島와 同字)	★와 同字.★는 島의 本字.島섬	섬 도
205	도	棹	노 도	노 도(조) 나무이름 작	노(楫)도(櫂와同字)	노 도 책상 탁	1.노도(本音:조)2.책상탁	노 도 책상 탁	노 도
206	도	櫂	상앗대		掉와 同字	노	노 도	노	상앗대 도
207	도	覩	볼		볼 도(睹의 古字)	볼	볼	볼	볼 도
208	도	韜	감출		감출도(와同字)	활집	감출도팔찌도	1.포용할/덮어가릴2.팔찌	감출 도
209	독	牘	편지		편지	서찰	편지	편지	편지 독
210	독	犢	송아지	송아지	송아지	송아지	송아지	송아지	송아지 독
211	독	纛	둑 독	기 둑(독)	둑독	기도기독	둑독(도)	임금수레장식 둑 임금수레장식 도	둑 독
212	돈	墩	돈대	돈대	돈대	돈대	돈 대	돈대	돈대 돈
213	돈	吨			동 틀 무 렵 돈	먼동틀돈 지성스러울순	밝을돈친밀할준	아침해 돈 정성스러울 준	밝을 돈
214	돈	暾	해 돋을		해가떠오르는모양	먼동틀/아침해	아침해돈	돋는해	해돋을 돈
215	돈	焞			1.성한모양퇴2.밝다돈3.거북을지지하는홰,불(순)	성할 퇴 어스름할돈 밝을 순	밝을돈(순)성할퇴어스레할돈	거북굽는불 돈 성한모양 퇴 밝을 순	어스름할 돈/성할 퇴

順番	音價	漢字	古今	韓國	北韓	民衆	東亞	教學	本書案
216	동	仝	仝한가지		한가지동(同와 同字)	同(同의 古字)한가지	한가지 동	同(同의 古字)같을/같이할	한가지[同]동
217	동	潼	물 이름	내이름	[潼潼]높은모양	물이름	강이름동무너뜨릴충	동수(潼水)	물이름 동
218	두	枓	주두(柱枓)두		1.구기(勺)주2.세수하는그릇주3.큰목조건물의기둥우에짜올린구조두	구기주두공(枓栱)두	구기주두공두	구기 주 대접받침 두	주두 두
219	두	竇	구멍 두		구멍 두	움 두 도랑독	1.구멍두2.도랑독	구멍 두/움두 개천 독	구멍 두
220	두	荳	팥	콩	콩豆와 통함	荳(豆의 俗字)콩	콩두	荳(豆의 俗字)콩	팥 두
221	두	逗	머무를 두	머무를 두	[逗遛]머무르다	머무를 두	머무를두성주돌아갈기	1.멈출 두2.머무를 두3.피해갈 기	머무를 두
222	둔	芚		싹돋을 둔	1.나물이름2.나무의싹	싹나올 둔	채소이름둔어리석을춘	초목의싹이돋는모양 둔어리석은모양 춘	싹돋을 둔
223	둔	遯	달아날 돈	숨을 둔(돈)	숨다둔(돈)(遁와 통함)	달아날 둔	달아날둔(本音:돈)	달아날 둔	도망할 돈/둔
224	등	嶝			산비탈길 등	고개	고개등	고갯길	고개 등
225	라	喇	나팔 라	나팔 라		나팔 라	나팔라(本音:랄)	말급히할 라	나팔 라
226	라	蘿	무	겨우살이	[蘿]라륵(늑)향초(香草)	쑥	소나무겨우살이라	여라(女蘿)	담쟁이 라
227	락	珞	구슬		(珞珞)돌이굳은모양	구슬목걸이	1.구슬목걸이락2.조약돌력	영락(瓔珞)	구슬 락
228	란	欒	단란할		1.나무이름2.접시받침	모감주나무	나무이름	나무이름 (모감주나무)	단란할 란
229	람	嵐	아지랑이	큰바람	람기,이내 람	남기	남기람	이내	아지랑이 람

順番	音價	漢字	古今	韓國	北韓	民衆	東亞	教學	本書案
230	람	擥	攬(擥) 잡을		끌어잡다람 거뒤잡다(★와 同字)	擥(攬과 同字)쥘	잡을람(攬과 同字)	攬(攬과 同字)잡을	잡을 람
231	람	攬	잡을	당길	당길	잡을	잡을	잡을	잡을 람
232	람	欖	감람나무		[橄欖]과실 이름	감람나무	감람나무	감람나무	감람나무 람
233	람	纜	닻줄		배'줄	닻줄	닻줄	닻줄	닻줄 람
234	람	襤	남루할	남루할	람루할 람	헌누더기/해진옷	누더기람	남루할	남루할 람
235	랑	琅	낭간(琅玕)/옥소리	옥소리	[琅玕]랑간 옥돌	옥돌	옥이름랑방자할랑	1.낭간(琅玕) 2.방종할	옥소리 랑
236	랑	瑯	瑯 고을 이름		琅와 같음	瑯(琅의 俗字) 땅이름	(琅의 俗字)	琅(琅의 俗字)1.낭간(琅玕)2.방종할	법랑 랑
237	랑	螂	螂 버마재비 랑		당랑(螳螂) 버마재비강랑(★螂) 말똥구리	螂(螂과 同字) 사마귀 랑(버마재비) 쇠똥구리 랑	사마귀랑쇠똥구리랑(螂와 同字)	螂(螂과 同字)1.당랑(螳螂)랑(버마재비)2.강랑(螂)랑(말똥구리/쇠똥구리)	사마귀 랑
238	래	崍			[공崍]산 이름	산이름	산 이름	산이름	산이름 래
239	래	徠			올(來와 同字)	올	1.올래2.위로할래	1.올2.위로할	올 래
240	량	粮	糧 양식	糧 양식	(糧과 同字) 량식	粮(糧과 同字) 양식	양식(糧과 同字)	糧(糧과 同字)양식	양식 량
241	려	儷	짝 려	아우를 려	1.짝2.아우르다	나란히할 려	짝 려	나란히할 려 우거진모양 리	짝 려
242	려	櫚	종려나무		[棕櫚]종려나무의 이름	종려	종려나무	나무이름	종려나무 려
243	려	藜	명아주		명아주	명아주	명아주	명아주	명아주 려
244	려	蠣	굴	굴조개	[牡礪]모려 굴	굴조개	굴	모려(牡蠣)(굴조개)	굴 려
245	려	驢	나귀	나귀	나귀	당나귀	나귀	당나귀	나귀 려
246	력	轢	차(車)에 치일	수레바퀴에 칠	으끄러질(륵) 력	삐걱거릴	삐걱거릴력	수레바퀴가 짓밟을/삐걱거릴	차에치일/삐걱거릴 력

順番	音價	漢字	古今	韓國	北韓	民衆	東亞	敎學	本書案
247	력	靂	벼락		벽력(霹靂)	천둥/벼락	벼락	벽력(霹靂)(벼락)	벼락 력
248	련	攣	손발 병신		1.매다2.손과발이오그라들다	걸릴	1.걸릴련2.오그라질련	1.매일2.경련일어날	손발굽을 련
249	련	璉	호련		[瑚璉](호련)종묘제기의하나	호련(瑚璉)	1.호련련2.이을련	1.제기이름2.잇달	호련 련
250	렬	洌	강추위 렬	찰 렬	몹씨차다	찰 렬 맑을 례	찰 렬	차가울 렬	찰 렬
251	렬	洌		맑을 렬	물이 맑다	맑을 렬	맑을렬물결거셀례	맑을 렬 맑을 례	맑을 렬
252	령	伶	영리할	영리할	심부름'군	악공	영리할 령	악관(樂官)	악공/영리할 령
253	령	岺			[岭★]령영[岭★]령형깊고으슥한모양	岭 산으슥할	산이름령(岭와 同字)	岭(岭과 同字)산깊을	산깊을 령
254	령	怜			[伶俐]령리눈치가빠르고슬기롭다憐어여쁠련	영리할 령 불쌍히여길 련	영리할령가엽게여길련	총명할 령 불쌍히여길 련	영리할 령
255	령	笭			수레 덮개	종다래끼	1.종다래끼령2.멍석령	수레가리개	다래끼 령
256	령	羚			령양 령	영양	영양(羚羊)	영양(羚羊)	영양 령
257	령	翎	날개	깃	깃	깃	깃	깃	깃 령
258	령	聆	들을		들을	들을	들을	들을	들을 령
259	례	澧			물이름	물이름 례	강이름례	예수(澧水)례(★의 俗字)풍수(水)풍	물이름 례
260	로	櫓	노	노	1.방패2.망루	방패	방패로	방패	노 로
261	로	潞		내이름	물 이름	물이름	강 이름 로	노수(潞水)	물이름 로
262	로	瀘			물 이름	물이름	강 이름	노수(瀘水)	물이름 로
263	로	輅	수레 로		수레로손수레의앞가로장핵	수레로 작은 수레 락 맞이할 아 수레앞가로 나무 핵	수레로 끌채마구리학임금수레락맞이할아	큰수레 로 끌채의앞가로 장 핵 맞이할 아	수레 로

順番	音價	漢字	古今	韓國	北韓	民衆	東亞	教學	本書案
264	로	鹵	개펄	짠땅	짤	염밭	소금	1.소금/함지(鹹地)2.아궁이	개펄 로
265	록	菉		녹두	1.록두2.풀이름	조개풀	조개풀	조개풀	조개풀 록
266	롱	朧	몽롱할		[朦朧]몽롱ㄱ.달이지려하다ㄴ.어렴풋하다	흐릴	흐릿할	흐릿할	몽롱할 롱
267	롱	瀧	젖을 롱		[瀧凍]롱동젖다롱물이름랑여울상	비올 롱 여울 랑 땅이름 상	비올롱 강이름상 여울랑 젖을롱	비오는모양롱 여울 랑 상수(瀧水)상	비부슬부슬올 롱
268	뢰	瀨	여울		여울	여울	여울	여울	여울 뢰
269	뢰	賚	줄 뢰	줄 뢰	줄뢰	줄 뢰 줄 래/사여 래/사물래/위로할 래	줄뢰(래)	줄 뢰	줄 뢰
270	료	廖			성(姓)료	공허할 료	1.공허할료2.성료	빌료나라이름류	공허할 료
271	료	蓼	여뀌 료	여뀌 료	여뀌료	여뀌 료 클륙	여뀌료찾을로장성할륙서로끌류	여뀌료뒤져찾을로길고큰모양륙서로끌어당길류	여뀌 료
272	료	鬧	*지껄일 뇨	*시끄러울뇨	지걸일뇨	*시끄러울뇨/들렐 뇨	*시끄러울뇨	*시끄러울뇨	지껄일 뇨
273	루	婁	끌 루	별 루 자주삭	별루	끌 루	별이름루끌루자주루	1.공허할 루2.맬 루3.끌루4.자주 루5.언덕 루	끌 루
274	루	瘻	종기		부스럼,종기루	부스럼	부스럼루곱사등이루	1.나력(瘰癧)2.곱사	부스럼 루
275	루	縷	실오리	실오리	실오리	실/올	실루누더기루	실/가늘고길	실오리 루
276	루	蔞	풀쑥 루	물쑥 루	[蔞蒿]루호물쑥	산쑥 루	1.쑥루2.상여장식류	1.누호(蔞蒿)루 (물쑥)2.우루(★蔞) 루3.널장식 류	물쑥 루

順番	音價	漢字	古今	韓國	北韓	民衆	東亞	敎學	本書案
277	루	褸	남루할		람루할	헌누더기/해진옷	남루할	남루할	남루할 루
278	루	鏤	새길	새길	새길	강철	새길 루칼이름루	1.새길2.촉루(屬鏤)	새길 루
279	류	旒	깃발		기'발의 술		깃발	깃술	깃발 류
280	류	榴	석류		석류	석류나무	석류나무	석류나무	석류 류
281	류	瀏			물이 맑은 모양	맑을	맑을	물이깊고 맑은모양	맑을 류
282	류	瑠	瑠 유리 돌	瑠 유리	[琉璃]류리 유리	瑠 유리	유리(琉와同字)	琉(琉와同字) 유리	유리 류
283	륜	侖			[昆侖]→[崑崙]산이름	생각할	둥글	1.산이름2.차례	산이름/차례 륜
284	리	厘			**氂1.터럭리(다스리다, 털끝)2.복희	厘(廛의 俗字)터전/전방전 厘(氂의 俗字)이리/다스릴리	1.가게전(廛의 俗字)2.다스릴리 길할 회 풀 벨 래 땅이름 태 줄 뢰(氂의 俗字)	氂(氂의 俗字)다스릴리/고칠리廛(廛의 俗字)집터전	다스릴 리/가게 전
285	리	俐					소리리	소리	소리 리
286	리	浬				해리(海里)리	해리(海里)리	이리(泥浬) 리(페르시아의 추장 이름)	해리 리
287	리	犁			쟁기려얼룩소리떨류(★와 同字)	犂 쟁기 려 얼룩소 리 떨류	1.쟁기려2.얼룩소리3.떨류(★와 同字)	(★와 同字)쟁기리쟁기려떨류	쟁기 려/얼룩소 리
288	리	狸	살쾡이	삵	삵리(★의 통속자)	너구리	삵리묻을매	살쾡이	삵 리
289	리	璃	유리		[琉璃]류리	유리	유리	유리	유리 리
290	리	羸	파리할 리	파리할 리	파리할리	파리할리현(縣)이름련	여윌리현이름련	야윌 리/약할리 연루(羸★) 련	야윌 리
291	리	莉			[茉莉]말리 상록관목의 하나	말리	말리리	말리(茉莉)	말리 리
292	리	鯉	잉어	잉어	잉어	잉어	잉어	잉어	잉어 리

順番	音價	漢字	古今	韓國	北韓	民衆	東亞	教學	本書案
293	린	潾			1.물이맑은모양2.돌틈에서물이나다	돌샘[石澗水]	맑은린돌샘린	1.물이맑은모양2.산석사이에서 흘러 나오는물	맑을 린
294	린	璘			옥의 광채	옥빛	옥빛린	옥빛	옥빛 린
295	린	藺			뇌양이	골풀	골풀	등심초(燈心草) (골풀)	골풀 린
296	림	琳		아름다운옥	아름다운옥	옥	아름다운옥	아름다운옥이름	아름다운옥림
297	림	霖	장마	장마	장마	장마	장마	장마	장마 림
298	립	砬				돌무너지는소리 립	돌소리	돌소리 랍	돌소리 립
299	마	瑪	마노	마노	[瑪瑙]마노	마노	마노	마노(瑪瑙)	마노 마
300	마	碼	마노 마		[碼瑙]마노옥돌	마노 마	마노	마노(瑪瑙)마	마노 마
301	막	邈	멀	멀	멀	멀/아득할	멀	멀	멀 막
302	만	万	萬 일만 만	万 일만 만	萬 일만 만	万일만만(萬의俗字)성묵	일만만성(姓)묵(萬의속자)	万 일만 만 성 묵	일만[萬] 만
303	만	巒	멧부리 만		메'부리 만	메 만	메 만(本音:란)	산 만	멧부리 만
304	만	曼	길	길	[曼曼]만만길이멀다[曼衍]만연1.끝닿는데가없다2.길게벋다	길	끌만뻗을만오랑캐만	1.끌/길[長]2.퍼져자랄3.흐릿한모양	길 만
305	말	唜							끝 말
306	말	茉			[茉莉]말리상록관목의하나	말리(茉莉)	말리	말리(茉莉)	말리 말
307	망	莽	풀 망	莽 여뀌풀 망	묵은풀모풀망(무)	풀 망	우거질망,무들경치망	(★의 俗字)1.풀망2.풀무3.풀모4.아득한벌판망	풀 망
308	망	輞	덧바퀴		수레바퀴의테	바퀴테	바퀴테	바퀴테	바퀴테 망
309	망	邙	북망산		메 망	산이름	산 이름	고을이름	북망산 망

順番	音價	漢字	古今	韓國	北韓	民衆	東亞	教學	本書案
310	맥	陌	밭두둑길맥	밭두둑 맥 일백 백	언덕 맥	길 맥 일백 백	두렁맥	밭두둑길 맥/길 맥	밭두둑길 맥
311	맥	驀	뛰어넘을	말탈	말을 타다 맥	넘을	말탈	말탈	뛰어넘을 맥
312	맹	氓	백성		백성 맹	백성	백성	백성	백성 맹
313	멱	冪	덮을		덮다	덮을	덮을	덮을	덮을 멱
314	면	麵	국수 면	밀 가 루 면(麪)	국수 면(麪와 同字)	밀가루 면(麪와 同字)	밀가루 면(麪와 同字)	밀가루,국수,가루면(麪와 同字)	국수[麪] 면
315	명	榠		홈통	홈통	홈통	홈통	홈통[水管]	홈통 명
316	명	瞑	눈 감을 명	눈감을 명	어두울명	눈감을명잘면	눈감을명 잘면중독될면	눈 감 을 명 잠잘 면	눈감을 명
317	명	茗	차싹[茶芽]	차싹	차 명	차	차싹	차싹[茶芽]	차싹 명
318	명	蓂	명협 명	명협 명	풀이름명큰냉이멱	명협 명	명협명굵은냉이멱	명협(蓂莢) 명 석멱(★蓂) 멱	명협 명
319	모	姆	보모 모		보모모	유모 모	여스승모어미무	여자스승 모	보모 모
320	모	摹	모 뜰	모뜰	모뜰	본뜰	베낄모	꾀할/본받을	모뜰 모
321	모	瑁	대모 모		[玳瑁]대모거북의한가지모(매)	옥홀 모 대모 매	서옥모대모모(매)	서옥(瑞玉) 이름 모 대모(玳瑁) 모	대모 모
322	모	眸	눈동자		눈'동자 모(무)	눈동자	눈동자	눈동자	눈동자 모
323	모	芼		나물	1.풀이름,잡탕2.(나물을) 가리다	뽑을/솎을	풀우거질모풀모	뽑을	나물 모
324	목	鶩	집오리 목	따오기 목	따오기목	집오리 목	집오리목	가압(家鴨) 목(집오리) 가압(家鴨) 무	집오리 목
325	몽	朦	몽롱할		몽롱할	흐릴	흐릴	달빛어슴푸레 할	몽롱할 몽
326	묘	玅					묘할묘(妙와 同字)	妙(妙와 同字)1.묘할2.멀	묘할[妙] 묘
327	묘	錨	닻		닻 묘	닻	닻	닻	닻 묘
328	무	懋	힘쓸	힘쓸	힘쓰다 무	힘쓸	힘쓸	힘쓸	힘쓸 무

順番	音價	漢字	古今	韓國	北韓	民衆	東亞	教學	本書案
329	무	无	없을	없을	없을	없을	없을	없을	없을[無] 무
330	무	楙	모과나무		모과나무	우거질	무성할	무성할	모과나무 무
331	무	珷			[珷玞]무부 옥돌	옥돌	옥 돌	무부(珷玞)	무부 무
332	무	繆	어 그 러 질 류		실천올무수 질.요질,목을 매다,맺다,얽 다규어그러 지다,어긋나 다,그릇되다 류나쁜시호 (惡諡)목	얽을 무/동여 맬 무 사당차 례 목 목맬 규 두를 료	삼열단무졸 라맬규잘못 할류(本音: 무)두를료사 당차례목실 모양료꿈틀 거릴료	얽을 무 바룰 규 어긋날 류 사당차례 목 두를 료 힘쓸 륙 성 묘	얽을 무
333	무	鵡	앵무새		앵무	앵무새	앵무새	앵무새	앵무새 무
334	문	們			무리	들	들	1.비만(肥滿)할2.무리	무리 문
335	문	刎	목 자를		목을 찌르다	목벨	목 벨	목자를	목자를 문
336	문	吻	입술	입아귀	입'가	입술	입술	입술	입술 문
337	문	雯		구름무늬	구름의문채	무늬	구름무늬	구름의아름 다운무늬	구름무늬 문
338	물	沕			깊이숨다매 심오한모양 물	아득할물숨 을밀	아득할물숨 을밀	깊고희미한 모양물숨을 매샘물흐르 는모양밀황 홀할홀	아들할 물
339	미	嵋	산 이름	산이름	[峨嵋] 산 이 름	산이름	산 이름	산이름	산이름 미
340	미	楣			나무끝	나무끝	나무끝	나무끝	나무끝 미
341	미	楣	인중방(引中枋)		문우의도리	문미	문미	중인방	인중방 미
342	미	渼		내이름	물놀이	파문	물 놀이	파도	물놀이 미
343	미	湄	물가		물'가	물가	물가미더운 물난	물가[水岸]	물가 미
344	미	謎	수수께끼	수수께끼	은어,변	수수께끼	수수께끼미 헛갈리게할 미	수수께끼	수수께끼 미
345	미	黴	기미 낄			곰팡이	곰팡이미곰 팡이매	곰팡이	기미낄 미
346	민	岷			산이름	산이름	산 이름	산이름	산이름 민

順番	音價	漢字	古今	韓國	北韓	民衆	東亞	教學	本書案
347	민	愍	슬퍼할	슬플	슬플 민	근심할	근심할민힘쓸민	1.근심할2.힘쓸	슬퍼할 민
348	민	泯	빠질 민		1.없어지다다하다2.어둡다	멸할 민/다할 민	망할민뒤섞일면	멸망할 민 섞을 면	다할 민
349	민	緡	입힐 민	돈꿰미 민	1.돈꿰미2.낚시'줄	낚싯줄 민 연이을 면	낚싯줄민성할민새우는소리면	낚싯줄 민 새우는소리 면 성할 혼	돈꿰미 민
350	박	璞	옥덩어리		다듬지 않은 옥	옥덩이	옥돌	가공하지않은 옥돌	옥덩어리 박
351	박	雹	우박	우박	무리	누리	누리	우박	우박 박
352	반	泮	얼음 풀릴 반	반수 반	얼음이 풀리다	반수 반 나누일 판	학교 반	반궁(泮宮) 반 /녹을 반	얼음풀릴/학교 반
353	반	瘢	부스럼		승터흉상처가낳은자리흉	흉	흉터	흉터	부스럼 반
354	반	盼			머리가큰모양분주다반	예쁠 반	눈예쁠반 예쁜눈반날새려할분	눈또렷할 변 동틀 분	눈예쁠 반
355	반	磐	반석		반석	너럭바위	너럭바위	너럭바위(盤石)	너럭바위 반
356	방	滂	비 퍼부을 방		많은물이넓게흐르는모양큰비가내리는모양	죽죽퍼부을 방	비 퍼부을 방	비퍼붓는모양 방 팽비(滂濞)할 팽	비퍼부을 방
357	방	磅	돌 떨어지는 소리 방		돌소리방(팽)	돌떨어지는 소리 방	돌떠러지는 소리방·팽	돌떨어지는 소리 방 광대한모양 팽	돌떨어지는 소리 방
358	방	舫	쌍배	쌍배	쌍 배	방주(方舟)	배	쌍배[兩船]	쌍배 방
359	방	蒡	우엉		우엉 방	우엉	인동덩굴방 우방방	1.제니(薺★) 2.우방(牛蒡)(우엉)	우엉 방
360	방	蚌	금조개 방	대합 방	조개 방	씹조개 방	방합(蚌蛤) 방	방합(蚌蛤) 방 벌 봉	조개 방
361	배	焙	불 쬘	불에말릴	불에 쬐어 말리다	쬘	불에 쬘	볶을	불쬘 배
362	배	盃	杯잔	盃 잔	잔배(盃와 同字)	盃(杯의 俗字) 잔	잔배(杯의 俗字)	杯(杯의 俗字) 잔	잔[杯] 배

順番	音價	漢字	古今	韓國	北韓	民衆	東亞	教學	本書案
363	배	裵	성 배	성 배	성 배	1. 옷치렁치렁할,서성거릴,姓배2.나라이름비	1. 옷치렁치렁할배2.나라이름비	1. 옷치렁치렁한모양,배회할,떠나기서운해할 배 2. 고을이름비	성[裵] 배
364	배	褙	배자	배자	배자	배자	속 적삼	배접(褙接)할	배자 배
365	백	佰	우두머리 백		백사람의우두머리	백사람어른 백길맥/거리맥	일백 백	백사람 백 밭경계 맥	우두머리 백
366	백	栢	柏 측백 백	柏 잣 백	栢(柏의 통속자) 잣 백	柏(柏의俗字)나무이름 백닥칠박	나무이름백(柏의俗字)	柏(柏의俗字) 측백나무백	측백 백
367	번	幡		기	1. 먹수건,먹걸레2.표기3.수건	표기	기(표기)	깃발	기 번
368	번	樊	울	울타리	1.조롱,새장,울타리번2.배때끈반	울	울번산이름반	1.울타리2.번동(樊桐)	울 번
369	번	燔	구울	구울	구울 번	사를	구울	불사를	구울 번
370	법	琺	법랑			법랑	법랑	법랑(琺瑯)	법랑 법
371	벽	檗		황경피나무	황경피나무	황벽나무	황벽나무	황벽(黃檗)나무	황벽나무 벽
372	벽	蘗	蘗 황경나무 벽	蘗 황경피나무 벽	황경피나무(檗와 同字)	蘗승검초 폐(★와 同字) 황경나무 벽(檗과 同字)	1. 그루터기얼2. 황경나무벽	檗(檗과 同字) 황벽나무벽	황경나무 벽
373	벽	霹	벼락	벽력	벽력 벽	천둥/벼락	벼락	벽력(霹靂)	벼락 벽
374	별	鱉			자라별(鼈의 통속자)	鼈(鼈과 同字) 자라	鼈(鼈과 同字) 자라	鼈(鼈과 同字) 자라	자라[鼈] 별
375	병	幷	幷(★)아우를	幷 어우를	아우를병	幷(★은 俗字) 어우를	어우를병나란히할병(★은 속자)	(★의 本字) 1.아우를2.고을이름	아우를 병
376	병	棅			자루병(棅와 同字)	棅(柄과 同字) 자루	棅(柄과 同字) 자루	柄(柄과 同字) 자루	자루[柄] 병

順番	音價	漢字	古今	韓國	北韓	民衆	東亞	教學	本書案
377	병	軿	軿 수레 병		1. 여자가타는수레가벼운 수 레 병(변)2.거마'소리병	軿(★은 俗字)수레병수레변	거마소리수레병부인용수레변	(★의 本字) 1. 휘장두른 수레 병2.거마의소 리 병3. 부인이타 는 수레 변	수레 병
378	병	駢	駢 두 말이 한 멍에 멜 병	駢 쌍마메울 변 땅이름 병	1. 말두필에 멍에를메우다,아우르다,나란히하다 병(변)2. 땅이름 병	駢(★은 俗字) 나란히할 변 땅이름 병	(駢은本字)나란히할변(병)	(★의 本字) 두필의말을 한수레에멍에를메울병 두필의말을 한수레에멍에를메울변	쌍말 변/나란히할 병
379	보	湺					사람이름 보		사람이름 보
380	보	珤			보배보(寶의 古字)	寶(寶의 古字) 보배	寶(寶의 古字) 보배	寶(寶의 古字) 보배	보배[寶] 보
381	보	褓	포대기	포대기	포대기 보	포대기	포대기	포대기	포대기 보
382	복	宓			1.성(姓)복2. 편안하다,잠잠하다밀	사람이름 복 편안할 밀	성(姓)복편안할밀	1.성 복2.성밀3. 편안할 밀	성(姓) 복
383	복	茯	복령	복령	[茯苓]복령 [茯神]복신 약이름복	복령(茯苓)	복령복수레장식비	복령(茯苓)	복령 복
384	복	蔔	무		[담蔔]담복 치자꽃	무	무	나복(蘿蔔)(무우)	무 복
385	복	輹	바퀴통		수레굴'대의 받침에댄가죽	당토(當兎)	복토 복	복토(伏兎)	바퀴통 복
386	볼	乶		음은 [볼],뜻은 없음.	땅이름에쓰인다.		볼기볼'볼'음을표기하기위하여우리나라에서만든글자	우리말에서의 [볼]음을 표기하는 글자. 뜻은 없음.	땅이름 볼
387	봉	峰	峯(峰) 멧부리	峯 봉우리	(峯 와 同字) 봉우리	峯(峯의 俗字) 산봉우리	峯(峯과 同字) 봉우리	峯(峯과 同字) 봉우리	멧부리 봉
388	봉	熢		熢 내자옥할	[熢]봉발 연기가자옥한 모양	熢 내자욱할	연기자욱할 봉불기운봉	烽(烽과 同字) 봉화	내자옥할 봉

順番	音價	漢字	古今	韓國	北韓	民衆	東亞	教學	本書案
389	봉	琫	장식 옥		칼'집웃부분의꾸미개	칼집장식	칼집 장식 봉	칼집손잡이부분의장식	칼장식 봉
390	부	孚		믿을	믿을부	미쁠	미쁠부기를부빛날부	1.성신(誠信) 2.옥의색채	믿을 부
391	부	溥	넓을 부	클 부(보)	크다,넓다,펴다보물이름박	넓을 부	넓을보펼부내이름박	넓을 보 펼 부 물모양 박	넓을 부
392	부	缶	장군	질장구	장구 부	장군/양병	장군	장군	장군 부
393	부	艀				거룻배	작은 배 부	거룻배	거룻배 부
394	부	莩	갈청부굶어죽을표		갈청부굶어죽은시체표	독말풀 부 굶어죽을 표	풀이름부개피부 굶어죽을표	갈대의흰속껍질 부 주려죽을 표	갈청 부/굶어죽을 표
395	부	趺	가부좌할	받침	[跏趺]책상다리하고 앉다	받침	책상다리할부	책상다리할/발등	가부좌할 부
396	부	鳧	물오리	오리	오리 부	물오리	오리 부	야압(野鴨)(물오리)	물오리 부
397	분	昐			해'빛	햇빛	햇빛 분	햇빛	햇빛 분
398	분	汾		물굽이쳐 흐를	크다	물이름	클 분	분하(汾河)	물이름 분
399	분	賁	賁 클 분	賁 꾸밀 비	클분꾸미다비	(★의 俗字) 꾸밀 비 꾸밀 분 땅이름 륙	꾸밀비클분노할분땅이름륙	賁 1.꾸밀 비 2.클 분3.횡경막 분4.융기(隆起) 할 분5.육혼(賁渾) 륙 6.패할 분7.성비8. 번우(賁★) 번	클 분/꾸밀 비
400	비	斐	아롱질		문채 나는 모양	문채날	아름다울 비	1. 문채있는 모양2. 성	아롱질 비
401	비	枇	비파나무	비파나무	[枇杷]나무이름	비파나무	비파나무비수저비참빗비	1.비파나무2.주걱3.참빗	비파나무 비
402	비	榧	비자	비자	비자 비	비자나무	비자나무	비자나무	비자나무 비

順番	音價	漢字	古今	韓國	北韓	民衆	東亞	敎學	本書案
403	비	毗	도울	도울	밝다두텁다, 돕다(毘와 同字)	도울	도울	도울	도울 비
404	비	秘	숨길 비	숨길 비	감출 비	숨길,신비할,오의,姓 비	1.숨길비2.향기로울별	비밀스러울,몰래 감출,깊을,비서성의 약칭 비	숨길[祕] 비
405	비	粃			쭉정이	쭉정이	쭉정이 비	쭉정이	쭉정이 비
406	비	菲	엷을	엷을	순무	채소이름	엷을비채소이름비풀이름비	1.채소이름2.짚신3.초목의향기 가질을	엷을 비
407	빈	斌	빛날	빛날	빛날	빛날	빛날	빛날	빛날 빈
408	빈	檳	빈랑	빈랑나무	[檳榔]빈랑나무이름	빈랑나무/빈랑	빈랑나무	빈랑(檳榔)나무	빈랑나무 빈
409	빈	浜			배를세우는도랑빈(퐁)	선거(船渠)병浜(濱의 俗字)물가빈	선거병물가빈	갯고랑병浜(濱의 俗字)물가빈	물가 빈
410	빈	牝	암컷	암컷	암 빈	암컷	암컷	암컷	암컷 빈
411	빈	玭	진주 변 진주 빈		진주빈(변)	옥 빈	구슬 이름 빈	진주 빈 진주 변	진주 빈
412	빙	騁	달릴 빙	달릴 빙(칭)	달릴 빙	달릴 빙	달릴 빙(本音:정)	달릴 빙	달릴 빙
413	사	乍	잠깐 사	잠깐 사	잠간 사	언뜻사일어날작	잠깐사지을작	잠깐사일어날작	잠깐 사
414	사	伺	엿볼	엿볼	살필 사	엿볼	엿볼	엿볼	엿볼 사
415	사	俟	기다릴 사	기다릴 사	기다릴사	기다릴 사 성 기	기다릴 사 성(姓) 기	기다릴 사 성 기	기다릴 사
416	사	傞		잘게부술 사	좀스럽다새 잘다새	잘 새	잘게 부술 사 잘게 부술 새	자질구레할 사 자질구레할 새	잘게부술 사/새
417	사	柶	숟가락/윷	숟가락/윷	숟가락	수저	수저	숟가락	숟가락/윷 사
418	사	梭	북[織具] 사	북 사	북 사	북 사	북 사	북 사 나무이름 준	북[織具] 사
419	사	渣	(渣) 찌꺼기 사		찌끼 사	찌끼 사	찌끼 사	찌꺼기 사	찌끼 사

順番	音價	漢字	古今	韓國	北韓	民衆	東亞	敎學	本書案
420	사	砂	왕모래	모래	모래 사	砂(沙의 俗字) 모래	모래	모래	모래 사
421	사	篩	체 사	체 사	왕대,체사	체사	체 사	1.대이름 사 2.뿌릴 사/체 사	체 사
422	사	肆	방자할 사	베풀 사	베풀 사	방자할 사	방자할사방자할실나머지이악장이름해(本音:개)희생적	진열할 사/방자할 사 나머지 이 뼈발라낼 척	방자할/베풀 사
423	사	莎	사초(莎草) 사	향부자 사	잔디사	사초 사 비빌 수	향부자사베짱이수비빌사	1.사초(莎草) 사2.사계(莎雞)사	사초 사
424	사	裟	가사(袈裟)	가사	[袈裟]가사 중의 옷	가사	가사	가사(袈裟)	가사(袈裟) 사
425	사	駟	사마(駟馬)	사마	사마	사마	사마[駟匹]	사마(駟馬)	사마(駟馬) 사
426	산	汕			물'고기가자맥질하는모양반두물이름	오구	오구	오구	오구 산
427	산	蒜	마늘	마늘	마늘	달래/마늘	달래	마늘	마늘 산
428	산	霰	싸락눈 선		싸락눈 선	싸라기눈 산	싸라기눈 산(本音:선)	싸라기눈 선	싸락눈 산
429	살	乷		음은 [살],뜻은 없음.			살살살음을표기하기위하여우리나라에서만든글자		땅이름 살
430	삼	杉	삼나무	삼나무	삼나무 삼	삼나무	삼나무	삼목(杉木)	삼나무 삼
431	삼	芟		풀벨	풀을베다 삼	벨	벨삼풀꽃수	풀벨	풀벨 삼
432	삼	衫	적삼		적삼 삼	적삼	적삼	적삼	적삼 삼
433	삽	鈒		아로새길	작은창,삼지창	창	창삽	짧은창[短矛]	새길 삽
434	삽	颯	바람소리 삽	바람소리 삽	바람소리	바람소리 삽	바람소리 삽	바람소리 삽 큰바람 립	바람소리 삽
435	상	峠					언덕길 꼭대기 상		고개 상
436	상	廂	행랑/곁채	행랑	익랑,곁채 상	곁채/곁방	행랑	곁채	곁채 상

順番	音價	漢字	古今	韓國	北韓	民衆	東亞	敎學	本書案
437	상	橡	도토리	상수리	도토리 상	상수리나무	상수리나무상	상수리	상수리 상
438	상	湘	물 이름	강이름	삶다상	삶을/끓일	강이름상	상수(湘水)	물이름 상
439	상	牀	평상	평상	평상 상	평상	평상	평상	평상[床] 상
440	새	賽	내기할	굿할	굿하다	굿/굿할	굿할	굿할	굿할 새
441	색	穡	거둘	거둘	거둘	거둘	거둘	거둘	거둘 색
442	생	笙	생황(笙篁)	피리	피리 생	생황(笙簧)	생황생땅이름신	악기이름 (笙篁)	생황 생
443	서	墅	농막 서	농막 서	농막,별장서들야	농막 서	농막서들야	농막 서 들야	농막 서
444	서	捿			깃들일 서	捿(棲와同字) 깃들일/살	깃들일서보금자리서 (棲와同字)	棲(棲와同字)1.깃들일/살2.바쁜모양	깃들일 서
445	서	栖	栖 깃들일	栖 깃들	깃들일(棲와同字)	栖(棲와同字) 깃들일/살	깃들일서보금자리서	棲(棲와同字) 1.깃들일/살2.바쁜모양	깃들일 서
446	서	筮	점칠	점대	점치다서시초점	점	점대서	점대	점대 서
447	서	絮	헌솜 서	솜 서	솜서간을맞추다처성(姓)여	솜 서 간맞출 처	솜서간맞출처실헝클어질나	솜 서 간맞출 처 성 너 성 여	솜 서/성 여
448	서	鋤	호미 서	호미 서(조)	호미 서	호미 서	호미서어긋날서	호미 서	호미 서
449	석	汐	썰물		썰물,석수	석수	조수석	조수[晩潮]	조수 석
450	석	淅	쌀 일	쌀일을	쌀을 일다	일	쌀 일	일	쌀일 석
451	석	蓆			크다	클	자리	클	클 석
452	선	僊	춤 훨훨 출	신선	신선 선	신선	춤출선	신선	춤훨훨출 선
453	선	嬋		아름다울	[嬋媛](선원)끌리는모양[嬋娟](선연)빛깔과맵시가아름답고예쁘다	아름다울	고울	아름다울	고울 선
454	선	敾					사람이름선	★이 있음.繕(★은 繕과同字) 기울	사람이름 선

順番	音價	漢字	古今	韓國	北韓	民衆	東亞	敎學	本書案
455	선	渲		물적실	적은물(小水)화법의한가지	바림	바림	바림	바림 선
456	선	琁		옥 선	1.아름다운옥선2.구슬경(瓊와同字)	옥 선	옥 선 붉은옥 경	아름다운옥선 붉은옥경	옥 선
457	선	癬	버짐		버짐 선	옴	옴	버짐	버짐 선
458	선	蘚	이끼		이끼선	이끼	이끼	태선(苔蘚)(이끼)	이끼 선
459	선	蟬	매미 선	매미 선	매미선	매미 선	매미선날선땅이름제	1.매미 선2.움직일 선3.점제(黏蟬)제	매미 선
460	선	詵	말 전할 선		말을하다선	많을 선 많을 신/모일 신	많을선(신)	여럿이이러니저러니말할선	말전할/많을 선
461	선	跣	발 벗을		맨발 선	맨발	맨발선돌아다닐선	맨발	맨발 선
462	선	鐥	대야	복자	술' 그릇 선	복자	복자	낫	대야 선
463	선	饍	饍 반찬	饍 반찬	찬반 선	膳(膳과 同字)찬	膳(膳과 同字)반찬	膳(膳과 同字)반찬	반찬[膳] 선
464	설	楔	문설주		쐐기 설	문설주	문설주	문설주	문설주 설
465	설	褻	설만할	무람없을	속옷 설	속옷	더러울 설	속옷	무람없을 설
466	설	齧	씹을 설	씹을 설(얼)	씹다,깨물다	깨물 설	물설	물 설	깨물 설
467	섬	剡	날카로울 염	깎을 염(섬)	깎다염지명섬	날카로울 염 땅이름 섬	날카로울염땅이름섬	날카로울 염/들 염 고을이름 섬	날카로울 염
468	섬	贍	넉넉할	넉넉할	넉넉할 섬	넉넉할	넉넉할	넉넉할	넉넉할 섬
469	성	宬			사고성(사기를두는곳)	서고(書庫)	서고(書庫)성	받아들일	서고 성
470	성	惺	깨달을	깨달을	깨달을 성	깨달을	영리할깨달을	깨달을	깨달을 성
471	성	猩	성성이		성성이 성	성성이	성성이성개짖는소리성	성성이	성성이 성
472	성	珹			옥이름 성	성옥(珹玉)	옥 이름 성	옥이름	옥이름 성

順番	音價	漢字	古今	韓國	北韓	民衆	東亞	敎學	本書案
473	성	箴	바디	바디	[箴筐](성광) 바디	바디	바디	바디	바디 성
474	성	腥	비린내	비릴	비릴 성	날고기	비릴	비릴/날고기	비릴 성
475	세	笹					가는 대 세		가는대[細竹] 세
476	소	嘯	휘파람 소	휘파람불 소	휘파람 소	휘파람불 소 꾸짖을 질	휘파람불소 꾸짖을질	휘파람불 소 꾸짖을 질	휘파람 소
477	소	溯	溯거스릴소		거스릴소	溯(泝와 同字)거슬러올라갈소	(遡와 同字) 거슬러올라갈소	泝(泝와 同字)거슬러올라갈소	거슬러올라갈 소
478	소	瀟	물 이름	물깊을	물이 맑다 소	물이름	강 이름	물맑고깊을	물이름 소
479	소	炤		밝을 소(조) 비칠 조	밝다소빛나다조밝다작	밝을 소 비출 조	밝을소(本音:조)비칠조	밝을소비출조밝게드러날작	밝을 소/비출 조
480	소	篠		가는대 소	가는 대 소	(★의 俗字) 조릿대소	조릿대소,조	篠 조릿대 조	조릿대 소
481	소	銷	쇠 녹일	쇠녹일	쇠녹일 소	녹을/녹일	녹일소	쇠녹일/다할	쇠녹일 소
482	소	韶	소악(韶樂)	풍류	풍류 소	풍류이름	풍류이름소	음악이름	풍류/아름다울 소
483	속	涑		강이름 속	1. 빨래하다 양치질 하다 수2. 물이름 속	헹굴 수 물이름 속	헹굴속	1.강이름 속 2.빨 수3.입가실 수	물이름 속
484	속	謖			일어나다 속	일어날 속	일어날 속	일어설 속	일어날 속
485	손	巽	부드러울	손방/부드러울	손방 손	부드러울	손괘손	괘이름	부드러울 손
486	손	蓀	향풀[香草]	창포	향초	향초	향풀 이름 손	향초이름	향풀 손
487	손	飡	(飡) 밥 손 먹을 찬		밥찬저녁밥손(餐와 同字)	飧(飱의 俗字)저녁밥손	(飧의 속자) 저녁밥손	飧(飱의 俗字) 저녁밥손 餐(餐과 同字) 먹을찬	밥 손/벼슬이름 찬
488	송	淞			강 이름	물이름	강 이름	송강(淞江)	물이름 송
489	쇠	釗	쇠[金] 쇠	힘쓸소(조)쇠쇠	힘쓰다,보다소쇠쇠아이나종의이름에쓰임쇠	볼 소 사람이름 교 쇠 쇠	힘쓸소(本音:초)쇠쇠	힘쓸 소 사람이름 쇠	쇠 쇠

順番	音價	漢字	古今	韓國	北韓	民衆	東亞	教學	本書案
490	수	嗽	기침할 수	양치할 수	양치할 수	기침 수 빨삭	기침할수마실삭	기침 수 빨삭	기침할 수
491	수	岫	岫(峀) 산굴(山窟)	멧부리	메' 부리 수	산굴	산 굴	산굴	산굴 수
492	수	峀	岫(峀) 산굴(山窟)		岫의 통속자	岫(岫와 同字) 산굴	(岫와 同字)		산굴[岫] 수
493	수	漱	양치질할	양치할	양치할 수	양치질할	양치질할	양치질할	양치할 수
494	수	燧	봉화	봉화	봉화 수	부싯돌	부싯돌 수	불을얻는기재/봉화(烽火)	봉화 수
495	수	琇	옥돌 수		아름다운 옥돌 수	옥돌 수	옥돌수	옥돌이름 수 옥돌이름 유	옥돌 수
496	수	璲	패옥		서옥의하나, 패옥	패옥	패옥	서옥이름	패옥 수
497	수	綏	편안할 수	편안할 수 기드림 유	1.기'발느림유2.편안하다수(수레끈, 수레고삐)	끈 수 기장식 유 드리울 타	편안할수기드림유드리울타	1.편안할수/수레의 손잡이 수2.기장식유3.내릴타4.제사이름수	편안할 수/기드리움 유
498	수	綬	인끈	인끈	인끈	끈	인끈	실띠	인끈 수
499	수	脩	길 수	길 수	길수[슈]	포수	포수옻칠할통유땅이름조날개찢어질소	포수/마를 수 술잔 유 고을이름 조 쓸쓸할 소	길 수
500	수	茱	수유(茱萸)	수유	(茱萸)수유약이름	수유나무	수유	수유(茱萸)나무	수유 수
501	수	蓚					수산 수		수산 수
502	수	藪	숲 덤불 수	숲 수	휘(量)수[슈]	수풀 수	늪수 또아리수바퀴살구멍추	늪 수 굴대를끼우는 구멍 추	숲 수
503	수	讐	원수 수	원수 수(讎)	원쑤 수	원수,동류,대답할,갚을,맞을,당할,같을수	원수 수	원수,대답할,대등할,갚을,자주,짝수(讎와 同字)	원수 수
504	수	邃	깊숙할	깊을	깊을 수	깊을	깊을	깊을	깊을 수
505	수	銹	銹 쇠 녹날		(★와 同字)녹.동록 수	銹(★와 同字)녹/녹슬	녹슬수	銹 녹	쇳녹날 수

順番	音價	漢字	古今	韓國	北韓	民衆	東亞	敎學	本書案
506	수	隧	무덤길 수	길 수	길수	굴 수 떨어질 추/떨어뜨릴 추	길수 떨어질 추	굴 수/길 수 떨어질 추	길 수
507	수	鬚	수염		수염	수염	수염	수염	수염 수
508	숙	潚			1.물이깊고맑다축2.빠르다축	빠를 축	강이름소빠를축,숙	비바람이세찬모양소쌀씻을수물이깊고맑을축	물맑을 숙
509	숙	琡			옥이름	숙옥(琡玉)	옥 이름 숙	옥이름	옥이름 숙
510	숙	璹			옥그릇숙옥이름도	옥이름 수 옥이름 도 옥그릇 숙	옥 그릇 숙, 도	옥그릇 수 옥그릇 숙	옥그릇 숙
511	순	徇	부릴/빠를	조리돌릴	조리돌리다 두루부리다	경영할	주창할순두루순	1.조리돌릴/빼앗을2.부릴	부릴/조리돌릴 순
512	순	恂	믿을 순		1.미덥다순2.무섭다엄하다준	미쁠 순 갑자기 준	정성순갑자기순	1.믿을 순2.깜박일 순	미쁠/무서울 순
513	순	栒			1.나무이름순2.쇠북이나경쇠를다는가로지른나무	악기다는틀	가로대순나무이름	1.종·경쇠등 을매다는가로대2.나무이름	나무이름 순
514	순	楯	난간순		난간,방패	난간 순 책상 준	난간순책상준	난간(欄干)순수레춘	난간 순
515	순	橓			무궁화	무궁화나무	무궁화 순	무궁화나무	무궁화나무 순
516	순	蓴	순나물	순채	순채	순채	순채순풀더부룩할단	순채(純菜)	순채 순
517	순	蕣	무궁화		무궁화	무궁화나무	무궁화 순	목근(木槿)(무궁화나무)	무궁화 순
518	순	詢	물을	물을	물을	물을	물을	물을	물을 순
519	순	諄	자상할 순	거듭이를 순(준)	[諄諄]순순거듭타이르다	도울 순	타이를순 죄순미워할준	타이를 순	거듭이를 순
520	순	錞			1.창고달이대2.악기이름순	악기이름 순 창고달 대	악기이름순물미대	순우(錞于)순 물미 대 관의덮개 타	악기이름 순
521	술	銊			돗바늘	바늘	돗바늘	1.돗바늘2.이끌	돗바늘 술

順番	音價	漢字	古今	韓國	北韓	民衆	東亞	教學	本書案
522	숭	崧	산 높을	산 높을	산이 우뚝 솟다	우뚝솟을	우뚝솟을숭	산이높고큰 모양	산높을 숭
523	숭	嵩	산 이름	높을	높다	숭산	높을숭	산높을	산높을 숭
524	슬	蝨	이	이	이	이	이	이	이 슬
525	습	褶	슬갑(膝甲) 습 겹옷 첩	사마치 습 주름 접	말을탈때입던옷습덧옷, 겹옷첩	겹옷 첩 사마치 습	주름습겹옷첩	옷구김살습 겹옷첩	사마치 습/겹옷 첩
526	승	蠅	파리 승	파리 승(응)	파리 승	파리 승	파리 승	파리 승	파리 승
527	승	陞	오를	오를	오를	오를/올릴	오를	오를	오를 승
528	시	嘶	말 울		울	울	울	말울	말울/목쉴 시
529	시	尸	주검	주검/시동	주검	주검	주검	주검/시동(尸童)	주검 시
530	시	屎	똥 시	똥 시	1.괴로와서 신음하는소리히2.똥시	똥 시 끙끙거릴 히	똥시앓을히	신음할 히 똥 시	똥 시
531	시	恃	믿을	믿을	믿을	믿을	믿을	믿을	믿을 시
532	시	翅	날개	날개	날개	날개	날개	날개	날개 시
533	시	蒔	모종할	모종할	모종할	모종할	모종낼시 소회향시	1.모종할2.시라(蒔蘿)	모종할 시
534	시	蓍	빽때쑥		시초	톱풀	시초시	시초(蓍草)(가새풀)	시초 시
535	시	豕	돼지	돼지		돼지	돼지	돼지	돼지 시
536	식	埴	찰흙 치		진흙치,(시)	찰흙 치 찰흙 식	찰흙 식 찰흙 치	찰흙 식 찰흙 치	찰흙 식(치)
537	식	寔	이		이(是)	진실로	이	이	이(是) 식
538	식	篒		땅이름			사람 이름	땅이름	땅이름 식
539	신	侁			[侁侁]신신떼지어가는 모양	갈	걷는 모양	다니는모양	걷는모양 신
540	신	莘	약 이름	세신	기름하다(長) 신	족두리풀	긴 모양	세신(細辛)(족두리풀)	세신 신
541	신	藎		조개풀	풀이름	조개풀	조개풀신풀이름진	신초(藎草)(조개풀)	조개풀 신
542	심	沁		물적실 심	1.더듬어찾다2.적시다	물이름 심	스며들심	스며들 심	스며들 심

順番	音價	漢字	古今	韓國	北韓	民衆	東亞	敎學	本書案
543	심	芯				골풀	등심초	심지	골풀 심
544	심	諶	믿을		믿다,헤아리다침(심)	참	참심	미더울	믿을 심
545	아	娥	예쁠	예쁠	어여쁘다 아	예쁠	예쁠	예쁠	예쁠 아
546	아	峨	산 높을	높을	높을 아	높을	높을	높을	산높을 아
547	아	莪	새발쑥		다북쑥	쑥	지칭개	아호(莪蒿)	다북쑥 아
548	아	蛾	누에나비 아	나비 아 개미 의	나비 아	나방 아 개미 의	나방아개미의	누에나방 아 개미 의	누에나방 아
549	아	鴉	갈가마귀	까마귀	까마귀 아	큰부리까마귀	갈가마귀	큰부리까마귀	갈까마귀 아
550	아	鵝	거위	거위	거위 아	거위	거위	거위	거위 아
551	악	嶽	큰 산	멧부리	메'부리 악	큰산	큰산	큰산	큰산[岳] 악
552	악	幄	장막(帳幕)	장막	장막 악	휘장/장막	휘장	장막	장막(帳幕) 악
553	악	渥	비 젖을 악	비젖을 악	젖다악두텁다악윤택하다악	짙을 악	두터울악 담글우	젖을 악 담글 우 가릴 옥	비젖을/두터울 악
554	악	鄂		땅이름	가,지경(垠)	나라이름	땅이름	땅이름/나라이름	땅이름 악
555	악	鍔	칼날		칼날	칼날	칼날	칼날	칼날 악
556	악	鰐	악어		악어	악어	악어	악어(鰐魚)	악어 악
557	악	齷	악착할		악착할	작을/잗달	악착할악	악착(齷齪)할	악착할 악
558	안	鮟				아귀	아귀	안강(鮟鱇)	아귀 안
559	암	唵	움켜 먹을 암		손으로움키어먹다	움켜먹을 암	먹음을암	움켜먹을 암	움켜먹을 암
560	암	岩	岩바위	巖 바위	(巖의 통속자) 바위	巖(巖의 俗字)(★의 俗字)바위	巖(巖의 俗字) 바위	巖(巖의 俗字) 바위	바위[巖] 암
561	암	菴	암자 암	암자 암	암자암(庵와同字)	우거질 암	풀이름암나무우거진모양암	1.암자(庵子)암2.나무우거진 모양암3.암자 엄	암자 암
562	압	狎	친압할압	친압할 압(합)	누를 압	익을 압	익숙할 압	친압(親狎)할 압	친압할 압

順番	音價	漢字	古今	韓國	北韓	民衆	東亞	教學	本書案
563	앙	昻	높을 앙	높을 앙	밝을 앙	밝을,들,높을,오를,뜻높을,말이저벅저벅걸을 앙	1.오를앙2.임금덕높을앙	오를,고개들,높을,흥분할,교만하게뽐내는모양,특출할 앙	높을[昂] 앙
564	애	厓		언덕	언덕 애	언덕/낭떠러지	언덕	1.언덕2.눈초리	언덕 애
565	애	碍	꺼리낄 애			거리낄 애	1.거리낄애2.푸른돌의(礙의속자,간자)	막을,한정할,걱정할,장애,방해할,가릴 애(礙의 속자)	거리낄[礙] 애
566	액	掖	낄	겨드랑이	겨드랑이 액	겨드랑이	겨드랑	낄	낄/겨드랑이 액
567	앵	罌	병[甁總名]/뒤웅		병(甁總名)앵(★와 同字)	항아리	양병앵(本音:영)	단지	양병 앵
568	앵	鸚	앵무새	앵무새	앵무	앵무새	앵무새	앵무새	앵무새 앵
569	야	椰	야자나무		야자나무	야자나무	야자나무	야자나무	야자나무 야
570	약	蒻	구약나물		ㄱ.죽순ㄴ.대껍질(竹皮)	구약나물	부들약콩낙	어린부들	부들 약
571	양	凉	서늘할 량(양)	涼서늘할량	서늘 량	서늘할량涼(凉은 涼의 俗字)	서늘할량도울 량(涼 의 속자)	涼(凉은 涼의 俗字)	서늘할[涼] 량
572	양	佯	거짓	거짓	거짓 양	속일	거짓	속일	거짓 양
573	양	敭	밝힐			揚(揚의 古字) 오를/날	揚(揚의 古字) 날릴	揚(揚의 古字) 날/들	날릴[揚] 양
574	양	暘	해돋을	해돋을	볕에말리다 밝다	해돋이	해 돋이	해돋을	해돋을 양
575	양	瀁			[沆瀁],[滉瀁]물이 깊고 넓은 모양	물이름	내이름(물이 넘치는모양.물이끝없이넓은모양)	1.물이출렁이는모양2.끝없이넓고 깊은 모양	물깊을 양
576	양	煬	녹을		1.화하다2.녹이다	땔	쬘양쇠녹일양	1.불쬘2.녹을	녹을 양
577	양	痒	가려울	가려울	ㄱ.옴(疥疾)ㄴ.가렵다	병	앓을양가려울양	1.병2.가려울	가려울[癢] 양
578	양	禳	빌	물리칠	빌다,기도하다	물리칠	1.제사이름2.푸닥거리할	양제[除厲 殃祭]	빌 양

順番	音價	漢字	古今	韓國	北韓	民衆	東亞	敎學	本書案
579	양	穰	볏줄기 양	벼여물 양	ㄱ.벼'줄기ㄴ.풍년이들다	짚 양	볏대양	1.대 양2.많을 양3.잘게 썬짚 영	볏줄기 양
580	어	馭	말 부릴	말부릴	어거할 어	부릴	말 부릴	말부릴	말부릴 어
581	어	齬	이어긋날어		[★齬]이가 맞지 아니 하고 어긋나다	맞지않을 어	어긋날어	이고르지않을 어 산세 가험준한 모양 오	이어긋날 어
582	억	檍	참죽나무		참죽나무	감탕나무	감탕나무	감탕나무	참죽나무 억
583	언	偃	누울	쓰러질	쓰러질	쓰러질	쓰러질	쓰러질/누울	쓰러질 언
584	얼	孼	서자	서자	서자	서자	서자	서자(庶子)	서자 얼
585	얼	蘖	싹 얼	움 얼	싹 얼	그루터기 얼	그루터기얼 황경나무벽	움 얼 황벽(黃蘖) 벽	싹 얼
586	엄	俺	나 엄		1.나2.크다 엄(암)	1.나 암2.나 엄	나 엄(本音:암)	1.나,우리들 암2.클 엄	나 엄
587	엄	淹	담글	적실	담그다,적시다	담글/적실	담글/물가	1.담글2.물가	담글 엄
588	업	業	산 웅장할		산이높은모양	험준할	높고험할	높이솟은모양	산높을 업
589	여	歟			어조사 여	그런가	어조사 여	어조사	어조사 여
590	여	璵			[璵번] 보옥이름	옥	옥여	여번(璵★)	옥 여
591	여	礖			[礖石]여석독기가있는돌		사람 이름 여		돌 여
592	여	艅		배이름	[艅황]배 이름	배이름	배이름여	여황(艅★)(배이름)	배이름 여
593	여	茹	띠 뿌리	먹을	1.풀뿌리가 서로얽히다2.마시다3.나물4.헤아리다5.부드럽다	연할	먹을	1.먹을2.채소	꼭두서니 여
594	여	轝	수레 바탕		수레여(輿와 同字)	수레	가마 여	가마	수레 여
595	연	嚥	침 삼킬		삼키다	삼킬	삼킬	삼킬	침삼킬 연
596	연	堧	노는 땅		ㄱ.성밑밭ㄴ.빈땅(★와 同字)	성하전(城下田)	빈터연	빈땅	빈땅 연

順番	音價	漢字	古今	韓國	北韓	民衆	東亞	教學	本書案
597	연	娟	예쁠 연		[娟娟]연연곱고아름다운모양	예쁠 연 예쁜모양 견	예쁠연	어여쁠 연	예쁠 연
598	연	挻			길다, 당기다 연	당길 연 이길 선	늘릴연(本音:선)	뻗칠 연	당길 연
599	연	沇			[沇沇] 흘러가는' 모양	물이름연 흐를 유	1.강이름연2.물흐르는모양유	강이름 연 많고성한모양 유	물이름 연
600	연	涎	침 연		침연	침 연	1.침연(本音:선)2.물흐르는모양연	1.침 연2.물흐르는 모양 연	침 연
601	연	涓	졸졸흐를연	가릴 연(견)	물의작은흐름	물방울 연	1.시내연(本音:견)2.물흐르는모양연3.눈물흘릴현	시내 연/흐를 연 눈물흐르는 모양 현	졸졸흐를 연
602	연	烟	烟연기연	(煙과同字) 연기 연	연기연	煙(煙과 同字) 연기연	(煙과 同字)1.연기연2.제사지낼인	煙(煙과 同字) 연기 연 원기(元氣) 인	연기[煙] 연
603	연	縯			길다연당기다인	길 연 당길 인	1.길연2.당길 인	부연(敷演)할연당길인	길 연/당길 인
604	염	琰		옥홀	[琬琰]완염아름다운옥	옥	옥갈염	완염(琬琰)	옥 염
605	염	苒			풀이 무성한 모양	성할	풀우거질	초목우거진 모양	풀우거질 염
606	염	髥		구레나룻	수염	구레나룻	구레나룻	구레나룻	구레나룻 염
607	엽	曄	빛날		빛나다	빛날	빛날엽	빛날	빛날 엽
608	영	塋	무덤		무덤	무덤	무덤	무덤	무덤 영
609	영	嶸	산가파를		산이 높고 가파른 모양	가파를	가파를	높고험한모양	산가파를 영
610	영	楹	기둥		기둥	기둥	기둥	기둥	기둥 영
611	영	渶				물맑은	강 이름 영	강이름	물이름 영
612	영	潁				물이름	강 이름 영	영수(潁水)	물이름 영
613	영	濼		濼 물적을	소용돌이 치는 모양(瀯과 同字)		물졸졸흐를 영(瀯와 同字)	瀯(瀯과 同字) 물흐르는모양濼(濼과同字)작은물의 모양	물졸졸흐를 영

順番	音價	漢字	古今	韓國	北韓	民衆	東亞	敎學	本書案
614	영	瀛	큰바다	큰바다	바다	바다	바다	바다	바다 영
615	영	瀯		물소리	물'소리	물소리	물 졸졸 흐를 영	물흐르는모양	물소리 영
616	영	煐			사람이름	빛날	사람이름	사람이름	빛날 영
617	영	瓔	구슬		옥돌	옥돌	구슬목걸이	영락(瓔珞)	옥돌 영
618	영	穎	이삭	이삭	이삭	이삭	이삭	벼이삭	이삭 영
619	영	纓	갓끈	갓끈	갓끈	갓끈	갓끈	갓끈	갓끈 영
620	영	鍈				방울소리	방울 소리 령	방울소리	방울소리 영
621	영	霙			눈 꽃,구름이 피어오르는 모양	진눈깨비	진눈깨비영 흰구름앙	싸라기눈	진눈깨비 영
622	예	乂			다스릴예	깎을 예/벨 예 징계할 애	벨예 징계할 애	풀벨 예 징계할 애	깎을 예
623	예	倪	어릴	어릴	1.돕다2.어린이	어린아이	어린이예	1.어린아이2.흘겨볼	어릴 예
624	예	刈	풀 벨	풀벨	벨 애(예)	벨	벨	풀벨	벨 예
625	예	叡	밝을		슬기[睿와同字]	밝을/슬기로울	밝을	밝을	밝을 예
626	예	汭			물' 굽이	물굽이	물굽이예해돈	합류할	물굽이 예
627	예	猊	사자	사자	[狻猊] 사자	사자	사자	사자	사자 예
628	예	蘂	蘂 꽃술	蘂 꽃술	蘂 꽃술	蘂(蕊의 俗字) 꽃술	(蕊의 俗字) 꽃술예꽃더부룩할전	蕊(蕊의 俗字) 꽃술	꽃술[蕊] 예
629	예	霓	암무지개 예	무지개 예	무지개 예	무지개 예	무지개예(역)	암무지개 예 암무지개 역	암무지개 예
630	오	俉			맞다(迎)	맞이할	맞이할	맞이할	맞이할 오
631	오	塢	산 언덕		언덕(★와 同字)	마을	둑	성채	산언덕 오
632	오	敖	거만할		1.노닐다오2.거만하다오	거만할	놀 오 거만할 오	1.놀2.오만(傲慢) 할	거만할 오
633	오	旿			1.대낮,한낮2.밝다	밝을	밝을	밝을	밝을 오

順番	音價	漢字	古今	韓國	北韓	民衆	東亞	教學	本書案
634	오	晤	밝을	밝을	1.깨우치다2.만나다,대하다	밝을	밝을	만날	밝을 오
635	오	澳	물굽이 오		1.깊다오바다에서배를댈수있는곳오2.물'굽이욱	깊을 오 후미 욱/굽이욱	깊을오후미욱	항구 오 물가 욱	깊을 오
636	오	熬	볶을	볶을	볶을	볶을	볶을	볶을	볶을 오
637	오	獒	사나운 개	개	1.큰개2.사나운개	개[猛犬]	개	개	사나운개 오
638	오	簊		버들고리	버들고리	버들고리	버들고리	고리[栲★]	버들고리 오
639	오	蜈	지네	지네	지네	지네	지네	오공(蜈蚣)(지네)	지네 오
640	오	鰲	鰲큰자라	鰲 자라	자라(鼇와同字)	鼇(鼇의 俗字)자라	(鼇의 俗字)자라오	鼇(鼇의 俗字)큰거북	자라 오
641	오	鼇		자라	자라(鰲와 同字)	자라	자라	큰거북	자라 오
642	온	瑥				사람이름	사람이름	사람이름	사람이름 온
643	온	瘟	염병		역질 온	염병	1.염병온2.괴로워할올3.좀아픈모양온	돌림병[疫病]	염병 온
644	온	縕	묵은 솜	묵은솜	묵 솜,헌 솜	삼부스러기	1.헌솜온2.어지러울온3.주홍빛온	(★과 同字)1.솜2.적황색(赤黃色)	묵은솜 온
645	올	兀	우뚝할	오뚝할	오뚝할	우뚝할	우뚝할	우뚝할	우뚝할 올
646	옹	瓮	독		독 옹	항아리	독 옹	독	독 옹
647	옹	癰	종기[疽]	등창	부스럼	악창	악창	종양(腫瘍)	종기 옹
648	옹	饔	아침밥		1.밥,2.아침'밥	아침밥	아침밥	아침밥	아침밥 옹
649	와	窩	움집	움집	1.감추다2.굴3.움'집	굴	움집	보금자리	움집 와
650	와	窪	도랑/웅덩이		1.도랑2.깊다	구덩이	웅덩이	깊을	웅덩이 와
651	와	蛙	개구리 와	개구리 와	개구리와음탕하다왜	개구리 와 개구리 왜/음란할 왜	개구리와(왜)	개구리 와 개구리 왜 제결(★蛈) 결	개구리 와

順番	音價	漢字	古今	韓國	北韓	民衆	東亞	敎學	本書案
652	완	梡			도마(俎)관	도마 관	도마관	1.적대 관2.문지를 환3.근심 환	도마 완/관
653	완	椀	주발	사발	사발	주발	주발	주발	주발 완
654	완	浣	씻을 완/빨 완	빨 완(환)	빨완(환)	빨 완/씻을 완	빨완(本音:환)	빨완 수준기(水準器) 관	빨 완
655	완	琓		나라이름 완		나라이름 완	옥돌 완	완하 완	나라이름 완
656	완	琬		홀	[琬琰]완염 ㄱ.아름다운 옥ㄴ.홀이름(圭)	홀(笏)	홀 완	완규(琬圭)	홀 완
657	완	碗	碗 그릇	碗 사발	사발(椀와 同字)	盌(盌의 俗字) 주발	주발(盌의 俗字)	碗식기(食器)	주발 완
658	완	翫	구경할	구경	구경완	갖고놀/한껏 반복할/마음껏익힐	가지고놀	깔볼/희롱할	구경할 완
659	완	脘	중완[胃府]		위[胃腔] 완(관)	밥통	밥통완(本音:관)살한뼈기름환	밥통	중완 완
660	완	豌	완두	완두	완두	완두	완두	완두	완두 완
661	왜	娃			얼굴이고운 여자왜(와)	예쁠 왜 미인 와/예쁠 와	예쁠왜(와)	미녀(美女) 와	예쁠 왜/와
662	외	嵬	산 높을	높을	높을외	높을	높을외	1.높고험준한 모양2.평탄하지 않은 모양	높을 외
663	요	嶢			산이 높다	높을	높을 요	높은모양	높을 요
664	요	橈	돛대 요		노요굽은나무뇨	노 요 휠 뇨	굽을뇨노요	굽을 뇨 노 요	노/꺾어질 요
665	요	燿	비칠요		비치다요	비칠 요/빛날 요 녹일 삭	빛날요뾰족할초녹일삭	비출 요 뾰족할 초 녹일 삭	비칠/빛날 요
666	요	瑤	아름다운	아름다운옥	아름다운옥	옥돌	아름다운옥 요	아름다운옥	아름다운옥 요

順番	音價	漢字	古今	韓國	北韓	民衆	東亞	教學	本書案
667	요	繇	역사 요		따르다,성하다요말미암다유점사주	우거질 요 말미암을 유 점 주	역사요말미암을유점괘주	풀무성한모양 요/요역(繇役) 요 부터 유/길 유 점사 주	성할 요/부드러울 유
668	요	繞	얽힐	두를	두를	얽힐/감길	두를요감길요	1.감길2.휠	두를 요
669	요	蟯		요충	촌백충(短蟲)	요충	요충	1.요충(蟯蟲)2.벌레움직이는모양	요충 요
670	욕	縟	화문놓을	꽃무늬놓을	화려한채색꽃무늬	채색/채식(采飾)	화문 놓을(繁采飾)	채식(采飾)	화문놓을 욕
671	욕	褥	요	요	요욕(藉)	요	요욕어린애옷녹	요	요[藉] 욕
672	용	俑	허수아비	허수아비	허수아비	목우(木偶)	허수아비	허수아비	허수아비 용
673	용	冗	冗(宂) 한산할/일 없을		번거할용(한산하다)冗(宂)	宂(冗의 俗字)한가로울	(冗과 同字)쓸떼없을용	宂(冗과 同字)쓸데없을/한가할	한산할/번잡할 용
674	용	埇	길 돋울		길을 돋우다	길돋을	길 돋울	길돋울	길돋울 용
675	용	墉	담[垣]		담	담	담	성[城牆]	담[垣] 용
676	용	慂			[慫慂]종용권유하다,부추기다	종용할	권할용	권할	권할 용
677	용	榕			나무 이름	용나무	벵골보리수용	용나무	나무이름 용
678	용	湧	湧 물 솟을	湧 솟을	솟을(涌왕 同字)	湧(涌과 同字)솟아날	(涌과 同字)샘솟을용	湧(涌과 同字)물솟을	물솟을 용
679	용	甬			1.솟다2.루각사이를통하는복도3.쇠북꼭지	길 용	길용대롱동	종꼭지 용 대롱 통	종꼭지 용
680	우	盱			해가 돋다 우(후)	클	클우	해뜰	해뜰 우
681	우	玗			옥돌	옥돌	옥돌	옥비슷한돌	옥돌 우
682	우	瑀			옥돌	패옥	패옥 우	옥돌[玉石]	옥돌 우
683	우	盂	밥그릇	바리	바리,식기	사발	바리	그릇[飯器]	바리 우

順番	音價	漢字	古今	韓國	北韓	民衆	東亞	教學	本書案
684	우	禑		禑 복 우			복오(우)	★와 同字. ★는 ★의 本字.복 오	복 우
685	우	紆	얽힐	얽힐	1.둘리다2.얽다3.굽다	굽을/굽힐	굽을우	1.굽을2.양우(陽紆)	얽힐 우
686	우	芋	토란 우	토란 우	토란우크다후	토란 우 클 후	토란우풀성한모양우덮을우	1.우내(芋★)우★(토란)2.우윤(芋尹)우3.클 후	토란 우
687	우	藕	연뿌리	연뿌리	련 뿌리	연뿌리	연뿌리	연뿌리[蓮根]	연뿌리 우
688	우	釪			[鉢釪] 바리'대	창고달	악기 이름 우	바리때[鉢釪]	바리때 우
689	우	雩	기우제 우	기우제 우	기우제우	기우제 우/기우제지낼 우	기우제(祈雨祭)땅이름우	1.기우제(祈雨祭) 우2.무지개 우3.후루(雩婁) 후	기우제 우
690	욱	勖	힘쓸 욱	힘쓸 욱	힘 쓰다 욱	힘쓸 욱	힘쓸 욱	힘쓸 욱 힘쓸 무	힘쓸 욱
691	욱	彧			빛 나다	문채	문채	긴모양	문채 욱
692	욱	栯			[栯李] 욱리 산이스랏 나무		산앵두욱유목유	산이스랏나무 욱 유목(栯木) 유	나무이름 욱
693	욱	稶			기장과 피가 우거진 모양	(★의 本字) 서직(黍稷) 무성할	서직무성할욱(★의 本字)	(★의 本字) 서직성한모양	무성할 욱
694	운	橒			나무이름	나무무늬	나무 이름 운	나뭇결[木紋]	나무이름 운
695	운	澐			강의 큰 물'결	큰물결일	큰 물결	큰물결	큰물결 운
696	운	熉			누른빛 운	노랄	노란 모양 운	색이노란모양	노란모양 운
697	운	蕓	운풀[香草]		향초[蕓★] 나물이름	평지	평지	운대(蕓薹)	평지 운
698	울	亐			우의古字어조사우			亐가있음.亐는于의本字임.于1.갈/보다(비교)2.아(嘆詞)	어조사 우

順番	音價	漢字	古今	韓國	北韓	民衆	東亞	教學	本書案
699	원	円	圓 *둥글 원	圓 *둥글 원	圓 *둥글 원	圓(圓의 略字) *둥글원	(圓의 속자) *둥글 원	圓(圓의 略字) *둥글원 *원원	둥글[圓] 원
700	원	垣	낮은 담		담 원	담	담	담[矮牆]	담 원
701	원	嫄	여자 이름		[姜嫄]전설로일러오는稷의어머니	사람이름	사람이름	후직의어머니 의자	여자이름 원
702	원	寃	원통할 원	원 통 할 원(冤)	원통할 원(冤의 통속자)	원통할 원(冤의 동자)	원통할 원(冤의 속자)	억울할,원한,원수,굽힐 원(冤의 속자)	원통할[冤] 원
703	원	愿	삼갈		1.삼가다2.정성	성실할	삼갈	삼갈	삼갈 원
704	원	沅			물이름	물이름	강 이름	원수(沅水)	물이름 원
705	원	洹	물 이름 원		물이름원물이흐르는모양환	물 이 름 원 세차게흐를 환	강이름원세차게흐를환	강 이 름 원 물많은모양 환	물이름 원
706	원	湲	물 소리 원		[潺湲]잔(원).잔(환)ㄱ.물이흐르는모양ㄴ.눈물을흘리는모양	흐를 원 흐를 완	물흐를원	물흐르는모양 원 물흐르는모양 환	물졸졸흐를 원
707	원	爰	당길/이에	이에	이에	이에	이에	이에/이에있어서	이에 원
708	원	轅	진문		수레	끌채	끌채 원	끌채	수레채 원
709	월	鉞	도끼	도끼	도끼	도끼	도끼	큰도끼	도끼 월
710	위	暐	빛날		해' 빛	환할	햇빛위	햇빛	빛날 위
711	위	瑋		옥	옥이름	옥	옥이름	옥이름	옥이름 위
712	위	葦	갈대	갈대	갈위(갈'대)	갈대	갈대짤	1.갈대2.엮어짤	갈대 위
713	위	蔿			1.풀2.성(姓)	애기풀	애기풀위떠들화풀이름와교활할규	가시연밥의 줄기	애기풀 위
714	위	蝟	고슴도치	고슴도치	고슴도치	고슴도치	고슴도치	고슴도치	고슴도치 위
715	위	褘	휘장 위		1.휘장,아름답다위2.주머니,왕후의제복휘	폐슬 휘 아름다울 위	폐슬휘향낭위아름다울위	왕후제복 휘 아름다울 위	휘장 위
716	유	侑	짝	짝	돕다,권하다	도울	권할	권할/도울	짝/권할 유

順番	音價	漢字	古今	韓國	北韓	民衆	東亞	敎學	本書案
717	유	孺	어릴	어릴	어린아이	젖먹이	젖먹이	어린이[乳子]	어릴 유
718	유	攸	아득할	바	바	바	바유위태할유	바	아득할 유
719	유	楢			화투'불(★와同字)	졸참나무	졸참나무화톳불피울	1.졸참나무2.화톳불피울	졸참나무 유
720	유	洧	물 이름		물 이름	물이름	강이름	유수(洧水)	물이름 유
721	유	濡	적실 유	젖을 유	젖을유	젖을 유	젖을유머리감을난	젖을 유 난수(濡水) 난 편안할 여 유약(柔弱)할 연 삶을 이	젖을/막힐 유
722	유	猷	꾀할		꾀	꾀	꾀할	꾀할	꾀할 유
723	유	瑜	아름다운옥	옥	아름다운옥	옥	아름다운옥	근유(瑾瑜)	아름다운옥 유
724	유	臾	잠깐 유		잠간유	잠깐 유 권할 용	잠깐유권할용삼태기궤약한활유	1.수유(須臾)유★(잠깐)2.권할 용3.삼태기 궤4.약한활 유	잠깐 유
725	유	萸	수유	수유	[茱萸]수유약이름	수유나무	수유	수유(茱萸)	수유 유
726	유	逾		넘을 유	넘을유	넘을 유/지날 유	넘을유	넘을 유 그럭저럭 되는대로 살아갈 투	넘을 유
727	유	釉				윤	윤유	유약(釉藥)	유약 유
728	육	堉	걸찬 땅		비옥한 땅	기름진땅	기름진땅	기름진땅	기름진땅 육
729	육	毓	키울	기를	기르다	기를	기를	기를	키울 육
730	윤	奫			[淪]물이소용돌이치는모양[★]물이 깊고 넓은 모양[★](물이) 뺑돌아나가는 모양	물충충할	물깊고넓을 윤		물깊고넓을 윤
731	윤	玧			귀막이윤옥의붉은빛문	귀막이옥 윤 붉은옥 문	귀막이옥윤붉은옥문	귀막이 윤 붉은옥 문	귀막이옥 윤/붉은옥 문

順番	音價	漢字	古今	韓國	北韓	民衆	東亞	教學	本書案
732	윤	贇		예쁠 빈(윤)	어여쁜 모양	예쁠 빈	예쁠빈(本音: 윤)	사람이름 빈 예쁠 윤	예쁠 윤/빈
733	율	聿	오직		붓	붓	붓	붓	붓 율
734	융	瀜			[瀜]충융 물이 깊고 넓은 모양	깊을	물이 깊고 넓은 모양	물이깊고넓은 모양	물깊고넓을 융
735	은	慇	은근할		은근할	근심할	괴로워할 은	은근할	은근할 은
736	의	倚	기댈 의	기댈 의	기댈의	기댈 의 기이할 기	의지할의기이할기	기댈 의/인(因)할 의 괴이할 기	기댈 의
737	의	懿	아름다울 의	아름다울 의	아름다울의	아름다울 의	아름다울의	1.아름다울 의2.아의(歎詞)3.억시(抑詩) 억	아름다울 의
738	의	艤	배댈		배를 대다,정박하다	차릴	배댈	배댈	배댈 의
739	의	薏	율무 의 연밥속 억	율무의	련'밥의련'밥알억	연밥알 억 율무 의	율무의(억)	연밥심 [蓮子心] 의 연밥심 [蓮子心] 억	율무 의/연밥속 억
740	의	蟻	왕개미	개미	개미	개미	개미	개미	개미 의
741	이	彝	떳떳할	彜 떳떳할	떳떳	彜 떳떳할	(彜의 俗字) 떳떳할	彜(彜의 俗字) 떳떳할	떳떳할[彜] 이
742	이	肄	익힐	익힐	익힐	익힐	익힐이죽여효시할시	익힐	익힐 이
743	이	苡	율무		[薏苡] 율무이	질경이	질경이이오랑캐이름와	부이(芣苡)(질경이)	율무/질경이 이
744	이	荑	흰 비름 이 띠 싹 제		베다이갓돋은띠제	띠싹제벨이/깎을이	삘기제흰비름이	싹제흰비름[巫荑]이	흰비름 이/띠 싹 제
745	이	貽	줄	줄	줄	줄	끼칠	줄	줄[與] 이
746	이	邇	가까울	가까울	가까울 이	가까울	가까울	가까울	가까울 이
747	이	飴	엿 이	엿 이	엿 이	엿 이 먹일 사	엿 이 먹일 사	엿 이 먹일 사	엿 이
748	익	瀷			폭우로 갑자기 모인 물	물이름	강이름익	비온뒤에갑자 기불은물	물이름 익

順番	音價	漢字	古今	韓國	北韓	民衆	東亞	敎學	本書案
749	익	諡	빙그레할 익		웃는모양익 시호시	웃을 익 시호 시	웃을익	시호 시	빙그레할 익/시호 시
750	인	絪	수삼		삼,자리	자리	기운	인온(絪縕)	기운덩이 인
751	인	茵	지직	자리	수레에 까는 겹'요	깔개	자리인	수레깔개	기직/사철쑥 인
752	인	靷	가슴걸이	가슴걸이	가슴걸이	가슴걸이	가슴걸이	가슴걸이	가슴걸이 인
753	일	馹	역말	역마	역마	역말	역말	역말[驛馬]	역말[驛馬] 일
754	임	姙	妊 아이 밸	姙 아이밸	(妊와 同字) 아이밸	姙 애밸	(妊와 同字) 아이밸	姙(妊과 同字)애밸	아이밸[妊] 임
755	임	恁	생각할 임		생각임이러하다(如此) 님	생각할 임	생각할임당신님	생각할 임 너 님	생각할 임
756	임	稔	여물 임	영글 임	영글 염(임)	여물 임	곡식 익을 임	곡식익을 념	익을 임/념
757	임	荏	들깨	들깨	깨(들깨)	들깨	들깨	들깨	들깨 임
758	입	廿	廿 스물		스물(廿과 同字)	廿(廿의 俗字)스물	(廿과 同字) 스물	廿(廿의 俗字)스물	스물[廿] 입
759	잉	仍	인할	인할	인할	인할	인할	인할	인할 잉
760	잉	芿		풀싹	묵은 뿌리에서 새 싹이 생기다	움풀	새풀싹풀	벤뒤새로돋은 풀	새풀싹 잉
761	자	咨	차탄할	물을	일을 의논하다	물을	물을자	물을	차탄할/물을 자
762	자	孜	부지런할		[孜孜] 부지런하다	부지런할/힘쓸	힘쓸	부지런할	부지런할 자
763	자	茨	납가새	집이을	남가새. 질려(蒺藜)	일	가시나무	지붕일	남가새 자
764	작	斫	쪼갤	찍을	쪼개다.찍다	찍을/칠	벨	도끼날	쪼갤 작
765	잔	孱	잔약할	허약할	허약하다	잔약(孱弱)할	잔약할잔나쁠산	1.좁을/약할 2.군색할3.잔릉(孱陵)	잔약할 잔
766	잔	潺	물 졸졸 흐를	물졸졸흐를	물'소리	졸졸흐를	물 흐르는 소리	물소리	물졸졸흐를 잔
767	잠	岑	멧부리 잠	멧부리 잠	메'부리잠	봉우리 잠	봉우리잠벼랑음	작으면서도 높은산 잠 산세가험준한 모양 음	산높을 잠

順番	音價	漢字	古今	韓國	北韓	民衆	東亞	教學	本書案
768	장	暲			해가 떠오르다	해돋을	밝을 장	햇살퍼지는 모양	해돋을 장
769	장	樟	여장나무		나무이름	녹나무	녹나무	녹나무	녹나무 장
770	장	欌	장롱	장	장	장롱	장롱	장	장롱 장
771	장	牆	담	담	담장	담	담	墻(牆의本字)담	담 장
772	장	臧	착할	착할	착하다	착할	착할장곳간장	1.착할/노예 2.장부(臟腑)	착할 장
773	장	贓	장물	장물	장물	장물	장물	장물	장물 장
774	재	梓	가래나무자 가래나무 재	가래나무 재(자)	가래나무 재(자)	가래나무 재	가래나무 재 가래나무 자	가래나무 재	가래나무 재
775	재	渽			물 이름	맑을	강이름	강이름	강이름 재
776	재	縡	일[事]		일(事)	일[事]	일[事]	일[事]	일[事] 재
777	재	齎	가질 재	쌀 재(자)	쌀재(제)	가져갈 재 재물 자 가져갈 제/가져올 제	가져올재탄식할자휴대하는물건자	아 재 (탄식소리) 보낼제/휴대할 제	가질 재/제
778	쟁	箏	쟁		악기의 한 가지	쟁	쟁	쟁	쟁[악기이름] 쟁
779	쟁	諍	간할		간할	간할	간할쟁다툴쟁	1.간(諫)할2.송사할	간할 쟁
780	저	佇	우두커니설	오래설	우두커니 서다	우두커니설	우두커니	오래서있을	우두커니설 저
781	저	儲	쌓을	쌓을	쌓을	쌓을	쌓을(ㄱ뒤:저축할)	쌓을	쌓을 저
782	저	姐	맏누이 저		맏누이(저)	누이 저	누나저교만할저	1.누이 저2.교만할 저3.종족이름 자	맏누이 저
783	저	杵	절구공이	방앗공이	방아'공이	공이	공이	공이	공이 저
784	저	楮	닥나무	닥나무	닥나무	닥나무	닥나무	1.닥나무2.종가시나무	닥나무 저
785	저	樗	가죽나무	붉나무	가죽나무저 봇나무화	가죽나무	가죽나무저	가죽나무	가죽나무 저
786	저	渚	물가	물가	물'가	물가	물가	물가	물가 저
787	저	猪	돼지	돼지	돈 저	돼지	돼지저암퇘지차	돼지	돼지[豬] 저

順番	音價	漢字	古今	韓國	北韓	民衆	東亞	敎學	本書案
788	저	疽	종기		종기	악창	등창가려운병	묵은종기	종기 저
789	저	紵	모시	모시	모시	모시풀	모시	모시[紵布]	모시 저
790	저	苧	모시	모시	모시	모시풀	모시	모시[苧麻]	모시 저
791	저	菹	김치 저	김치 저	김치	김치 저 늪 자	채소절임저 풀이돋은늪 제	1.김치저2.풀 많은늪저	김치 저
792	저	藷	감자 저	감자저	[藷★]저서 마.산약	마 저	사탕수수 저 참 마 제(서)	1.사탕수수 저★(감자)2.서여(藷與) 서 (마)	감자 저
793	저	這	이 저	이 저(자)	이저	이 저	이 저 맞을 언 각각 갓	이[此] 저 맞이할 언	이 저
794	저	雎			증경새,지구새	물수리	물수리	징경이 (따오기/저구(雎鳩))	물수리 저
795	저	齟	이어긋날저		[★齬]주어이가 맞지 아니하고 어긋나다	맞지않을 서	어긋날저(서)	이어긋날 저 이고르지 아니할 차	이어긋날 저/서
796	적	勣	공	공	공(功)	공	공(功)	공(功)	공(功) 적
797	적	吊	弔 조상 조	弔 조상할 조	조상할 조 (弔와 同字)	弔(弔의 俗字) 조상할 조 이를 적	(弔의 속자) 조상할 조 이를 적	弔(弔의 俗字)조문(弔問)할조이를 적	조상할[弔] 조
798	적	翟	꿩 적	꿩 적	1.꽁지가긴 산꿩적2.꿩의깃책	꿩 적 고을 이름 책 꿩 탁	꿩적땅이름 책산새탁	꿩 적 성(姓) 책	꿩 적
799	적	荻	갈대		달(蘆,蕉)	물억세	물 억새	적 (물억새)	물억새 적
800	적	迪	나아갈	나아갈	나아가다	나아갈	나아갈	나아갈	나아갈 적
801	적	鏑	살촉		화살촉	살촉	살촉	화살촉	살촉 적
802	전	佃		밭갈	1.농사2.작인	밭갈	밭갈	1.농사지을2.소작인(小作人)	밭갈 전
803	전	佺			[偓佺]악전 신선이름	이름	신선 이름(偓佺)	악전(偓佺)(신선이름)	신선이름 전

順番	音價	漢字	古今	韓國	北韓	民衆	東亞	教學	本書案
804	전	塼			벽돌전(甎와 同字)	벽돌 전	벽돌전둥글단	1.벽돌 전2.흙을구워 만든물레의 가락 전3.뭉칠 단	벽돌[甎] 전
805	전	琠			옥 이름	전옥	귀막이 전	옥이름	옥이름 전
806	전	畑							화전 전
807	전	筌			통발	통발	통밭	통발(捕魚器)	통발 전
808	전	詮	갖출	갖출	갖추다.사리를 갖추어 설명하다	설명할	설명할 전	자세히설명할	갖출 전
809	전	鈿	비녀	비녀	비녀	비녀	비녀	1.머리꾸미개2.상감할	비녀 전
810	전	鐫	새길	새길	새길	새길	새길	돌쫄	새길 전
811	절	浙	물 이름	강이름	[浙江]절강강이름,땅이름	물이름	강이름	절강(浙江)	강이름 절
812	절	癤	부스럼		1.부스럼2.멍울	부스럼	부스럼	부스럼[小瘍]	부스럼 절
813	점	岾	절 이름 점	재재고개점	1.절이름절2.고개재	고개 재 땅이름 점	재[峴] 재 절 점	고개 점	고개 재/절이름 점
814	점	点	點점점	點 점 점	點의통속자점점	點(點의 俗字)점점	(點의 略字)점점/	點(點의 俗字)점점/점찍을점풀잎시들다	점[點] 점
815	점	鮎			메기	메기	메기 점(本音:념)	점어(鮎魚)(메기)	메기 점
816	접	摺	접을 접	접을 섭(접)	1.패하다섭(접)[摺疊]접다2.꺽다랍	접을 접 꺾을 랍	접을접꺽을랍	꺾을 랍 접을 접 사람이름 섭	접을 접/섭
817	정	姃			녀자의 얼굴이 단정하다	단정할	여자이름 정	여자의자(女字)	단정할 정
818	정	晸			동 트는 모양	해돋을	해뜨는모양	해뜨는모양	동틀 정
819	정	柾				柾(柩과 같음)널구(관(棺))나무바를정	관구사람이름정	柩(柩의 俗字)널구(관(棺))	널[柩] 구
820	정	檉	수양버들		개'버들	위성류	위성류	버드나무	능수버들 정

順番	音價	漢字	古今	韓國	北韓	民衆	東亞	教學	本書案
821	정	淀	*얕은물전	*얕은물 전	물이 얕은 늪(전)	얕은물 정	*얕은물정(本音:전)	*얕은웅덩이 전	얕은물 정
822	정	渟		괸물	물이 고이다	괼	물 괼	물괼	물괼 정
823	정	湞			물 이름	물이름	강 이름	정수(湞水)	물이름 정
824	정	瀞			깨끗하다	맑을/깨끗할	맑을	맑을	맑을 정
825	정	烶			[烶爚]정약 데치다	불번쩍거릴	빛날 정	불에구울	빛날 정
826	정	玎			옥소리 쟁	옥소리 정 옥소리 쟁	옥 소리 정	옥소리 정 옥소리 쟁	옥소리 정
827	정	綎			실 인끈	인끈	띳술정	끈	인끈 정
828	정	諪					고를 정	조정(調停)할	조정할 정
829	정	鉦	징	징	쟁,징	징	징	징	징 정
830	정	鋌			쇠'덩이	광석	쇳덩이	쇳덩이	쇳덩이 정
831	정	霆	벼락 정		우뢰 정	천둥소리 정	천둥소리정	벽력(霹靂)정 (벼락)	벼락 정
832	제	臍	배꼽	배꼽	배꼽	배꼽	배꼽	배꼽	배꼽 제
833	제	薺	냉이 제	냉이 제	남가새.질려(蒺藜)자냉이제	냉이 제	냉이제 남가새자	제채(薺菜)제 남가새 자	냉이 제
834	제	醍	제호(醍醐)제	제호 제	붉은술	맑은술 제	맑은술제정순한우락제	1.발그스름한 맑은술제2.제호(醍醐) 제	제호 제
835	제	霽	갤	개일	갤	갤	갤	갤	갤 제
836	조	俎	도마	도마	도마	도마	도마	적대[祭器]	도마 조
837	조	晁			아침조(朝의古字)	벌레이름	아침조고을이름주(朝의古字)	1.성(姓)2.조양(晁陽)	아침 조
838	조	璪			오색실에구슬을꿰어서드리운면류관	면류관드림옥	면류관드림옥	면류관장식	면류관장식조
839	조	窕			1.(마음이)안온하다2.깊다	으늑할 조	정숙할조가벼울조예쁠요	1.가늘고작을 조2.가벼울 조3.예쁠요	그윽할 조

順番	音價	漢字	古今	韓國	北韓	民衆	東亞	教學	本書案
840	조	蚤	벼룩	벼룩	벼룩	벼룩	벼룩	1.벼룩2.손톱	벼룩 조
841	조	雕	조각할	조각할/수리	1.독수리2.옥을다듬다	수리	독수리	수리(독수리)/새길	아로새길 조
842	족	鏃	살촉 족	살촉 촉(족)	살촉 족	살촉 족	살촉 촉(本音:족)	살촉 촉 작은가래 착	살촉 족
843	종	倧			환검.한배.신인(上古神人)	신인(神人)	상고(上古)의 신인(神人)	신인(神人)	신인(神人) 종
844	종	悰			즐겁다	즐길	즐길	즐길	즐길 종
845	종	棕	종려나무	종려나무	椶의통속자[棕櫚]종려나무이름	종려나무	종려나무(椶와 同字)	椶(椶의 俗字)종려나무	종려나무[椶]종
846	종	淙			물'소리종(장)물이흐르는모양	물댈 종	물 소리 종	물소리 종 물소리 장 물댈 상	물소리 종
847	종	鐘	鍾 쇠북	鐘 쇠북 鍾 모을	쇠북종	鐘종/쇠북 鍾 술병/술잔	종 종	鐘 종(쇠북) 鍾 술병	쇠북 종
848	주	侏		난장이	난쟁이	난쟁이	난쟁이	난쟁이	난쟁이 주
849	주	姝			아름다운 얼굴	예쁠	예쁠	아름다울	예쁠 주
850	주	湊	모일	모일	모일	항구	모일	모일	모일 주
851	주	澍			단비제때오는비	적실	단비	단비	단비 주
852	주	炷	심지	심지	심지	심지	심지	심지[燈心]	심지 주
853	주	籌	산가지 주	산놓을 주	산놓을주	살 주 받을 도	투호살주 일도	투호용화살주(壺矢)/산가지 주	산가지/헤아릴 주
854	주	綢		빽빽할 주	얽다,싸서감추다도빽빽하다,얽다주	얽을 주/얽힐 주 쌀 도	쌀도얽을주용머리움직이는모양조	묶을 주 쌀 도	빽빽할 주
855	주	蛛	거미	거미	거미	거미	거미	지주(蜘蛛)(거미)	거미 주
856	주	酎			세번빚은술순주,무회주,진국술(醇)	전국술	진한술	진한술(醇酒)	진한술 주

順番	音價	漢字	古今	韓國	北韓	民衆	東亞	敎學	本書案
857	주	胄	투구 주		투구 주	투구 주	맏아들 주	투구 주	투구 주
858	죽	粥	죽 죽	죽 죽	죽죽팔다(賣)육	죽 죽 팔 육	죽죽팔[賣]육된죽미	죽 죽 팔 육	죽 죽
859	준	儁	영특할		영특하다특이하다	뛰어날/준걸	준걸	준걸(俊傑)	영특할 준
860	준	寯			1.모으다2.재주		모을	모일	모을 준
861	준	焌			불을 때다	구울 준 불꺼질 출	태울준불꺼질출	불사를 준 불로태울 출	불태울 준
862	준	畯			농부	농부	농부	농관(農官)	농부 준
863	준	逡	물러갈		물러가다	뒷걸음질칠	뒷거름질칠준빠를준	1.뒤로물러설2.준주(逡遒)	물러갈 준
864	준	雋		뛰어날 준	새가살지다전	살진고기 전 영특할 준/준걸 준	새살질전우수할준땅이름취	새살질 전 재주뛰어날 준 추리(雋李) 추	영특할 준/살질 전
865	줄	茁	풀싹 줄	싹돋을 줄(굴)	풀싹줄풀이뾰족뾰족나다촬풀이처음나다절	싹 절 싹틀 촬 싹 줄	풀 처음 나는 모양 줄 싹틀 촬 풀이름절	1.풀싹 줄2.싹이돋는 모양 줄3.싹이돋는 모양 절	풀싹 줄/절
866	즙	楫	노 즙		돛대즙	노 즙 노 집/노저을 집	노 집(本音:즙)	노 집 노 접	노 즙
867	증	拯	건질	건질	건질	건질/도울	건질	들어올릴	건질 증
868	증	烝	김 오를	찔	훈하다,찌다	김오를	김오를	찔/찌는듯이더울	찔/뭇 증
869	증	甑	시루	시루	시루	시루	시루	시루	시루 증
870	증	繒	비단		비단 증	명주/비단	비단	비단	비단 증
871	지	沚	물가	물가	물'가 지	물가	물가	모래톱[小渚]	물가 지
872	지	漬	적실 지	적실 지(자)	젓다,적시다치(지,자)	담글 지	담글지	담글 지 비가내리는 모양 색	적실 지
873	지	砥	숫돌	숫돌	숫돌	숫돌	숫돌	숫돌[磨石]	숫돌 지
874	지	祗	공경할	공경할	공경하다	공경할	공경할	공경할	공경할 지
875	지	芷		구리때	(白芷)백지구리때	어수리	구릿대	백지(白芷)(구리때)	구릿대 지
876	지	蜘	거미		거미	거미	거미	지주(蜘蛛)(거미)	거미 지

順番	音價	漢字	古今	韓國	北韓	民衆	東亞	教學	本書案
877	지	贄			폐백지	폐백 지 움직이지 아니할 얼	폐백지움직이지않을얼	폐백(幣帛) 지 움직이지않는 모양 집	폐백 지
878	지	趾	발	발	발꿈치	발	발	발	발 지
879	진	唇			놀라다진	놀랄 진 입술 순	놀랄진	놀랄 진 입술 순	놀랄 진
880	진	搢		꽂을	꽂다	꽂을	꽂을진흔들장	꽂을	꽂을 진
881	진	晉	성(姓)	나라이름	나아가다육십사괘의하나나라이름성(姓)	나아갈	나아갈진	나아갈/억누를	성(姓)/나아갈 진
882	진	桭			대청[★桭] 평고대[屋梠]	처마 진	처마진	평고대[屋梠] 진	처마 진
883	진	榛	개암나무	개암	개암나무	개암나무	개암나무	개암나무	개암나무 진
884	진	殄	끊을		다하다.끊어지다	끊어질/다할	다할	끊어질	끊을/다할 진
885	진	溱			이르다(至)[溱溱]많다,성하다	물이름	많을	많을	많을 진
886	진	瑨			옥돌	아름다운돌	아름다운 돌	옥다음가는아름다운돌	옥돌 진
887	진	璡			옥돌	옥돌	옥돌	옥처럼아름다운돌	옥돌 진
888	진	畛	밭 경계		밭의경계밭두둑	두둑	두렁길	밭길	밭두렁 진
889	진	瞋	눈 부릅뜰		부릅뜰	부릅뜰	부릅뜰	1.눈부릅뜰2.성한모양	부릅뜰 진
890	진	縉			1.(홀을)꽂다 2.분홍빛	분홍빛	꽂을	옅은붉은색	꽂을 진
891	진	縝	맺을		맺다	고울	삼실진촘촘할진	삼실 (베)	진밀할 진
892	진	臻	이를		이르다,미치다	이를	이를 진(전)	이를	이를 진
893	진	蔯			[茵蔯]인진 더위지기,사철쑥	사철쑥	더위지기	인진(茵蔯)	사철쑥 진

順番	音價	漢字	古今	韓國	北韓	民衆	東亞	敎學	本書案
894	진	袗			1.고운 옷2.홑옷	홑옷	홑옷	홑옷	홑옷 진
895	진	賑	구제할	진휼할	진휼할	넉넉할	구휼할	구휼할	진휼 진
896	진	軫		수레뒤턱 나무	수레의 뒤'가로장	수레뒤턱나무	수레 뒤턱나무	수레뒤턱가로 장/수레	수레뒤턱나무 진
897	질	侄			굳다어리석다	어리석을	어리석을	굳을	어리석을 질
898	질	瓆				사람이름	사람이름	사람이름	사람이름 질
899	질	蛭	거머리	거머리	거머리	거머리	거머리	1.거머리2.개밋둑	거머리 질
900	집	潗			샘물이 솟다	샘솟는소리	샘솟을	샘솟아나는 모양	샘물솟을 집
901	집	緝	이을즙	모을 집(즙)	삼을삼다옷단을꿰메다잇다	자을 즙 모일 집/모을 집	낳을 집(本音:즙)	길쌈할 집/이을 집	거둘 집/즙
902	집	鏶			쇠 쪼각	쇳조각	판금 집	쇳조각	쇳조각 집
903	차	侘			자랑하다 타	자랑할 차	실의할차	실의(失意)한 모양 차	자랑할 차
904	차	嵯	산 높을 차		[嵯峨]산이 우뚝하게높은모양[★嵯]참치 산이 울쑥불쑥한 모양	우뚝솟을차울쑥불쑥할치	욱뚝솟을차울뚝불뚝할치	산높고험한모양 차 산이높고낮아가지런하지않은모양 치	산높고험할차/산세들쭉날쭉한모양치
905	차	磋	갈		갈다	갈	갈차	갈[磨]	갈 차
906	차	箚	글 차(잡)	기록할 차(잡)	대침주다	찌를 차	차자 차(本音:잡)	찌를 차	글/찌를 차/잡
907	착	齪	악착할		악착할	작을/잔달	악착할착	조심스러운 모양	악착할 착
908	찬	澯			맑다	맑을	맑을	물맑을	맑을 찬
909	찬	竄	달아날	귀양갈	귀양갈	숨을	숨을	숨을/달아날	도망할/내칠 찬
910	찬	簒	빼앗을 찬		빼앗다,찬탈하다 찬	빼앗을 찬	빼앗을 찬	빼앗을,회음혈,쏘아잡을,외곡할,고를 찬	빼앗을 찬
911	찬	粲	선명할	선명할	1.정한쌀로지은밥2.선명한모양	정미	정미	정미(精米)/또렷할	선명할/하얀쌀밥 찬

順番	音價	漢字	古今	韓國	北韓	民衆	東亞	敎學	本書案
912	찬	纘	이을	이을	잇다.계승하다	이을	이을	이을	이을 찬
913	찰	紮	활줌통 싸개	묶을	1.줌피.줌통싸게2.묶다	묶을	감을	묶을	묶을 찰
914	채	寀			동관.동료	채지	녹봉	채지(采地)	채지 채
915	채	砦	목책		1.울타리2.병영	진터	울타리채	울짱[柵欄]	목책 채
916	채	綵	비단	채색	채색	비단	비단	무늬있는비단	비단 채
917	채	釵	비녀 채	비녀 차	비녀 차(채)	비녀 채 비녀 차	비녀 차(채)	비녀 차	비녀 채/차
918	척	倜	얽매이지 않을 척		[倜然]척연높이드는모양[倜儻](뜻이커)구속됨이없다	기개있을 척	대범할척	쇄탈(洒脫)할 척어긋나게뻗을 주	얽매이지않을 척
919	척	剔	뼈 바를 척	뼈바를 척	뼈를 바르다	뼈 바를 척 깎을 체	바를척깎을체	뼈 바를 척 깎을 체	뼈바를 척
920	척	慽	慽(戚)슬플		슬플(戚과 同字)	慽(戚과 同字) 근심할/근심	(戚과 同字)근심할	慽(戚과 同字) 근심할	근심할 척
921	척	蹠			1.밟다2.발'바닥	밟을 척 뛸 저	밟을척뛸저	뛸 척/밟을 척	밟을 척
922	천	仟	갖은 천		사람의우두머리	천사람어른천	일천천	천사람의우두 머리 천	일천 천
923	천	玔			옥고리		옥 고리	옥가락지	옥고리 천
924	천	舛	어그러질		어그러질	어그러질/틀릴	어그러질천잡될준	어그러질	어그러질 천
925	천	阡	밭둑길		언덕 천	길	두렁 천	밭두둑길/길	밭둑길 천
926	천	韆	그네		그네	그네	그네(鞦韆)	추천(鞦韆)(그네)	그네 천
927	철	輟	그칠	거둘	거둘	그칠	그칠	멈출	그칠 철
928	첨	沾	젖을첨	젖을 첨	젖을첨스스로기뻐하다접	젖을 첨/적실첨 엿볼 점경망할 첩	더할첨적실첨경망할접	1.젖을점2.강이름점3.더할첨4.교만을떨며 스스로만족 해하는모양 접	젖을 첨

順番	音價	漢字	古今	韓國	北韓	民衆	東亞	敎學	本書案
929	첨	甛	(甜) 달[甘]	달	달다(★과 同字)	(★과 同字) 달/맛날	달(★과 同字)	(★과 同字) 달[甘味]	달[甘] 첨
930	첨	籤	서명할	이름둘	롱(영)	농	농(籠)	표시할	이름둘 첨
931	첨	詹	말 많이 할 첨	이를 첨	이르다살피다수다하다	이를 첨 넉넉할 담	이를첨 족할담	말 많을 첨 넉넉할 담	이를(至) 첨
932	첩	堞	성가퀴		성퀴다	성가퀴	성가퀴(앞:성위의담)	성가퀴	성가퀴 첩
933	첩	睫	속눈썹	눈썹	눈섭첩	속눈썹	속눈썹	눈썹	속눈썹 첩
934	첩	輒	문득	문득	문득	문득	문득	문득	문득 첩
935	청	菁	순무 청	순무 청(정)	순무청부추꽃정빛나다정	부추꽃 정 우거질 청	부추꽃정꽃성한모양청	1.무청(蕪菁)청★(순무)2.우거진모양청	순무 청/빛날 정
936	청	鯖	청어청		청어청고등어청	청어청오후정(五侯鯖)정	청어청오후정정	청어(青魚)청 잡회(雜膾) 정	청어 청
937	체	剃	머리 깎을	털깎을	머리를깍다(★와 同字)	깎을	머리 깎을	털깎을	머리깎을 체
938	초	剿	끊을	끊을	끊다죽이다	노곤할	죽일초노략질할초	1.죽일2.베낄	끊을/노략질할 초
939	초	椒	산초	산초	호초산마루	산초나무	산초나무초	산초나무	산초나무 초
940	초	艸			풀	艸(草의古字)풀	풀 초	艸 풀	풀 초
941	초	苕		들완두 초	풀이름[苕苕]우뚝하다	완두 초	능소화초풀이름소	완두 초 홍소(紅苕) 소	완두 초
942	초	酢	술 권할 작 초 초	술권할 작	초초(조)술을권하다작	잔돌릴 작 초초	초초(本音:조)잔돌릴작	초 초 손이 주인에게 잔을돌릴 작	초 초/술권할 작
943	초	醮	초례	초례	초례	제사지낼	초례초여윌초	1.술잔을받아 마시고는 잔을돌리지 아니할2.파리할	초례 초
944	촉	矗	곧을	우뚝할	곧다우뚝솟은모양	우거질	우거질 촉(本音:축)	우뚝솟아오른 모양	우뚝솟을 촉
945	촌	邨			마을 촌(村의 古字)	村(村과 同字) 마을	(村과 同字)마을	村(村의 本字) 마을	마을[村] 촌

順番	音價	漢字	古今	韓國	北韓	民衆	東亞	敎學	本書案
946	총	悤	忽 바쁠	悤 바쁠	忽 바쁘고 급하다	(悤과 忽은 同字) 바쁠	바쁠	忽(忽의本字)서두를	바쁠 총
947	총	憁	실심할 총		[悾憁]공총 실심한모양 (失意)	실심할 총	바쁠총	1.무지(無知)한모양 총2.바빠서뜻을 이루지못할 총3.똑똑할 숭	실심할 총
948	총	摠	거느릴	다	거느릴	거느릴	모두	다	거느릴 총
949	총	蔥	葱 파 총	蔥 파 총	파총(葱와同字)	葱(葱의 古字)파총짐수레창	파총창문창	葱(葱의 古字) 파 총 창 문 창	파 총
950	추	湫	늪 추		1.소못(池)추 서늘한모양 추근심하는 모양추2.웅덩이조	서늘할추낮을초/좁을초	다할추 근심할추모일초 낮고좁을초	1.다할추2.도랑추3.낮을 초4.부초(夫湫)초	늪 추/웅덩이 초
951	추	皺	쭈그러질	주름살	1.주름'살2.구김'살	주름	주름추오그라들추	1.주름잡힐2.밤송이	주름질 추
952	추	萩			1.다북쑥2.가래나무	쑥 추	사철쑥추사람이름초	다북쑥 추 사람이름 초	다북쑥 추
953	추	諏		가릴	1.모여서의논하다2.문의하다	물을	꾀할	가릴[選擇]	가릴 추
954	추	雛	새 새끼	새끼	새끼 추	병아리	병아리추사람이름취	1.병아리2.사람이름	새새끼 추
955	추	騶		마부	1.마부2.기병	마부/거덜	말먹이는사람	1.벼슬이름2.말이달릴3.빨리달릴4.땅이름	마부 추
956	축	竺	나라이름축	나라이름 축	두텁다독대(竹)축[天竺] 나라이름축	대나무 축 두터울 독	대나무축(本音:죽)두터울 독	대 축(대나무) 도타울 독	천축 축
957	축	筑	축[箏]		1.악기이름(箏)2.줏다(拾)	악기이름	악기 이름	악기이름(絃樂器)	악기이름 축
958	축	蹙	찡그릴 축	찌프릴 축	찡길	줄 축/줄일 축줄어들 척	대지를축쭈그러질척	닥칠 축/곤궁할 축	찡그릴/움츠릴 축

順番	音價	漢字	古今	韓國	北韓	民衆	東亞	教學	本書案
959	춘	瑃	옥 이름		옥 이름	춘옥(瑃玉)	옥이름	옥이름	옥이름 춘
960	출	朮	삽주[藥草名] 출	삽주 출(술)	삽주 출	차조 출	차조출	1.차조 출2.삽주 출	삽주 출
961	취	嘴	부리	부리	부리	부리	부리	부리	부리 취
962	취	驟	빠를 취(추)	빠를 추	빠를 취	달릴 취	달릴취(本音:추)	달릴 취	빠를 취
963	취	鷲	독수리 취	독수리 취(추)	독수리 추	수리 취	수리 취	수리 취	독수리 취
964	측	仄	기울	기울	기울	기울	기울	기울	기울 측
965	측	厠	廁(厠)뒷간측	厠뒷간측	뒤'간측(廁과 同字)	厠(廁의 俗字)뒷간측	(厠의 속자)뒷간측(本音:치)곁측	厠(廁과 同字)1.뒷간측2.가측	뒷간 측
966	치	梔	치자		치자 치	치자나무	치자나무	치자나무	치자나무 치
967	치	淄	검은 색	검은물들	물 이름	물이름	검은빛	검어질	강이름 치
968	치	痴	癡 어리석을	痴 어리석을	어리석을	癡(癡의 俗字)어리석을	(癡의 俗字)어리석을	癡(癡의 俗字)어리석을	어리석을[癡]치
969	치	穉		穉 어릴	어릴(★와 同字)	穉(稚·★와 同字) 어릴	(稚와 同字)어릴	稚(稚의 古字)어릴	어릴 치
970	치	緇	검을	검을	검다	검을/검은빛	검은 비단	검은비단	검을 치
971	치	蚩	어리석을	어리석을	1.벌레이름2.어리석다	얕볼	어리석을치기어갈치	어리석을	어리석을 치
972	치	輜	짐수레	짐수레	짐'바리 치	짐수레	짐수레치바퀴살끝치	포장수레	짐수레 치
973	칙	飭	삼갈 칙	신칙할 칙	신칙할 칙	신칙할 칙	신칙할 칙	신칙할 칙 장식할 식	신칙할 칙
974	칠	柒	柒칠칠	柒 옻 칠	옻칠(漆와 同字)	漆(漆의 俗字) 옷나무칠전심할철七(七의代用字)일곱칠	(漆와 同字)옻칠 전심할 철	柒 옻나무 칠	옻 칠
975	침	琛			보배	보배	보배	보배	보배 침
976	타	咤	꾸짖을 차		꾸짖을 타	꾸짖을 타	꾸짖을타(本音:차)	꾸짖을 타	꾸짖을 타
977	타	拖	끌	끌	1.끌다2.당기다(拕의 통속자)	끌	끌	끌	끌 타

順番	音價	漢字	古今	韓國	北韓	民衆	東亞	教學	本書案
978	타	朶	(朶) 떨기[花叢]	꽃송이	1.움켜잡다2.꽃송이3.까불다(★와 同字)	朶 늘어질	늘어질	(★의 俗字) 늘어질/꽃	꽃송이 타
979	타	馱	짐 실을 타	짐실을 태(타)	실을태(타)	실을 태/태울 태 짐 타	실을태(本音:타)	짐실을 태/짐 태	짐실을 타
980	탁	倬	클 탁			클 탁	클탁	높고클 탁	클 탁
981	탁	啄	쫄 탁	쪼을 탁(착)	쪼을탁(착)	쫄 탁 부리 주	쪼을탁(本音:착)부리주	쫄 탁 부리 주	쪼을 탁
982	탁	坼	터질 탁	터질 탁	터질탁	터질 탁/갈라질 탁	터질탁	터질 탁	터질 탁
983	탁	晫			1.밝다2.환하다	왕성할	밝을 탁	밝은모양	밝을 탁
984	탁	柝	쪼갤		목탁 탁	딱딱이	열	딱다기	쪼갤/딱따기 탁
985	탁	琸				사람이름	사람이름 탁	사람이름	사람이름 탁
986	탄	嘆	탄식할			한숨쉴	탄식할 탄	한숨쉴	한숨쉴 탄
987	탑	榻	긴 걸상	평상	평상	걸상	걸상 탑	걸상	긴걸상 탑
988	탕	帑	국고 탕 처자 노	국고 탕	자식,처자노내탕고,나라고'집탕	처자 노 나라곳집 탕	금고탕처자노	처자(妻子)노 재물곳집 탕	국고/재물 탕
989	태	邰			나라이름	나라이름	나라이름	나라이름	나라이름 태
990	탱	撑	버틸 탱	버틸 탱(쟁)撐	괴일 탱(撐)	버팀목,버틸,배저을 탱	버틸 탱(本音:청)	버틸,버팀목,배저을,배부를,아름다울 탱	버틸[撐] 탱
991	토	兎	토끼 토	토끼 토	토끼토(★의 통속자)	토끼,달토(★의속자)	토끼토(★의 속자)	1.토끼,달의 딴이름,토끼잡을,붓 토2.별 참	토끼[兔] 토
992	투	偸	훔칠	훔칠	도적할	훔칠	훔칠	훔칠	훔칠 투
993	틈	闖		엿볼츰(침)	엿보다머리를내미는모양갑자기들어가다츰(침)	엿볼 틈	말이문을나오는모양틈(本音:침)	머리내미는모양 틈	엿볼 틈
994	파	擺	벌릴 파/열 파	버릴 파(패)	벌리다,열다	열 파	열릴파	늘어놓을 파	벌릴/열 파

順番	音價	漢字	古今	韓國	北韓	民衆	東亞	敎學	本書案
995	파	杷	비파나무		1.써레2.칼자루	발고무래	비파나무줌통	1.갈퀴[收麥器]2.써레	비파나무/써레 파
996	판	坂	언덕		언덕	비탈	비탈	비탈	언덕 판
997	판	瓣	꽃잎	꽃잎	꽃잎	오이씨	외씨	오이씨	꽃잎/날름 판
998	판	鈑		덩이금	철판	금화	금박 판	판금(板金)	금박 판
999	팔	叭	나팔		입이 열리다	벌릴	입벌릴팔나팔팔(本音:파)	소리의형용	나팔 팔
1000	팔	捌	깨칠		1.깨뜨리다,치다2.여덟	깨뜨릴	깨뜨릴팔처리할별	깨뜨릴	깨뜨릴 팔
1001	패	浿	물 이름	강이름	[浿水]패수물이름	물이름	강 이름 패	패수(浿水)	강이름 패
1002	패	狽	낭패		짐승 이름	이리	이리	짐승이름	이리 패
1003	패	覇	으뜸 패		1.으뜸패2.초생`달백	두목,으뜸갈,성패	1.으뜸패(本音:파)2.달넋백	1.우두머리,제후의 맹주가될,뛰어날,패도 패(本音:파)2.초승달 백	으뜸[覇] 패
1004	팽	烹	삶을	삶을	1.형통할형2.삶을팽	삶을	삶을	삶을	삶을 팽
1005	편	翩	빨리 날[飛]	훌쩍날	[翩翩]빨리날다	훌쩍날	빨리 날 편	빨리날	빨리날 편
1006	평	枰	바둑판		장기판,바둑판	판	바둑판	바둑판	바둑판 평
1007	폐	吠	짖을	짖을	짖을	짖을	짖을	짖을	짖을 폐
1008	폐	嬖	사랑할		괼폐(사랑하다,괴다)	사랑할	사랑할	사랑할	사랑할 폐
1009	포	佈	펼		두루	펼	펼	펼	펼 포
1010	포	匏	박	박	박	박	박	박	박 포
1011	포	苞	떨기	떨기	떨기	그령	그령포돌콩포	그령/나무밑동	떨기 포
1012	표	俵	나누어 줄	나누어줄	나누어 주다	나누어줄	흩을 표	나누어줄	나누어줄 표
1013	표	彪	범 표	칡범 표	범의 무늬	범 표	무늬표	범 표	범 표
1014	표	瓢	표주박	표주박	표주박	바가지	박 표	표주박	표주박 표

順番	音價	漢字	古今	韓國	北韓	民衆	東亞	教學	本書案
1015	표	飈		폭풍	회오리 바람	(★의 俗字)폭풍	폭풍표(★와 同字)	(★과 同字)폭풍	폭풍 표
1016	표	驃	누런 말	날쌜	1.공골말2.말이빨리달리는모양	황부루	표절따표	표절따	누런말 표
1017	피	陂	방죽 피	비탈 파 기울 피	비탈파못피	못 피 비탈 파	비탈피 비탈 파기울피(本音:지)	1.둑 피/못피2.지세가 울퉁 불퉁할 파3.기울 피	방죽 피/파
1018	필	珌	칼 장식 옥		칼집 끝부분의 꾸미개	칼집장식	칼 장식 옥	패도의칼집끝에있는장식	칼집장식 옥필
1019	필	苾			향기롭다	향내 필	향기로울 필	향기로울 필 나물이름 별	필추 필
1020	필	馝			[馝馝]필필 향기롭다	향기로울	향기로울	진한향기	향기로울 필
1021	하	厦	廈 집	廈 큰집		廈(廈의 俗字)처마	(廈의 俗字)큰집	廈(廈의 俗字)집	큰집 하
1022	하	廈	집	큰집	집하행각(行閣)사	처마	큰 집	집	큰집 하
1023	하	昰			1.이시(是의古字)2.여름하(夏의古字)	是(是의本字) 이 시 夏(夏의古字)여름 하	(是의本字)옳을시(夏의古字)여름하 중국하	是(是의本字)옳을시夏(夏의古字)1.여름하2.중국하	이[是] 시, 여름[夏] 하
1024	하	鰕	새우	새우	새우	두꺼비	새우	새우	새우 하
1025	한	瀚	넓고 클		[瀚瀚] 넓고 큰 모양	넓을	넓고큰모양	광대한모양	넓고클 한
1026	한	閒	閒한가한		한가할한사이간(閒의통속자間)	閒틈한閒(間의本字)사이간	틈간사이간 한가할한	間(間의本字) 1.사이 간2.차별 간3.검열할 간 閑(閑의本字) 1.막을 한2.보위할 한	한가할 한
1027	함	啣		啣(銜과 같음)재갈	재갈(銜의 통속자)	銜(銜과 同字)재갈	(銜의 俗字)재갈	銜(銜의 俗字)재갈	재갈[銜] 함

順番	音價	漢字	古今	韓國	北韓	民衆	東亞	教學	本書案
1028	합	哈	고기가우물거리는모양	마실	들이켜다	마실	물고기많은모양합마실삽	1.마실2.입	마실 합
1029	합	閤	도장방	집	집합	협문	쪽문합	쪽문/규방(閨房)	합문 합
1030	합	闔	문짝	닫을	닫을	문짝	문짝	문짝	문짝 합
1031	항	伉	강직할		곧은 모양 항(강)	짝	짝항(本音:강)정직할항(本音:강)	1.짝2.곧을	강직할/짝 항
1032	항	姮	항아(姮娥)		(姮娥)달의 딴이름	항아	항아	항아(姮娥)	항아(姮娥) 항
1033	항	嫦			姮와同字	嫦(姮의俗字)항아항항아상	항아항(상)	姮(姮의俗字)항아(姮娥)항항아(姮娥)상	항아 항/상
1034	항	杭	거룻배 항	거룻배 항	배를 나란히 붙이다	건널 항/건널 항	건널항막을항(本音:강)	1.물건널 항 2.막을 항3.큰길 강	거룻배 항
1035	항	桁	차꼬[刑具]항시렁/마개[葬具]형	차꼬 항	배다리,차꼬항홰'대항도리형	도리 형 차꼬 항	도리형차꼬항횃대항	1.도리 형2.차꼬 항3.횃대 항 (衣架)	차꼬 항/도리 형
1036	해	垓	땅 가장자리 해	가장자리 해(개)	지경(界) 해	땅가장자리해	지경해(本音:개) 층계해(本音:개)	천하(天下)해	땅가장자리해
1037	해	孩	어릴	어릴	어릴	어린아이	어린아이	아이[幼兒]	어린아이 해
1038	해	瀣			[沆瀣]이슬	이슬기운	이슬기운해	바다기운	이슬 해
1039	해	蟹	게	게	게 해	게	게	게	게 해
1040	행	倖	요행	요행	요행	다행/요행	요행	요행	요행 행
1041	행	荇	마름풀	마름풀	마름	노랑어리연꽃	마름	노랑어리연꽃	마름풀 행
1042	향	珦			옥.구슬	향옥(珦玉)향	옥 향	옥이름 향 옥이름 상	옥구슬 향
1043	향	餉	먹일 향	먹일 향(상)	먹일 향	건량 향	건량향(本音:상)	보낼향	먹일/양식 향
1044	헌	櫶				나무이름	나무이름	나무이름	나무이름 헌
1045	혁	奕	클	클	바둑	클	클 혁(本音:역)	바둑/클	클 혁
1046	현	俔			비유하다	엿볼 현 비유할 견	염탐할현비유할견	1.염탐할 현 2.비유할 현	엿볼 현

順番	音價	漢字	古今	韓國	北韓	民衆	東亞	教學	本書案
1047	현	晛			1.해'기운현2.해'빛	햇빛 현	햇살현	햇살 현 햇빛 년	햇살 현
1048	현	泫	물 깊을 현		1.물이깊고넓은모양2.스며흐르다3.이슬이반짝거리다	이슬빛날 현	빛날현깊고넓을현뒤섞일현	1.이슬빛날현2.물깊고넓은모양 현 3.견씨(泫氏)견	눈물흘릴/이슬맺힐 현
1049	현	玹			1.옥빛2.옥돌	현옥(玹玉)	옥돌현옥이름현	옥돌	옥돌 현
1050	현	睍			눈이붉어진모양	불거진눈	불거진눈현눈작을현	눈알불거져나온모양	눈불거질 현
1051	현	舷	뱃전		배'전	뱃전	뱃전	뱃전	뱃전 현
1052	혈	孑	외로울 혈	고단할 혈	외롭다.홑지다	고단할 혈	외로울혈(本音:결)	혼자 혈	외로울 혈
1053	혈	頁	머리 혈		마리혈(머리)	머리 혈 쪽엽	머리혈책면엽	머리 혈 페이지 엽	머리 혈
1054	협	夾	낄	낄	1.끼다2.곁3.자루	낄	낄협(本音:갑)손잡이협(本音:갑)	1.낄2.칼자루	낄 협
1055	협	浹	사무칠 협	사무칠 협(접)	1.젖다2.사무치다3.두루두르다협(접)	두루미칠 협	두루미칠협(접)물결이는모양협	1.두루미칠협2.물솟아흐르 는모양협	두루미칠 협
1056	협	脇	脅(脇) 갈비협	脅 으를 협 갈비 협	갈비협(脅와同字)	脅(脅과 同字) 겨드랑이협 으쓱거릴 흡	(脅과 同字)옆구리협으쓱거릴흡	脅(脅과 同字)1.갈비뼈협/겨드랑이협2.움츠릴협	갈비[脅] 협
1057	협	莢	콩 꼬투리협	콩꼬투리 협(겹)	콩 꼬투리협(겹)	꼬투리 협	풀열매협(本音:겹)	콩꼬투리 협	콩꼬투리 협
1058	협	鋏	칼		가위	부젓가락	집게	불집게(持冶器)	가위 협
1059	형	泂		찰 형	1.차다2.멀다	멀 형	멀 형	찰 형 강이름 영	멀 형
1060	형	滎	실개천 형		1.실개천2.땅이름	못이름 형	실개천형물결일영	실개천형물결이용솟음치는모양영	실개천 형
1061	형	瀅					사람 이름형		사람이름 형

順番	音價	漢字	古今	韓國	北韓	民衆	東亞	敎學	本書案
1062	형	熒	등불 반짝거릴 형		[熒熒]등'불이반짝거리다[熒惑]별이름	등불 형	등불형강이름형 의혹할 영	1.등불빛형2.약초이름형3.강이름형	등불반짝거릴 형
1063	형	珩	노리개		패옥의 꾸미개	패옥	노리개	패옥	노리개 형
1064	형	逈	逈 멀	逈 멀	(逈의 통속자)멀	逈(逈의 俗字)멀	(逈의 俗字)멀	逈(逈의 俗字)멀	멀 형
1065	형	鎣			1.꾸미다2.금붙이를광내는기구	줄 형	줄형그릇영	목긴병 형 칠을개낼 영	줄 형
1066	혜	暳			뭇 별이 반짝이는 모양	별반짝거릴	별 반짝일 혜	많은별의모양	별반짝거릴혜
1067	혜	蕙	난초	난초	혜초	훈초(薰草)	혜초	혜초(蕙草)	난초/혜초 혜
1068	혜	蹊	지름길 혜		지름'길계(혜)	지름길 혜/좁은길 혜	지름길혜기다릴혜	소로(小路)혜 (지름길)이상할 계	지름길 혜
1069	혜	鞋	신 혜	신 혜(해)	신 혜	신 혜	신혜(本音:해)	신 혜	신 혜
1070	호	壺	병	병	병	병	병	병[酒器]	병 호
1071	호	岵			초록이 많은 산	산	산	초목이우거진 산	초목이우거진산 호
1072	호	淏	맑을		맑은 모양	맑을	맑을호	물이맑은모양	맑을 호
1073	호	滸	물가		물'가	물가	물가	물가	물가 호
1074	호	濩			1.락수'물이떨어지는모양확2.퍼지다호	삶을 확 퍼질 호	낙숫물떨어질확고을이름확퍼질호	낙숫물떨어지는모양 확 퍼질 호	퍼질 호/낙숫물떨어지는모양 확
1075	호	灝	물줄기 멀	물줄기멀	콩물	콩즙	넓을 호	넓을	물줄기멀 호
1076	호	瓠	박 호	박 호	박호	박 호	표주박호흘러떨어질확	호리병박 호 텅비고넓은모양 확	박 호
1077	호	縞	흰 비단 호	흰깁 호(고)	흰 깁 호(고)	명주 호	명주 호	가는명주 호	흰깁 호

順番	音價	漢字	古今	韓國	北韓	民衆	東亞	教學	本書案
1078	호	芦				下(下와同字)지황호蘆(蘆의俗字)갈대로	지황호(하)(★와 同字)(蘆의 略字)갈대로절곳대뿌리려	下(下와同字)지황(地黃)호蘆(蘆의俗字)갈대로	지황 호
1079	호	葫	물외[瓜]	호리병박	1.마늘2.오이	마늘	마늘	마늘	물외/마늘 호
1080	호	蒿	다북쑥 호	쑥 호 볏짚고	쑥 호	쑥 호	쑥호짚고	쑥 호 짚 고	다북쑥 호/고
1081	호	蝴	나비		나비	나비	나비	호접(蝴蝶)(나비)	나비 호
1082	호	頀			[大頀]풍류이름	풍류이름	구할	구할	구할 호
1083	호	顥			크다.흰 모양	클/넓을	클호	클	클 호
1084	혼	琿			아름다운 옥 혼	옥 혼	아름다운옥혼	옥이름 훈	아름다운옥혼
1085	홍	汞	수은(水銀)		수은	수은	수은	수은(水銀)	수은 홍
1086	홍	烘	불 쬘		홰'불	땔	화톳불	불사를	불쬘 홍
1087	화	畵	1.그림화2.그을획(畫)	1.그림화2.그을획(畫)	1.그림화(홰)2.긋다,한정하다,꾀획(畫)	1.그림,그릴화2.기를,꾀할,꾀획(畫의속자)	1.그림화2.그을획	1.그림,그릴,꾸밀,서명할화(本音:홰)2.그을,그칠,계책,꾀할,획,가지런히할,지나갈 획	그림 화,그을획[畫]
1088	화	譁	지껄일 화	지껄일 화	지껄이다화	들렐 화/떠들썩할 화 바뀔 와	시끄러울화바뀔와	시끄럽게떠들 화	지껄일 화
1089	확	攫	후리칠 확		움키다 확(곽)	움킬 확	붙잡을확	움켜잡을 확	움킬 확
1090	확	碻	굳을 확		굳다확(각)	단단할 확	굳을확(本音:각)땅이름교	굳을확돌이많아고르지않은모양교	굳을 확
1091	환	奐	빛날		1.크다2.문채가찬란하다	빛날	빛날환	성할	빛날 환
1092	환	晥			밝다.환하다	밝을	환할환현이름환	1.밝은모양2.고을이름	밝을 환

順番	音價	漢字	古今	韓國	北韓	民衆	東亞	敎學	本書案
1093	환	渙	물 출렁거릴 환	흩어질 환	흩어질 환	흩어질 환/풀릴 환	흩어질환강이름회	흩어질 환 회수(渙水) 회	물흩어질 환
1094	환	紈	비단		깁 환(흰 깁)	흰깁	흰 비단	흰비단	흰깁 환
1095	활	豁	넓을	넓을	너그러울	골짜기	뚫린골	트인골짜기/열릴	넓을 활
1096	황	幌	휘장		휘장	휘장	휘장	휘장	휘장 황
1097	황	愰			마음이환하다기분이명랑하다	밝을	밝을황들뜰황	1. 마음이밝을2.들뜰	들뜰 황
1098	황	晄	晃밝을	晃 밝을	밝다	晃(晃과 同字) 밝을/빛날	(晃와 同字)밝을	晃(晃과 同字) 밝을	밝을 황
1099	황	榥			책상	책상	책상	책상	책상 황
1100	황	湟			웅덩이해자	빨리흐를	해자황찬물황	웅덩이	웅덩이 황
1101	황	潢	웅덩이	웅덩이	저수지	못	웅덩이깊을장황할	1.웅덩이2.물이깊고 넓은 모양3. 종이물들일	웅덩이 황
1102	황	璜	패옥		서옥의 하나, 패옥	패옥	서옥	서옥이름	패옥 황
1103	황	篁	대밭	대숲	대밭	대이름	대숲	대밭	대숲 황
1104	황	簧	생황	생황	생황	혀	혀 황	혀	생황 황
1105	황	蝗	황충[食苗蟲]		황충.누리(苗蟲)	누리	누리	누리[蝗蟲]	황충[食苗蟲] 황
1106	황	隍	해자[地下池]		해자	해자	해자 황	해자(垓字)	해자 황
1107	회	匯	물 돌아 나갈		돌다,물이 모여서 맴돌다	물돌아나갈	물 돌	물합할	물돌아모일 회
1108	회	澮	봇도랑 회	봇도랑 회(괴)	밭도랑	봇도랑 회	봇도랑회(本音:괴)	봇도랑회 봇도랑 쾌 물모일 할	봇도랑 회
1109	회	獪	간교할 회		교활하다회(괴,쾌)	교활할회 교활할 쾌	교활할회(本音:쾌)	교활할회 교활할 쾌 어지럽힐 활	교활할 회/쾌
1110	회	茴	회향	회향	[茴香]회향약이름	회향풀	회향 회	회향(茴香)	회향 회

順番	音價	漢字	古今	韓國	北韓	民衆	東亞	教學	本書案
1111	횡	竑			집이 울리다	집울림 횡	집 울릴 횡	집울림 홍	집울릴 횡
1112	횡	鐄	큰 쇠북		큰 쇠북 황	종/쇠북	종	종소리	큰쇠북 횡
1113	효	斆			1.깨닫다2.가르치다	가르칠 효	가르칠효	가르칠 효 가르칠 학	가르칠 효
1114	효	梟	올빼미	올빼미	올빼미	올빼미	올빼미효(本音:교)뛰어날	올빼미	올빼미 효
1115	효	涍			물이름	물이름	성 효	강이름	물이름 효
1116	효	淆	뒤섞일	어지러울	1.어지럽다2.섞이다	흐릴/어지러울	뒤섞일효	어지러울	뒤섞일 효
1117	효	肴	안주		안주	안주	안주	익힌고기	안주 효
1118	효	驍		날랠 효	날랠효건장하다교	굳셀 효/날랠효	날랠효	좋은말[良馬] 효	날랠 효
1119	후	帿	과녁[射布]	과녁	소포	과녁	과녁	과녁[射布]	과녁 후
1120	후	煦	찔	찔	1.찌다2.뜨겁다	따뜻하게할	따뜻하게할 말릴	따뜻하게할	따스할 후
1121	후	珝			옥이름	후옥(珝玉)	옥이름	옥이름	옥이름 후
1122	훈	勛	勳 공		공훈(勳과 同字)	勳(勳의 古字) 공	(勳의 古字) 공훈	勳(勳의 古字)공(功)	공[勳] 훈
1123	훈	塤	壎 질나팔	塤 흙악기이름	흙으로만든악기(壎과 同字)	壎(壎과 同字) 질나팔	질 나팔 훈(本音:훤) (壎과 同字)	壎(壎과 同字)질나발	질나발 훈
1124	훈	焄	향내		1.향내.향취2.김을쬐다	냄새	연기에 그으릴	그을릴	향내 훈
1125	훈	燻	불길 치밀	그슬릴	1.불이이글거리는모양2.연기를쐬다	불길치밀	연기 낄 훈	구울	연기치밀 훈
1126	홍	薨	죽을 홍		죽을홍떼를지어나는소리횡	홍서할 홍 많을 횡	죽을홍(本音:횡)무리횡	죽을홍벌레떼지어나는소리횡	죽을 홍
1127	훤	暄	따스할	따뜻할	따뜻하다	따뜻할	따뜻할	따뜻할	따뜻할 훤
1128	훤	煊		밝을			따뜻할(暄와 同字)	따뜻할	밝을 훤
1129	훤	萱	원추리	원추리	원추리	원추리	원추리	원추리[萱草]	원추리 훤
1130	휘	暉	햇빛 휘	빛날 휘	날빛 휘	빛 휘	빛휘	빛 휘 햇빛 훈	햇빛 휘

順番	音價	漢字	古今	韓國	北韓	民衆	東亞	敎學	本書案
1131	휘	煇			빛나다휘지지다훈해'무리운붉다혼	빛 휘/빛날휘 지질 훈 해무리 운	빛날휘구울훈햇무리운	빛날 휘 태울 훈 햇무리 운 북의가죽을 만드는일을 관장하던 벼슬아치 훤 적색 혼	빛날 휘/햇무리 운
1132	휴	畦	밭이랑 휴(규)	밭두둑 휴	이랑 규(휴)	두둑 휴	밭두둑휴밭두둑규	남새밭[菜畦] 휴 (채마전)	밭이랑 휴/규
1133	휴	虧	이지러질 휴	이지러질 휴(규)	이지러질 휴(규)	이지러질 휴	이지러질휴(本音:규)	이지러질 휴	이지러질 휴
1134	휼	譎	속일 휼	속일 휼(결)	속일 휼(결)	속일 휼	속일휼(本音:결)	속일 휼	속일 휼
1135	휼	鷸	도요새 휼		도요새휼(율)비취.쇠새.물촉새	도요새 휼	도요새휼(本音:율)	휼조(鷸鳥) 휼(도요새) (★과 同字) 물총새술	도요새 휼
1136	흔	昕	날 돋을 흔		동트다동틀무렵	새벽 흔	아침흔	새벽 흔 천체가 북쪽은 높고남쪽은 낮은모양 헌	해돋을 흔
1137	흔	炘			[炘炘]흔흔빛이성한모양화끈거리다	화끈거릴	화끈거릴흔	1.불길이세찬 모양2.구울	화끈거릴 흔
1138	흘	吃	말더듬을걸말더듬을흘		말을더듬다흘(글)먹다흘	어눌할 흘	말더듬을흘(本音:글)	말더듬을 흘	말더듬을 흘
1139	흘	屹	산 우뚝할 흘	높을 흘(을)	높을 흘	쭈뼛할 흘	산우뚝솟을흘	우뚝할 흘	산우뚝할 흘
1140	흘	紇		묶을	품질이 낮은 실	묶을	질낮은명주실흘빌혈	나쁜실	질낮은실 흘
1141	흘	訖	이를[至] 흘	이를 흘	마치다.그치다흘(글)이르다흘	마칠 글 이를 흘	이를흘마칠글	이를 흘	이를[至] 흘
1142	흡	翕	모을	합할	1.합하다2.모으다.거두다	합할	합할	화합할	모을 흡
1143	희	僖	즐거울	즐거울	즐겁다	기뻐할	기쁠	기꺼울	즐거울 희

順番	音價	漢字	古今	韓國	北韓	民衆	東亞	教學	本書案
1144	희	凞			밝을희,화하다,넓다,일다(興)(★는 熙의 통속자)	(★는 熙의 俗字)화할	화할희(★의 俗字)	화할	화할 희
1145	희	囍					쌍희	쌍희(雙喜)	쌍희(雙喜) 희
1146	희	憘			기쁠희(喜의 古字)	憙(憙와 同字)기뻐할	(喜의 古字)기뻐할희탄식하는소리희	憘1.기쁠2.아(탄식하는소리)	기쁠[喜] 희
1147	희	戱							놀이[戲] 희
1148	희	晞		마를	마르다.말리다	마를/말릴	마를	마를	마를 희
1149	희	曦	햇빛	햇빛	해'빛	햇빛	햇빛	햇빛	햇빛 희
1150	희	熺	熹(熺) 빛날	熹 빛날	빛나다불'길이성하다(熹와 同字)	熹(熹와 同字)성할	(熹와 同字)성할희	熹(熹와 同字)세찰/희미한빛	빛날 희